D1702947

oficinas

H KLICZKOWSKI

# oficinas

Jeremy Myerson y Philip Ross

Texto original: Jeremy Myerson / Philip Ross
Corrección y edición: Pía Minchot
Compaginación: Gisela Legares
Traducción: Maremagnum

Traducción©2002 H Kliczkowski-Onlybook, S.L.
La Fundición, 15. Polígono Industrial Santa Ana
28529 Rivas-Vaciamadrid, Madrid
Tel.: +34 91 666 5001
Fax.: +34 91 301 2683
asppan@asppan.com
Para consultar nuestro catálogo: www.onlybook.com

Copyright © 1999 Laurence King Publishing Ltd.

Este libro ha sido diseñado y producido por
Laurence King Publishing Ltd, Londres

Todos los derechos reservados. Ningún fragmento de esta publicación puede reproducirse o transmitirse en ningún modo o por ningún medio, electrónico o mecánico, incluyendo fotocopia, grabación o cualquier sistema almacenamiento y acceso de información, sin el permiso por escrito de la editorial.

ISBN 84-89439-24-9

Diseñado por Price Watkins
Investigación coordinada por Jennifer Hudson.

Diseñado por Frank Philippin en
Brighten the Corners

Impreso en Hong Kong

Portada: Patio Central de M & C Saatchi en Londres, diseñado por Harper Mackay; ver páginas 202-7

Agradecimientos / Créditos fotográficos:

Los autores agradecen a todos los diseñadores y arquitectos incluidos en el proyecto a los fotógrafos cuyos trabajos se reproducen. Los siguientes créditos fotográficos incluyen números de página entre paréntesis.

Aker/Zvonkovic Photography (218-19); Arcaid/Nicholas Kane (20-22); Arkitekturphoto/Ralph Ritchers (145 superior, 146, 147); Farshid Assassi (15-18); Paul Bardagjy Photography (47-51); Richard Barnes (143, 208-11); Hedrich Blessing (128-33); Hedrich Blessing/Chris Barrett (185-89); Hedrich Blessing/Steve Hall (76-77); Hedrich Blessing/Marco Lorenzetti (217); Reiner Blunck (38-41); Tom Bonner (16-17, 19); Santi Caleca (154-55); Louis Casals (56-9); Jeremy Cockayne (52-5); Comstock (182-83); Richard Davies (45 derecha); Graema Duddiridge (34-7); Gerda Eichholzen (226-27); Mary Evans Picture Library (68-9, 126-7); FLPA/By Silvestris (12-13); Al Forbes (190-93); Jon Gollings (96-9); Roland Halbe (170-73); Sam Hetch (200-01); Timothy Hursley (216, 220); Kary Ka-Che Kwow (42-3, 44 centro, 45 izquierda); Christian Kandzia (163-67); Karant & Associates/Barbara Karant (30-33); Ian Lambot (144-45, 149); Mitsuo Matsuoka (169); Voitto Niemela (80-81); Michael O´Callahan Photography (138-41); Jonathan Pile (212-15); Paul Rattingan (101-4); Sharon Risedorph (194-99); Cees Roelofs © Interpolis (24-9); Durston Saylor (115-19); Shinkenchiku-sha (89, 90); Jussi Tianen (76-9, 150-53); Jan Verlinden (110-13); View/Peter Cook (106-9, 120-23, 134-37, 156-61, 175-79); View/Nick Huften (2-3, 202-7); View/Dennis Gilbert (44 izquierda, 60-65, 222-25); Paul Warchol (7, 82-7)

**ÍNDICE**

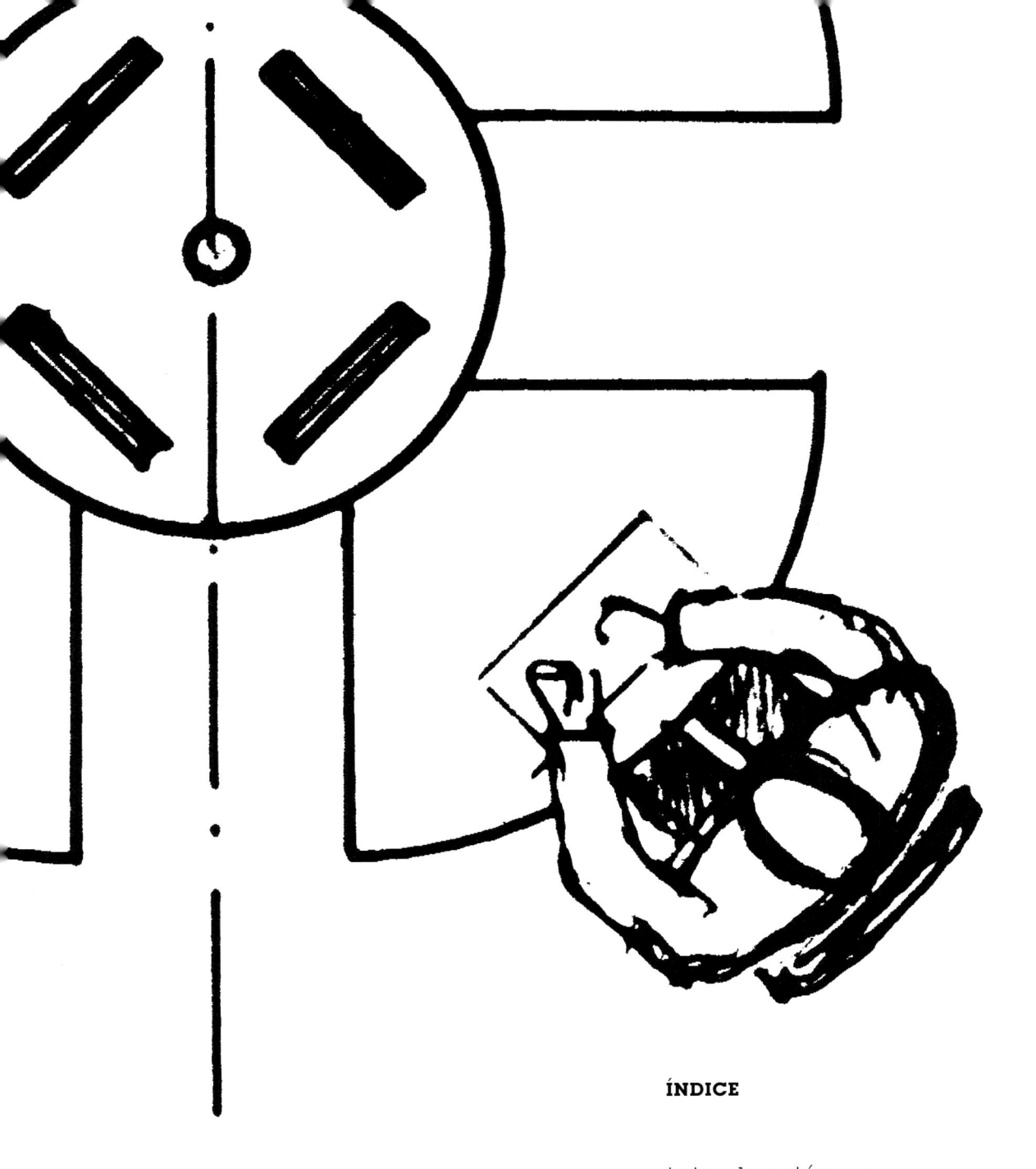

| | | |
|---|---|---|
| introducción | historia, espacio, tecnología, gente, cambio | 6 |
| equipos | ámbitos productivos para el trabajo en grupo | 12 |
| intercambio | foros para compartir y crear conocimientos | 68 |
| comunidad | espacios sociales para la convivencia | 126 |
| movilidad | flexibilidad en espacio y modo de trabajar | 182 |
| biografías | | 230 |
| créditos | | 236 |
| índice de referencias | | 240 |

# introducción  **JEREMY MYERSON Y PHILIP ROSS**

ANTIGUAMENTE, las oficinas de diseño eran el territorio de creativos, arquitectos o cineastas; y un entorno «chic» para productores discográficos, fotógrafos o figuras de la moda. Pertenecían a organizaciones que trabajaban en sectores creativos y eran imaginativas, alternativas y atípicas en su estilo y organización. La inmensa mayoría de los lugares de trabajo se ceñían a un modelo mecánico y jerárquico, cuyo diseño -aunque moderno- sacrificaba los elementos creativos o individuales a favor de las necesidades de la eficiencia en la gestión.

Actualmente, al creciente interés de los directivos por trabajar con métodos más informales e innovadores, se han unido la vertiginosa irrupción de nuevas tecnologías de aplicación laboral (especialmente las inalámbricas) y las audaces orientaciones respecto al espacio y la arquitectura. Como consecuencia, ahora, la creatividad resulta evidente en multitud de negocios y sectores.

Oficinas esquematiza este extraordinario cambio. En cada uno de los 42 casos -de todo el mundo- seleccionados en el libro, hemos intentado mostrar una organización específica que trabaje en un lugar determinado, excluyendo los proyectos potenciales de edificios o de interiores. De las cuarenta oficinas analizadas, tan sólo el 40 por ciento, se dedica a lo que identificamos como «sector creativo»: productoras de televisión y cine, consultoras de diseño e ingeniería, discográficas, publicistas, relaciones públicas y moda.

El 60 por ciento restante está formado por entidades corporativas o del sector público, tradicionalmente asociadas a entornos laborales formales y monolíticos. Abarcan desde la informática y la producción automovilística y de telecomunicaciones, hasta mobiliario, servicios financieros y comida rápida. De hecho, incluyen, entre otros, al gigante aeroespacial Boeing, al líder de la biotecnología Monsanto, y al Ministerio de Defensa del gobierno británico. Curiosamente, ciertos tipos de organización se han escapado de nuestra selección; por ejemplo, no presentamos despachos de abogados, lo que sugiere el conservadurismo de esta profesión.

Sin embargo, en organizaciones tan diversas como Nokia, Mc Donald´s, British Airways, Commerzbank, Rover Group e IBM, la predisposición hacia una oficina creativa -en sus muchas versiones y estilos- se ha convertido en una preocupación central de la clase directiva de finales de los años noventa. Esto es especialmente evidente en empresas norteamericanas y británicas, que aquí nos proporcionan más de la mitad de los casos expuestos. Alemania y Finlandia destacan, también, en la búsqueda de espacios alternativos para los interiores de las oficinas. Así mismo, incluimos ejemplos de países como Japón, Turquía, Italia, España, Bélgica, República Checa, Países Bajos y Australia, que dan muestra de cómo el diseño aplicado a las oficinas se ha convertido, recientemente, en un fenómeno global.

Se ha escrito mucho acerca de las motivaciones que han impulsado a directores corporativos y gurús de los negocios de los años noventa, a abandonar los enfoques tradicionales del diseño de oficinas. Se han expuesto multitud de teorías relativas a modos más flexibles de trabajar en nuevos entornos físicos, que apoyen y se acomoden al cambio. Pero, aparte de un puñado de proyectos puntuales, ampliamente divulgados -los más notables serían la oficina de Sol en Helsinki, el edificio del Servicio Aéreo Escandinavo (en las afueras de Estocolmo) y los sistemas Chiat/Day y Nickelodeon de Nueva York- no ha habido muchos ejemplos prácticos de tendencias que muestren mayor creatividad.

Este libro pretende equilibrar esta balanza con una buena cantidad de casos nuevos, la mayoría de ellos desarrollados en los últimos años. La opción escogida por organizaciones activas, en crecimiento y competitivas -en términos de planificación de espacio, diseño, arquitectura, tecnología y estilo de trabajo- establece un retrato robot de cómo es y cómo sentimos las oficinas en estos momentos que da comienzo un nuevo milenio laboral.

## CUATRO TEMAS CLAVE
Este estudio práctico se agrupa en cuatro apartados: Equipos, Intercambio, Comunidad y Movilidad. La primera sección revisa aquellas oficinas que fomentan la formación de grupos y el trabajo en equipo. No constituyen espacios divididos y reglados, sino ámbitos que promueven procesos de trabajo basados en una mayor interacción y conocimiento entre las personas. La sección Intercambio explora entornos de oficina diseñados para facilitar la compilación, transmisión y presentación de los conocimientos. En este caso, el enfoque colegial de los entornos académicos y prácticos se adapta a las necesidades de acomodo de las «organizaciones del conocimiento».

La sección Comunidad comprende oficinas que han sido planeadas para alimentar un espíritu comunitario y promover una mayor cohesión social. Un enfoque clave, en este caso, es la creación de «plazas del pueblo», «barrios» y «calles», en los interiores de las oficinas. La sección final, Movilidad, examina ámbitos laborales no territoriales que ofrecen a los empleados una libertad de elección sin precedentes, para trabajar dónde y cómo quieran. Existe un amplio abanico de espacios laborales -desde áreas abiertas a «células» pri-

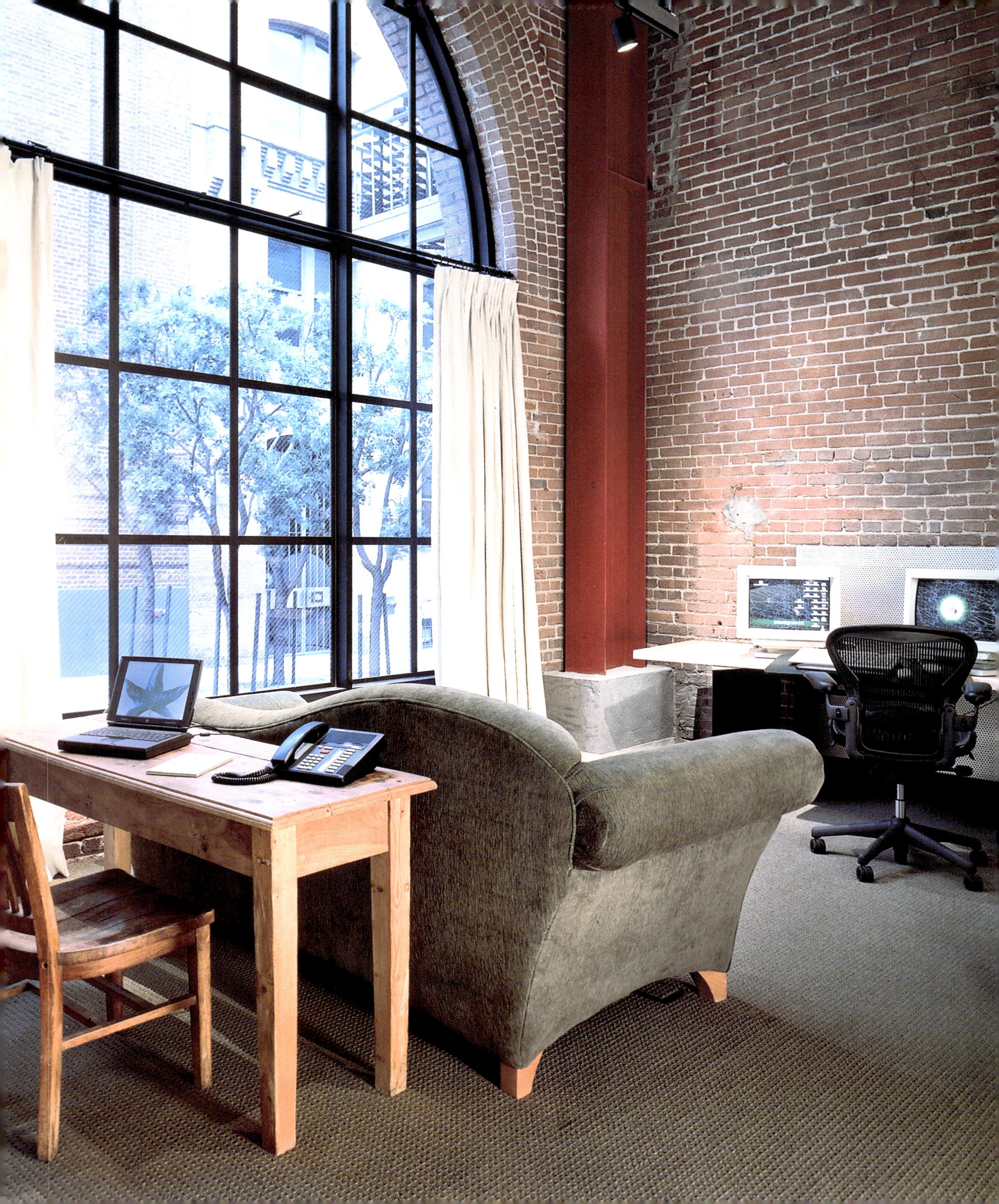

> No existe un modo más constructivo de cambiar el comportamiento del ser humano que ubicándole en un entorno diferente.

vadas- respaldados por las tecnologías móviles. El día a día va evolucionando, conforme se van creando patrones de trabajo completamente nuevos.

A lo largo de Oficinas, observaremos entornos cuya función es facilitar a las personas que puedan pensar sus trabajos con mayor creatividad, fomentando las capacidades de intuición, imaginación y síntesis, agrupadas en el hemisferio derecho del cerebro; en lugar de las racionales y protocolarias –relacionadas con el izquierdo- que, en el pasado, han tendido a dictar la forma y el estilo de las oficinas dirigidas bajo criterios científicos e inflexibles.

En una ocasión, Henry Ford preguntó en tono de crítica «¿Por qué si quiero comprar un par de manos, tengo que llevarme el ser humano entero?»; haciendo referencia a que la dinámica social siempre se entromete en el modo de hacer negocios. El «fordismo» y el «taylorismo», las dos «escuelas» responsables -a principios del siglo XX- de la planificación de las primeras oficinas-fábrica, elevaron los objetivos de la empresa, más allá de la sicología individual, reduciendo las personas a unidades de producción. Ciertos estudios deshumanizados de trabajo establecieron un patrón que se ha prolongado durante la mayor parte de este siglo, reforzado por la ética del diseño moderno que, en su obsesión por el funcionalismo, copiaba la teoría de la dirección científica.

## ÍMPETU PARA EL CAMBIO

Actualmente, algunas compañías están rompiendo esquemas al intentar utilizar el diseño de la oficina -que, precisamente, Henry Ford, Frederick Taylor y otros pioneros industriales intentaron suprimir- para favorecer la dinámica social y la sicología individual. Al analizar los estudios prácticos de este libro, prestaremos atención a la variedad de motivos que se han dispuesto para el cambio.

El coste y las presiones competitivas están forzando, claramente, a que muchas empresas grandes comiencen a comportarse como compañías más pequeñas y más ágiles. Esto implica un replanteamiento de los métodos y lugares de trabajo, que resultan menos masificados y más centralizados.

Crear entornos de oficina innovadores puede traducirse en beneficios empresariales tangibles, debido a que se produce una mejora de la eficiencia y a que disminuyen los costes de propiedad. Por ejemplo, la compañía de seguros holandesa Interpolis ha reducido sus gastos en un 20 por ciento, y el cambio de ubicación de British Airways supondrá para la empresa un ahorro de 15 millones de libras al año.

Pero, quizás las mejores recompensas del enfoque creativo son las que surgen de unir a las personas, rompiendo barreras entre diferentes funciones profesionales y departamentos, con el fin de mejorar la comunicación y generar un intercambio de ideas. Estos objetivos fundamentales son especialmente pertinentes para las compañías que necesitan investigar, desarrollar y distribuir productos nuevos.

La necesidad de reclutar y retener empleados con talento en los sectores donde es de vital trascendencia contar con el personal más destacado, es también un factor que conlleva un cambio en el espacio de trabajo. Superar a la competencia es esencial y multitud de empresas están usando -como una ventaja sobre las demás- entornos creativos adecuados a los «trabajadores del conocimiento» que pretenden atraer.

En el pasado, las empresas tomaron la determinación de limitar los cambios. Actualmente, existe una aceptación general -incluso entre líderes establecidos en un sector- de que la evolución continua es la única constante válida. Las oficinas creativas se consideran mejor preparadas para absorber, de forma flexible, el impacto que implica el cambio, que las oficinas monolíticas y controladas. En Monsanto, por ejemplo, se busca que los empleados aprendan a enfrentarse y a adaptarse a dichos cambios; a través de ámbitos denominados «prados», «porches» y «salitas» que, para explicar un entorno de trabajo nuevo y poco doméstico, proporcionan puntos de referencia familiares (ver página 184).

Mientras la mayoría de los espacios tradicionales limitan el crecimiento y la evolución, las nuevas oficinas actúan como catalizador de una mejora continua, aprendiendo de la experiencia. Por ejemplo, el centro de dirección construido en las afueras de St. Louis (Missouri) para entrenar a los futuros líderes empresariales de Boeing, reforzará la imagen de la empresa como organización de aprendizaje (ver página 70).

La permutación cultural puede ser un beneficiario inmediato de la transformación física del puesto de trabajo. No existe una forma más constructiva de cambiar el comportamiento de las personas que trasladarlos a un entorno distinto. Eliminar jerarquías o allanar la pirámide ha sido una importante motivación de los nuevos espacios laborales para empresas como Owens Corning, WMA Engineers y para el Ejecutivo de Procuraduría del Ministerio de Defensa inglés. British Airways, en un intento de construir un servicio al cliente más sólido, aprovechó la mudanza a su nuevo edificio de Waterside, para librarse de los vestigios de la antigua cultura de la Fuerza Aérea,

Construir oficinas más creativas implica abandonar las viejas reglas que sistematizan el espacio, para favorecer distribuciones más generosas

donde las vacaciones se llamaban aún «permisos», los empleados comían el «rancho» y todavía iban «de servicio».

TRABAJO COOPERATIVO
La colaboración y el trabajo en equipo también dominan las motivaciones de las compañías que invierten en oficinas creativas. La tendencia a que las personas trabajen juntas en equipos multidisciplinares, durante periodos de tiempo significativos, ha determinado que muchas organizaciones creen espacios nuevos. La Visual Planning Room («Habitación de Planificación Visual») de Coley Porter Bell (ver página 66) facilita un entorno de concentración para que los equipos trabajen juntos. El flujo continuo que supone el trabajo en equipo se ha tomado más como un reto, que como un problema.

La necesidad de proporcionar a la gente ámbitos donde puedan sentirse creativos también ha sido una motivación clave. Esto explica la existencia de los «lugares soleados», de la compañía de seguros alemana LVA; el «olivar», de British Airways; los jardines colgantes del interior de la torre del Commerzbank, de Frankfurt; o las coloridas habitaciones de «lluvia de ideas», de Edward de Bono, para la delegación londinense de Arthur Andersen. Todos ellos proporcionan espacios concebidos para estimular la creatividad del personal, durante la jornada laboral.

GAMA DE PROYECTOS
Los tipos de proyecto presentados en este libro son tan variados como las propias organizaciones y los motivos que les determinan a cambiar. Incluyen desde sedes diseñadas por arquitectos renombrados (Helin & Siitonen para Nokia, Niels Torp para British Airways, Cesar Pelli para Owens Corning), hasta remodelaciones de edificios históricos.

Muchos de los proyectos implicaron un traslado, debido a que, con el crecimiento, el espacio disponible de las empresas se quedó obsoleto; o a que pretendieron aglutinar varias áreas en una sóla. Otros, como la transformación de Island Records en un edificio de Grado II, en la plaza de San Pedro de Londres, exigió que los diseñadores renovasen las instalaciones desgastadas del edificio existente (ver página 42).

Ofrecer la justa provisión de servicios fue una de las tareas más difíciles, especialmente en aquellos proyectos que transformaban un edificio existente en algo totalmente diferente. El centro de dirección de Boeing, por ejemplo, es un almacén de vagones de 1952, y la empresa de telecomunicaciones canadiense Nortel se ha instalado en una fábrica de conmutadores digitales de 1963 (ver página 128).

NUEVOS CAMINOS PARA PLANIFICAR EL ESPACIO
Construir oficinas más creativas supone abandonar viejas reglas sobre el análisis espacial y la distribución. Los enfoques nuevos se han apartado de la eficiencia del plano en cuadrícula, en favor de soluciones más innovadoras e inusuales, que crean un entorno inesperado dentro de los edificios. Los pasillos que, anteriormente, fueron rectos y estrechos -minimizados para buscar la eficiencia- ahora se presentan como espacios valiosos y de relevancia en los ámbitos laborales diseñados para fomentar el movimiento y la colaboración.

Los principales espacios de circulación en las oficinas creativas suelen ser generosos, incluyendo áreas concebidas para que la gente se reúna informalmente. Estos encuentros casuales suceden, frecuentemente, en áreas diseñadas con esa finalidad: en la intersección de rutas de circulación convergentes, en un punto central o en un patio interior, provistos de atractivos de carácter público y, en algunos casos, de obras de arte.

La planificación de la interacción es una tendencia clave en la oficina creativa. Todas las antiguas medidas eficientes de organización de espacios, que estudiaban la «densidad de ocupación» o «el espacio útil neto», por ejemplo, se han echado a un lado. En cambio, existe una transferencia, una inversión, determinada por la influencia del espacio público en el ámbito laboral. Existen áreas generosas destinadas a actividades comunes o facilidades compartidas, cuyos espacios centrales, de dominio público, reciben nombres que reflejan sus estatus: el «mercado», la «plaza» y la «calle» describen, por ejemplo, un nuevo paradigma de planificación que ha redefinido el ámbito laboral; y que, a menudo, se basa en la complejidad y diversidad del plano de una ciudad.

ENCUENTROS CASUALES
Es bien sabido que las personas que trabajan en edificios de oficinas tradicionales, difícilmente interaccionan entre sí, a no ser que están sentados juntos. De hecho, una investigación del gigante de las telecomunicaciones, British Telecom, descubrió que dos personas que trabajan en el mismo edificio, pero en pisos diferentes, tienen sólo un uno por ciento de posibilidades de encontrarse, un día de trabajo cualquiera. Pero, conforme las empresas se decantan hacia una

> La distinción entre tecnología y entorno físico se difumina, acelerando la tendencia hacia la flexibilidad laboral

fuerza de trabajo compuesta por «trabajadores del conocimiento», cuya productividad se incrementa gracias a reuniones aleatorias, que estimulan nuevas ideas y pensamientos; aumenta la necesidad de replantear el lugar de trabajo, para que estos encuentros informales y espontáneos puedan ocurrir de forma relativamente fácil.

Las oficinas creativas proporcionan lugares para tales encuentros: en British Airways, Rover Group y 3Com, por ejemplo, el personal puede hablar y hacer intercambios en la «calle», sin necesidad de buscar salas de reunión formales. En el centro de operaciones bancarias del Yapi Kredi, en Turquía, una serie de calles están basadas en la tradición medieval del Han y cubiertas por un techo de tela, reflejando la cultura y el clima de la región (ver página 174).

Las calles implican movimiento y el concepto de que la gente circule por su lugar de trabajo, en lugar de pasarse todo el día en el mismo sitio, es una tendencia recurrente. Actualmente, los beneficios derivados de la interacción inesperada, anulan los principios de la eficiencia que, durante la mayor parte de este siglo, ha situado al personal en posiciones fijas, desarrollando tareas repetitivas.

EL GUSTO POR LO VERTICAL
Así como la distribución del espacio en pisos o en planos horizontales es variable, la conciencia de que la gente raramente se desplaza por las diferentes plantas de un edificio, ha determinado la búsqueda de soluciones para favorecer el encuentro. Para describir esta tendencia se utiliza la idea de «verticalidad»; tal y como demuestran ciertas escaleras espectaculares que atraviesan el suelo de los edificios para conectar las diferentes plantas. Ejemplo de esto es el diseño de Bürohaus para una empresa alemana de «software» (ver página 170), o el de la agencia de publicidad de Lowe and Partners/SMS, en Nueva York (ver página 114). Lo que en estos casos se ofrece es la posibilidad de diseminarse por los pisos y espacios compartidos con facilidad. Es interesante observar cómo en una evolución que parece ser caótica, la planificación irregular del espacio posee, todavía, un orden basado en la modulación.

VÍNCULO CON EL ESPACIO EXTERIOR
Una planificación innovadora del espacio exterior de una oficina creativa, resulta ser tan relevante como la del interior. El uso de los jardines en British Airways y Commerzbank, las plazas de 3Com, el agua del Ministerio de Defensa birtánico, o la Oficina Daiwa, en Japón; permiten desarrollar ideas que van más allá de las fronteras del plano tradicional de los edificios. De este modo, dicho espacio exterior ha sido «adoptado», incluso, por compañías creativas; cuyos arquitectos se han apropiado, con acierto, de los medios externos, para que éstos formen parte del espacio de trabajo.

En M&C Saatchi, la plaza exterior se ha «anexado», de forma que se percibe como un recibidor del edificio. Pero, quizás donde las fronteras se desdibujan más sea en Innsbruck Alpine School, donde se ha construido una «caja oficina» satinada en el bosque (ver página 226). Aquí, el usuario puede desplazarse sin esfuerzo entre el entorno interior y el paisaje exterior, efecto que se convierte en parte del lugar de trabajo mismo.

Sin embargo, la planificación poco ortodoxa del espacio, que permite más flexibilidad y colaboración laboral, no podría tener lugar sin el poderoso apoyo de la nueva tecnología. Desde las comunicaciones inalámbricas, hasta las avanzadas redes e intranets -que permiten las conexiones-, la tecnología ha cambiado el modo de trabajar en las oficinas creativas.

En la actualidad, se ha extendido el uso de móviles y ordenadores que permiten el trabajo efectivo en cualquier lugar del propio edificio o desde lugares remotos. Conectarse a la red empresarial es un tema primordial y la mayor parte de las compañías han incluido puertos de datos por toda el área laboral, accesibles desde el escritorio o la mesa.

EXPLOTAR LAS NUEVAS TECNOLOGÍAS
La introducción de los teléfonos inalámbricos en las oficinas ha implicado un impacto considerable. La oficina de ayer anclaba las extensiones telefónicas a los escritorios, uniendo los espacios y no las personas. En la oficina creativa, los teléfonos inalámbricos permiten que la gente pueda desplazarse y elegir dónde quiere recibir o realizar una llamada.

La tendencia a ofrecer al personal un control mayor sobre su entorno local ha sido posible gracias a la nueva tecnología BMS (building managenment system) que controla el sistema de gestión de un edificio. En Commerzbank, los trabajadores tienen la posibilidad de abrir las ventanas para que entre aire fresco; pero, si la temperatura exterior cambia, un sofisticado BMS las cerrará automáticamente y accionará el aire acondicionado. En Monsanto, los empleados tienen controladores de infrarrojos portátiles, que les permiten variar la iluminación o la calefacción del entorno local. En Lowe and Oartners/SMS, la iluminación de bajo consumo consta de sensores que responden al calor y al movimiento de los usuarios.

A pesar de la penetración imparable de las nuevas tecnologías en todos los aspectos del ámbito laboral, el nuevo concepto de oficina ha

> Las oficinas creativas reflejan la forma en que las organizaciones quieren trabajar en el futuro y redefinen todo lo que entendíamos por diseño de oficinas

compensado esta invasión, proporcionando lugares de calma y paz, o espacios «zen». En estas islas, carentes de tecnología, los trabajadores pueden concentrarse, pensar, leer o escribir sin la interrupción del teléfono móvil, los destellos de la pantalla o el ruido del fax.

Desde principios de los años ochenta, la tecnología ha pasado de estar aislada en la sala de ordenadores del sótano, acondicionada y vigilada por hombres de bata blanca, a dominar todos los escritorios. Ahora, está preparada para pasar al bolsillo, donde los comunicadores personales empezarán a permitir que la gente se conecte desde cualquier lugar; no solo para entablar conversaciones telefónicas, sino para recibir correo de voz, electrónico y faxes; así como para acceder a la información.

Esta manejabilidad se combinará con una infraestructura corporativa que verá las máquinas como ordenadores portátiles ligados a las tecnologías fijas de los edificios. El Concept Dome Pod, desarrollado por Booz Allen & Hamilton (ver página 228), ilustra esta migración hacia un punto en el que la distinción entre tecnología y el entorno físico se desdibuja; acelerando la tendencia hacia una mayor flexibilidad en el trabajo y proporcionando las herramientas para que la oficina creativa se convierta en la norma.

LIGEREZA E INMATERIALIDAD
Como si se anticipara a una era de tecnología de mayor movilidad laboral, la oficina creativa muestra características visuales y táctiles particulares. Tal y como se evidencia en los proyectos de este libro, los arquitectos y diseñadores de ámbitos de trabajo sienten fascinación por la transparencia y lo translúcido, por la ligereza y la inmaterialidad. El mensaje es, quizás, que el entorno físico está perdiendo peso para acomodarse a las cantidades prodigiosas de tecnología digital.

Este tema se manifiesta de diversos modos, desde la oficina cilíndrica de cristal -con una mesa de vidrio suspendida, que forma la pieza central de un esquema diseñado para el fabricante de uniformes Simon Jersey, en Lancashire (ver página 52)- hasta las divisiones «flotantes», estilo shoji, construidas con papel de arroz y prensadas entre dos cristales, de la sala de exposición de IBM, en Melbourne (ver página 95). En Fuel Design, California, el cableado está a la vista en conductos transparentes; en M&C Saatchi, de Londres, los socios trabajan en amplias mesas de cristal transparente; y en Prospect Pictures, también de Londres, un suave "claustro de luz" envuelve las oficinas de la dirección (ver página 20).

La intervención de los elementos autónomos interiores, es un rasgo de la oficina creativa. Si la ligereza y la transparencia sugieren un mundo laboral monocromo o blanquecino, las oficinas creativas también apuestan, cada vez más, por los colores intensos. Antiguamente, el gris era el color corporativo por excelencia; ahora, los colores primarios se consideran también profesionales. La clave aquí es la estimulación personal.

MATERIALES Y METÁFORAS
En consonancia con este cambio de tendencia hacia tonalidades más fuertes, la elección de los materiales para los interiores sugiere también una búsqueda de un mayor impacto emocional. Muchos proyectos elevan las maderas y los tejidos naturales a la categoría de predilectos.

Las maderas rojas, sobre todo el cerezo y el roble rojo, protagonizan los dos atrios gigantes que unen las sedes de Nokia, en Espoo -desligándose de los vestíbulos blancos modernistas que caracterizan la mayor parte de la arquitectura finlandesa. En el Discoveri Channel, de Miami, las maderas recicladas y otros materiales naturales y biodegradables, humanizan una oficina altamente tecnificada. Podemos encontrar enormes árboles, matorrales y arbustos dentro de muchas oficinas creativas, que ofrecen, no solo, un aspecto agradable; sino, también, control climático y ambiental.

Aunque muchos de los mayores fabricantes de mobiliario de oficina del mundo utilizan productos específicos para las de carácter creativo, los estudios de estos casos revelan las limitaciones de los escritorios convencionales para responder a los contornos más fluidos de los modernos entornos laborales.

Probablemente, no sea sorprendente que tantos diseñadores de oficinas quieran manipular y crear todos los elementos del ámbito laboral, en lugar de especificar productos de un catálogo. Se ha impuesto la idea de la narrativa y los cuentos. El escenario y la metáfora son un rasgo creciente en la oficina creativa -desde los cafés en el edificio de Interpolis, hasta los jardines ornamentales de British Airways; ambos ambientados en referencia a diferentes ciudades del mundo.

Como se evidencia en Oficinas, los lugares de trabajo están entrando en una nueva fase, en la que los sueños personales y las visiones ya no son sistemáticamente aplastados por una dirección empresarial de carácter científico. Se permite que las ideas de los individuos y de los equipos florezcan en entornos que reflejan cómo las organizaciones pretenden trabajar en el futuro; redefiniendo los conceptos pasados de uso del espacio, forma, color, materiales y tecnología.

# equipo

LAS OFICINAS solían diseñarse para mantener separadas a las personas. La planificación del espacio se basaba en las divisiones despiadadas de la jerarquía y el estatus. Las oficinas de principios del siglo XX prohibieron incluso la conversación entre colegas. Pero en la oficina creativa, se reconoce al fin el papel importante del equipo. Las reuniones de los equipos ya no se basan en el uso ocasional de salas de reunión anónimas u oficinas privadas. Ahora, los espacios y lugares dedicados, que apoyan las necesidades de conocimiento del trabajo en equipo durante un periodo continuado, son una parte integral de los diseños de oficinas. Se abastece a los equipos multidisciplinares con sus propios espacios que favorecen la colaboración e interacción, y estimulan la creatividad y las ideas. La siguiente selección de interiores de oficinas fomenta el concepto del equipo.

# fuel  SHUBIN+DONALDSON ARCHITECTS

FUEL es un equipo de diseño californiano formado por jóvenes de gran talento, especializado en animación virtual y diseño digital; cuyo objetivo es buscar naturalidad, espontaneidad y flexibilidad para clientes de la talla de MTV y Pepsi.

Tras experimentar una rápida expansión, la necesidad de un espacio en el que, minimizando los costes, la creatividad y el impacto fueran superlativos, les forzó a mudarse a un nuevo «loft» de un almacén de Santa Mónica; una fortaleza técnica para sus instalaciones, cuyo entorno y diseño son lo suficientemente seductores como para retener al personal más capaz y solicitado de un sector con gran competencia.

Los Arquitectos Shubin+Donaldson han concebido un diseño atractivo, basado en la idea de un «pueblo interno» provisto de edificios con autonomía estructural. Esta «comunidad» consta de salas de edición, zonas de animación y producción, dos áreas de conferencias, una serie de pequeñas oficinas privadas para ejecutivos; y una miniatura de «jardín zen». Pero, su punto central es un área de actividades abierta formada por una cancha pequeña de baloncesto, una mesa de billar, una cocina y una zona de descanso, dispuesta para poder reunirse y relajarse; que, además, puede transformarse en un estudio cinematográfico.

El proyecto íntegro, cuyos costes ascendieron a 322 dólares por metro cuadrado, se completó en un periodo muy corto de tiempo; concretamente en cinco meses, desde su creación hasta su construcción. Curiosamente, los arquitectos usaron animación digital y técnicas de presentación por ordenador, como parte del proceso de diseño; enfoque particularmente apropiado para este cliente, en concreto. Probablemente, el rasgo más distintivo de este ámbito es el grado de apertura (transparencia hacia el exterior) expresado en las pantallas translúcidas, en las que FUEL puede proyectar imágenes de sus anuncios de TV y su trabajo promocional; y en los conductos transparentes que transportan el cableado tecnológico. La apariencia industrial del almacén original, con pisos de terrazo y hormigón, se ha mantenido intacta.

**lugar**
santa mónica, ESTADOS UNIDOS

**cliente**
fuel design & production

**terminado**
mayo de 1998

**espacio total del suelo**
740 m²

**personal**
18 trabajadores

**coste**
240.000 dólares

1  Sección del edificio

2  El estilo doméstico de sala de estar en la oficina de Fuel en Santa Mónica, refleja la necesidad de atraer y retener a los jóvenes especialistas en animación por ordenador; cuyas habilidades están muy buscadas en el sector. Las altas bóvedas de madera crean un espacio, estilo loft.

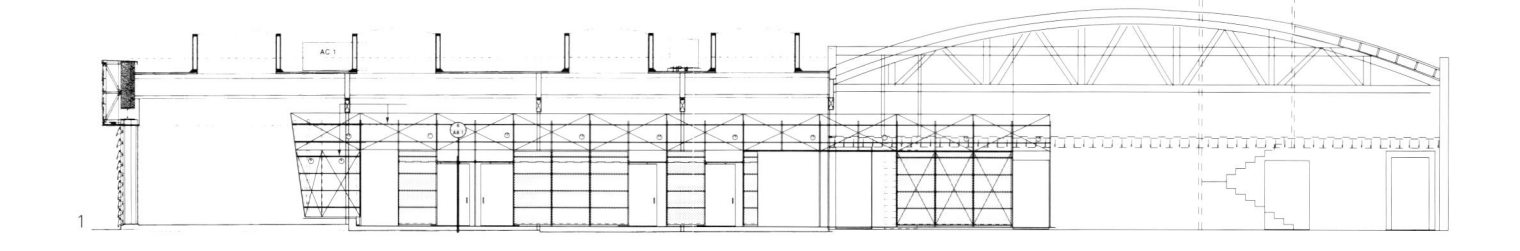

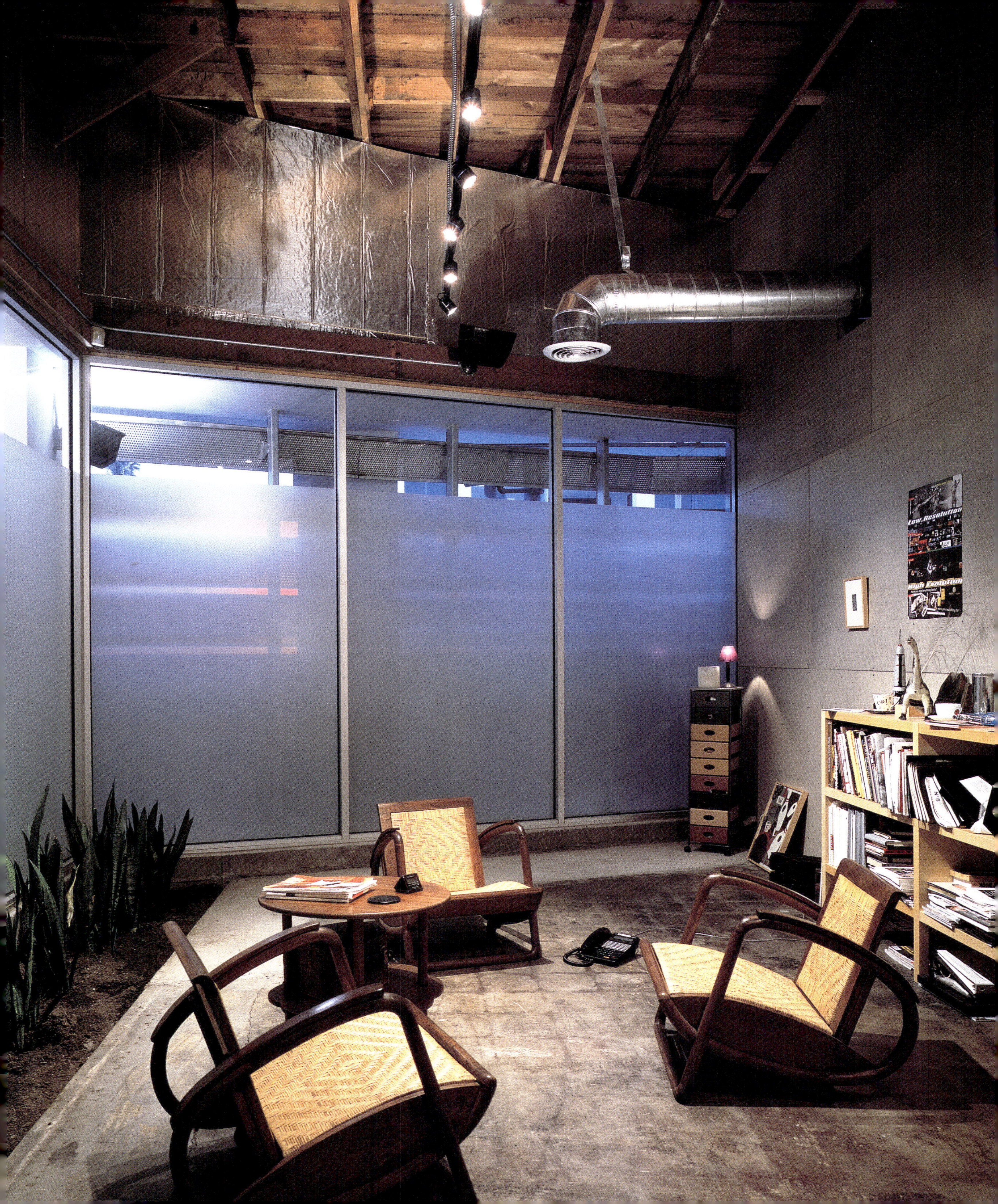
Low Resolution
High Evolution

1 Plano del entresuelo

2 Plano del piso principal

3 Principal «área de juego» recreativa en Fuel, donde el personal puede relajarse durante largas horas de trabajo. La espontaneidad es una nota clave del diseño.

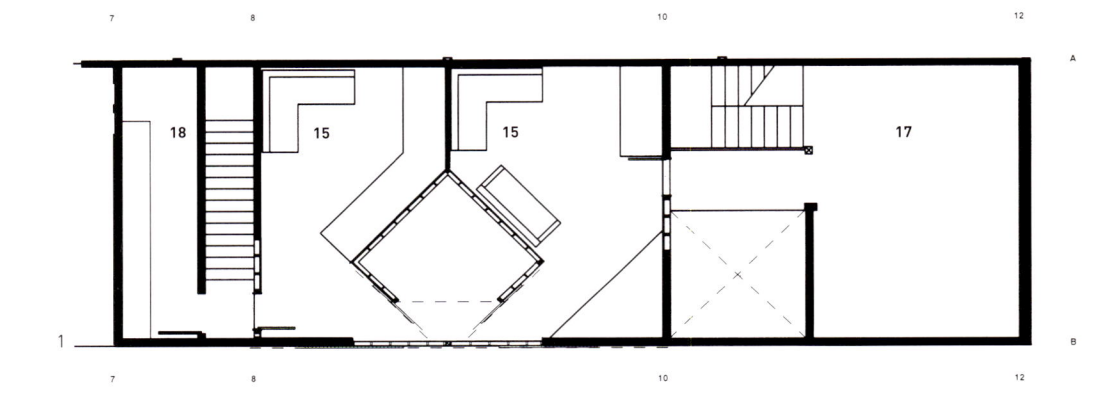

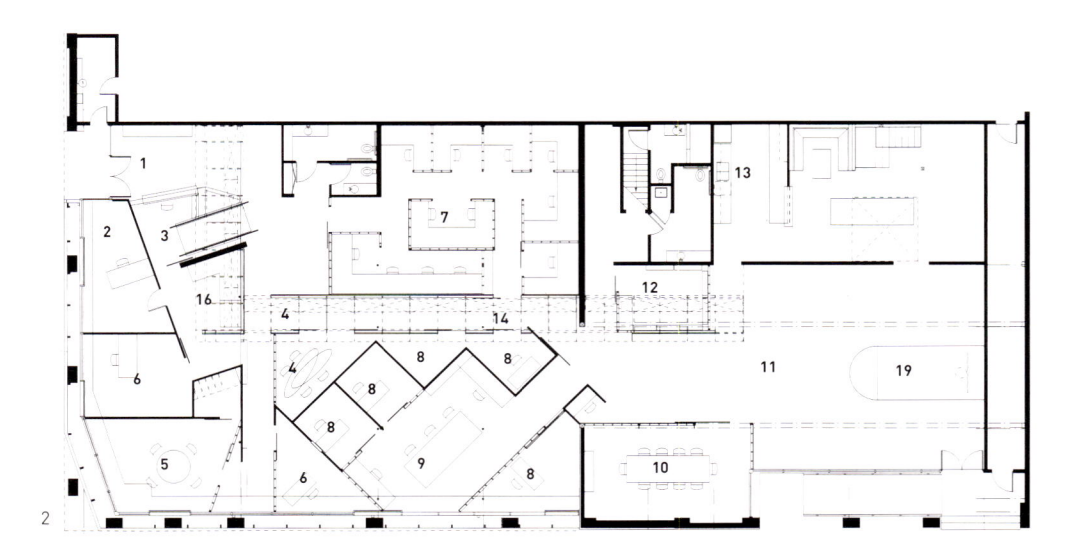

Clave:

1 Recepción  2 Controlador
3 Secretaría  4 Sala de
conferencias pequeña  5 Oficina
del director  6 Oficina del
ayudante del director  7 Área de
diseño  8 Oficina del productor
9 Sala de producción  10 Sala de
conferencias  11 Espacio de
recreación  12 Bóveda del vídeo
13 Cocina  14 Vestíbulo y
mostrador de información
15 Sala de edición de vídeo
16 Copias/Archivos
17 Área de descanso
18 Almacenaje  19 Cancha de
baloncesto

EQUIPO: FUEL 17

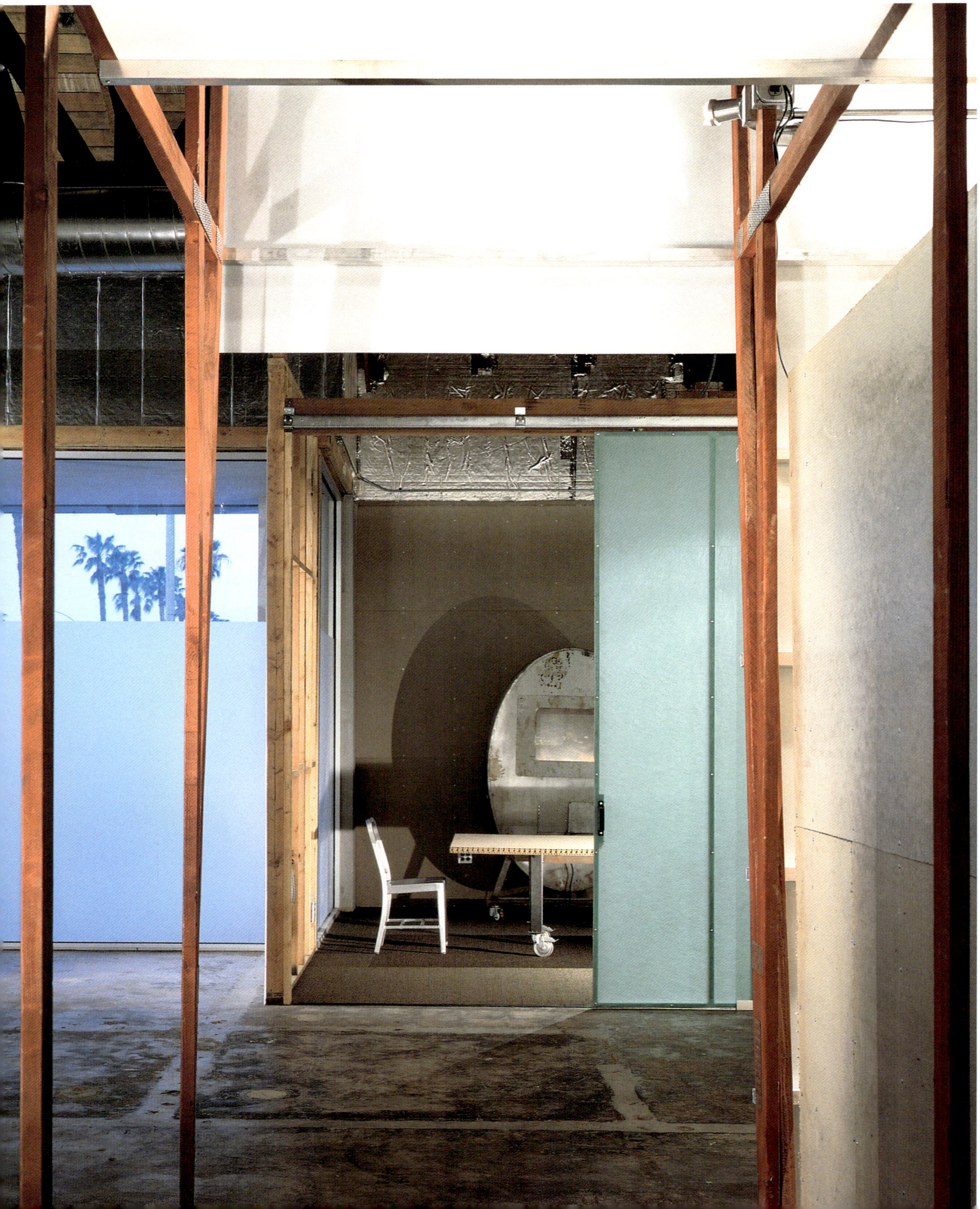

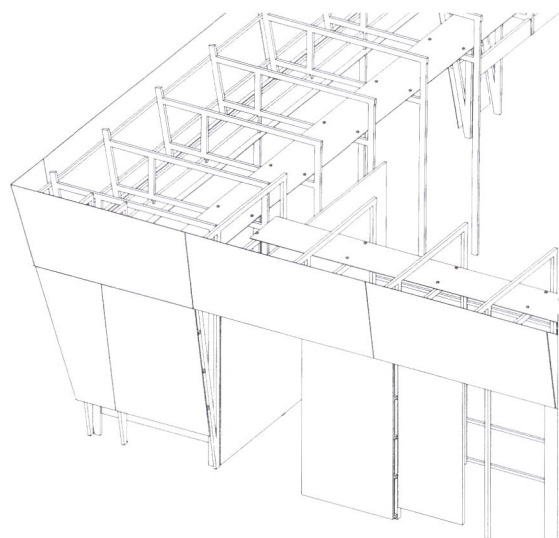

1   El uso de pantallas
    translúcidas facilita vistas
    abiertas de todo el espacio
    de Fuel.

2   Sala de producción: las áreas
    de trabajo informales
    combinan la comodidad y el
    profesionalismo activo.

3   Detalle del diseño del
    mostrador del vestíbulo: el
    proyecto se manifiesta en el
    lenguaje de la construcción.

# Prospect pictures

**BUSCHOW HENLEY**

El gran reto de Buschow Henley fue crear para Prospect Pictures un área que, incluyendo oficinas nuevas, instalaciones editoriales y un estudio de televisión, se adecuase a la gran densidad de trabajadores de un edificio de cinco plantas de los años cincuenta. La solución fue dividir el inmueble en tres "mundos" separados: el estudio de televisión y las «suites» de edición, en el sótano; dirección y administración, en la planta baja y el primer piso; y los equipos de producción y los colaboradores autónomos, en estancias abiertas en los pisos superiores.

Para cubrir las necesidades de tan alta densidad, lo más importante fue individualizar los servicios de iluminación, las tomas eléctricas, las tecnologías de la información y las conexiones telefónicas, compartimentando lo menos posible el espacio. Para el interior del edificio, los diseñadores concibieron una serie de volúmenes simples blancos, cuyo efecto queda favorecido por la luminosidad de las instalaciones. Los puntos de servicio sirven, también, como distintivos locales hacia los que gravitan los equipos.

En la planta baja, provista de una brillante fachada comercial, el empedrado comunica la calle principal con un patio trasero que, cerrado desde hace tiempo, se ha aprovechado para ampliar el espacio, mediante la construcción de un par de salas de reunión intercomunicadas e iluminadas por una claraboya. En este nivel, una estructura flexible de madera, revestida de fibra de vidrio reforzada, actúa como un «claustro de luz» que genera una serie de «espacios de retiro» tranquilos. Una mampara de color, iluminada por haces de luz roja, verde y azul (colores que compuestos posibilitan la imagen de la televisión), resguarda de la calle las oficinas de dirección. En el primer piso, las áreas de trabajo se utilizan, también, como salas de reunión.

Debajo, las «suites» de edición y el estudio, enlazan directamente con la dirección. Arriba, en la planta donde están ubicados los equipos de colaboradores autónomos, se han diseñado 80m² para acomodar, adecuadamente, hasta 16 personas: cuatro equipos de cuatro personas, dos de ocho o uno de dieciséis; cada uno agrupado alrededor de un bloque de servicios. En este caso, el diseño ha logrado aplicar, de manera audaz y elegante, la alta tecnología al concepto de «trabajo en equipo».

**lugar**
londres, gran bretaña

**cliente**
prospect pictures

**terminado**
agosto 1996

**espacio total del suelo**
750 m²

**personal**
variable (45 máximo)

**coste**
no divulgado

1 Las oficinas de dirección de Prospect Pictures se resguardan de la calle, mediante esta «pared de color» enmarcada en madera.

2 El interior de la cocina desvela tonalidades atrevidas. Así mismo, los acabados refinan el esquema.

1   Oficina de dirección, en la planta baja: la sensación es de calma, a pesar de la profusión de muebles de almacenamiento.

2   Plano de uno de los pisos superiores.

3   Plano de la planta baja.

4   Axonometría: las «suites» de edición del sótano, y los pisos superiores, dedicados a los equipos de producción, limitan las áreas de dirección de la planta baja y del primer piso.

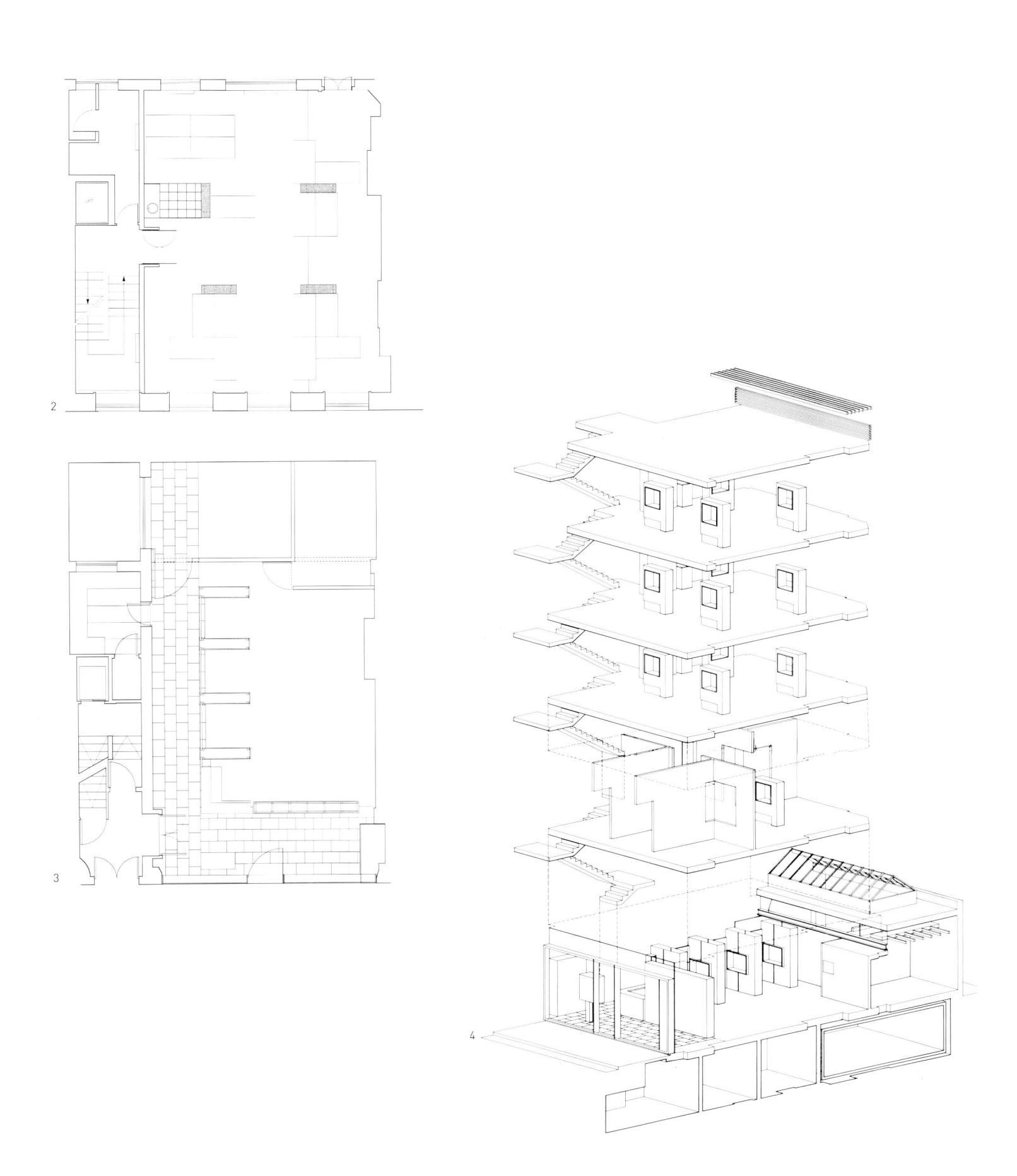

EQUIPO PROSPECT PICTURES **23**

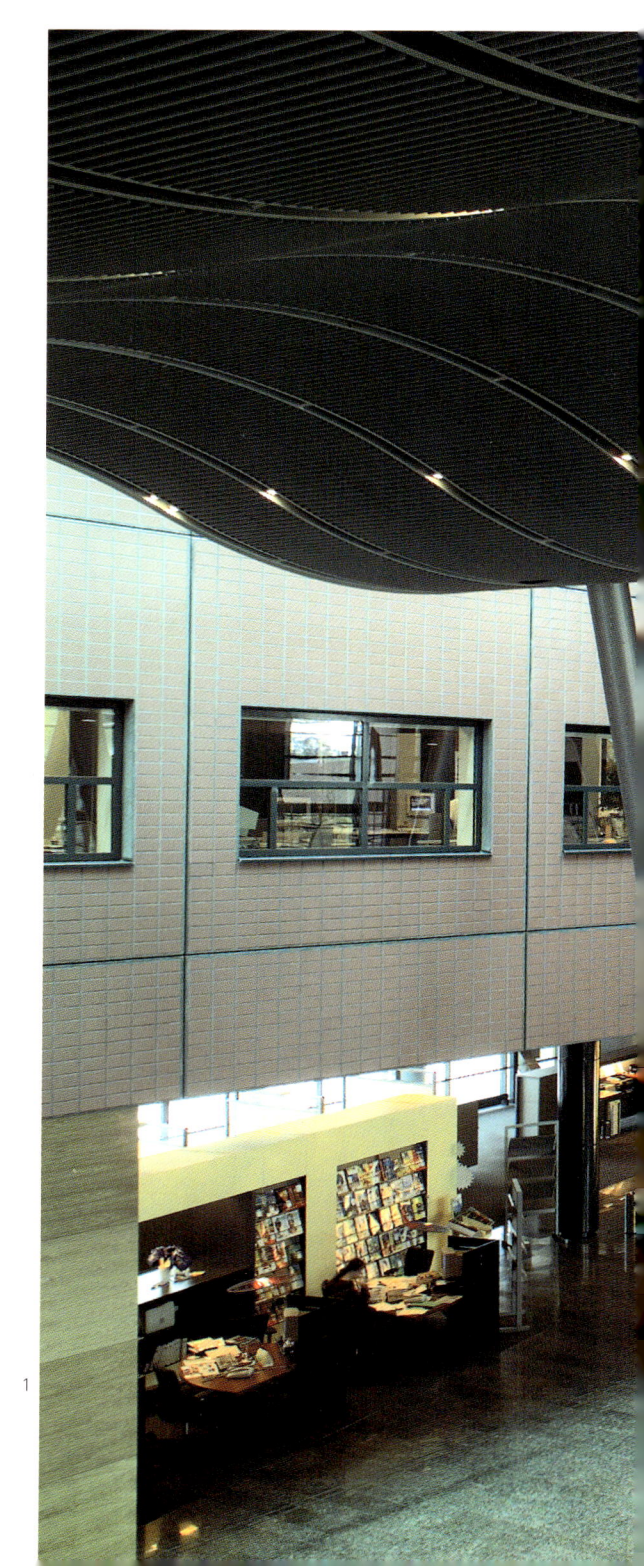

# interpolis  ABE BONNEMA

Es habitual que las compañías de seguros adopten formas de trabajar innovadoras; sin embargo, no lo es tanto que construyan una nueva sede distintiva, basada en el cambio del entorno laboral y la tecnología punta. No obstante, para la holandesa Interpolis, la inversión efectuada con objeto de conseguir un entorno flexible, de alta tecnología y basado en los equipos de trabajo; ha supuesto un ahorro del treinta por ciento, en cuanto a costes inmobiliarios.

El arquitecto Abe Bonnema, propuso un edificio alto, próximo al distrito de negocios de Tiburg, al que se anexionó otro de menor altura, provisto de un vestíbulo de grandes dimensiones. El mayor se diseñó con pequeñas planchas ancladas al suelo, de sólo 12m en diagonal, para apoyar la estructura en los muros y no en vigas o columnas. Estos 20 pisos pueden reorganizarse a voluntad, mediante particiones móviles.

Gracias a una tecnología innovadora se consiguió añadir movilidad. A través de un sistema informático de intranet, los usuarios comprueban quién «está» en el edificio; y mediante vídeo-conferencias con recepción, saben si ha llegado la visita que estaban esperando. El sistema de cableado, que une los ordenadores portátiles a la red, y el sistema de teléfonos inalámbricos, permiten contactar con las personas que estén, dentro de las instalaciones, liberando el espacio de cables antiestéticos.

El interior de cada piso ofrece espacios de trabajo variados a los empleados de Interpolis, quienes, al entrar en la planta, comprueban sus taquillas y recogen sus teléfonos inalámbricos y maletines con sus efectos personales. A continuación, seleccionan o bien una «cabina» privada, para trabajos que requieren gran concentración; o bien una de las áreas abiertas, para realizar cualquier otra tarea.

Cada ámbito laboral posee identidad propia y puede verse desde una cafetería situada en la entrada de cada planta, diseñada con iconos de distintas ciudades del mundo (desde Río a Barcelona). El entorno es abierto y luminoso, con mamparas satinadas y madera natural; creación de los interioristas Kho Liang Ie Associates, con objeto de crear una atmósfera descansada e informal.

Asimismo, se anima a trabajar a la gente en las áreas comunes del edificio, siguiendo la filosofía de Interpolis: «tu lugar de trabajo está allí donde te encuentres». Esta área incluye la espectacular recepción de entrada, con paneles perforados de metal y paneles de información; y el restaurante o el jardín paisajístico, que exhibe originales esculturas.

**lugar**
tilburg, países bajos

**cliente**
interpolis

**arquitecto**
abe bonnema, oficina de arquitectura y planificación del medio ambiente BV

**consultores del centro de trabajo**
kho liang ie asociados

**terminado**
noviembre de 1997

**suelo**
11.610 m²

**personal**
1500 trabajadores

**coste**
56 millones de libras esterlinas

1. La estructura ondulante de metal añade caracter escenográfico al vestíbulo principal, donde las áreas públicas y de reunión dan paso al acceso restringido a las oficinas de los pisos superiores.

2. El bloque de oficinas de Interpolis, con su torre adyacente, se puede ver desde el anexo de la entrada principal y de servicios. Primer plano del jardín de pizarra.

1   A través de un espectacular puente de vidrio se accede a la torre de servicios. La planta de oficinas muestra una combinación de departamentos privados y espacios diáfanos, junto con un área central de almacenaje y una cafetería.

2   La cafetería, en la entrada de la oficina, proporciona un lugar informal de reunión.

3   Área informal de reunión en la recepción de la planta baja. La pantalla semicircular de metal perforado proporciona cierto grado de privacidad, a la vez que garantiza que el espacio siga siendo abierto y público.

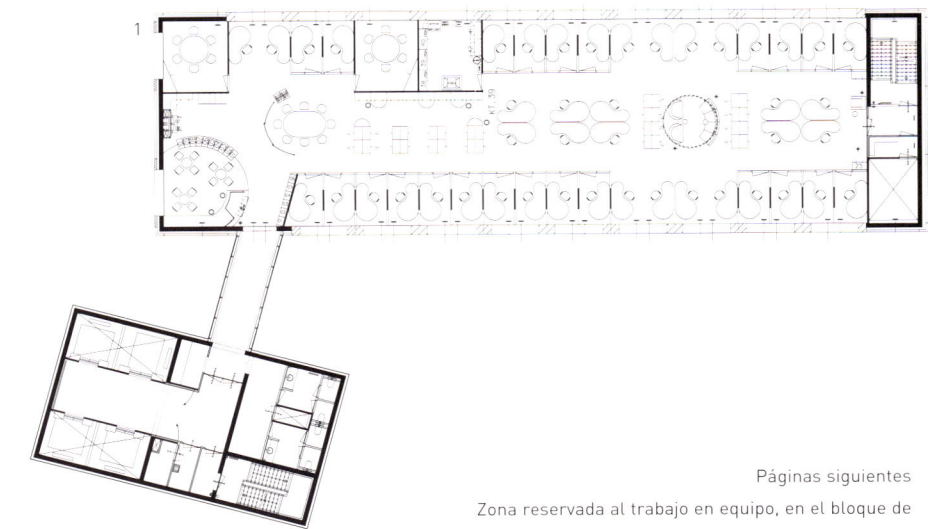

Páginas siguientes
Zona reservada al trabajo en equipo, en el bloque de oficinas, que muestra diferentes departamentos situados en una planta diáfana, realizados por Samas, junto a un área de reunión informal alrededor de un sofá rojo. La original disposición de las luminarias y el disco de neón suspendido suavizan el ambiente.

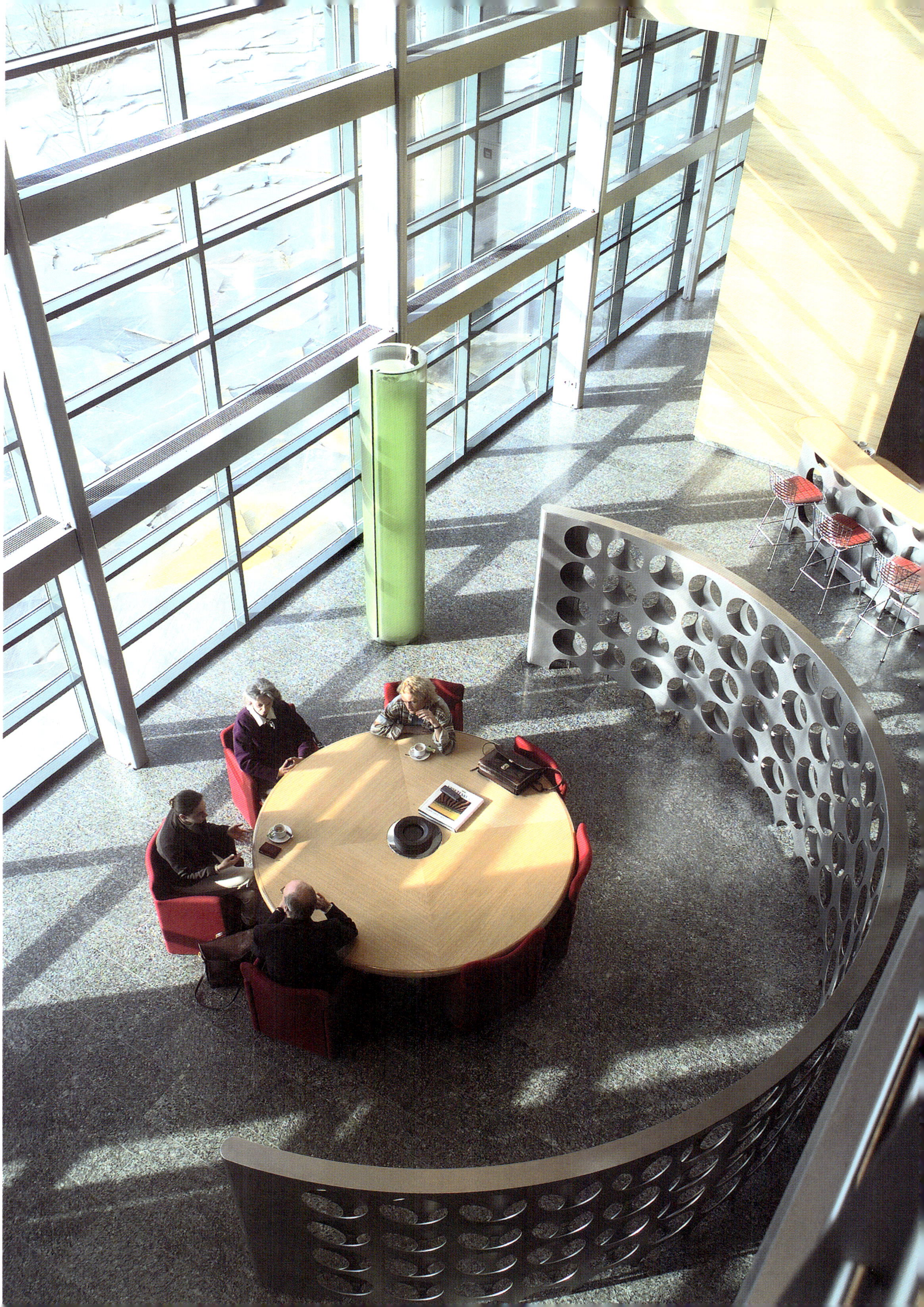

3

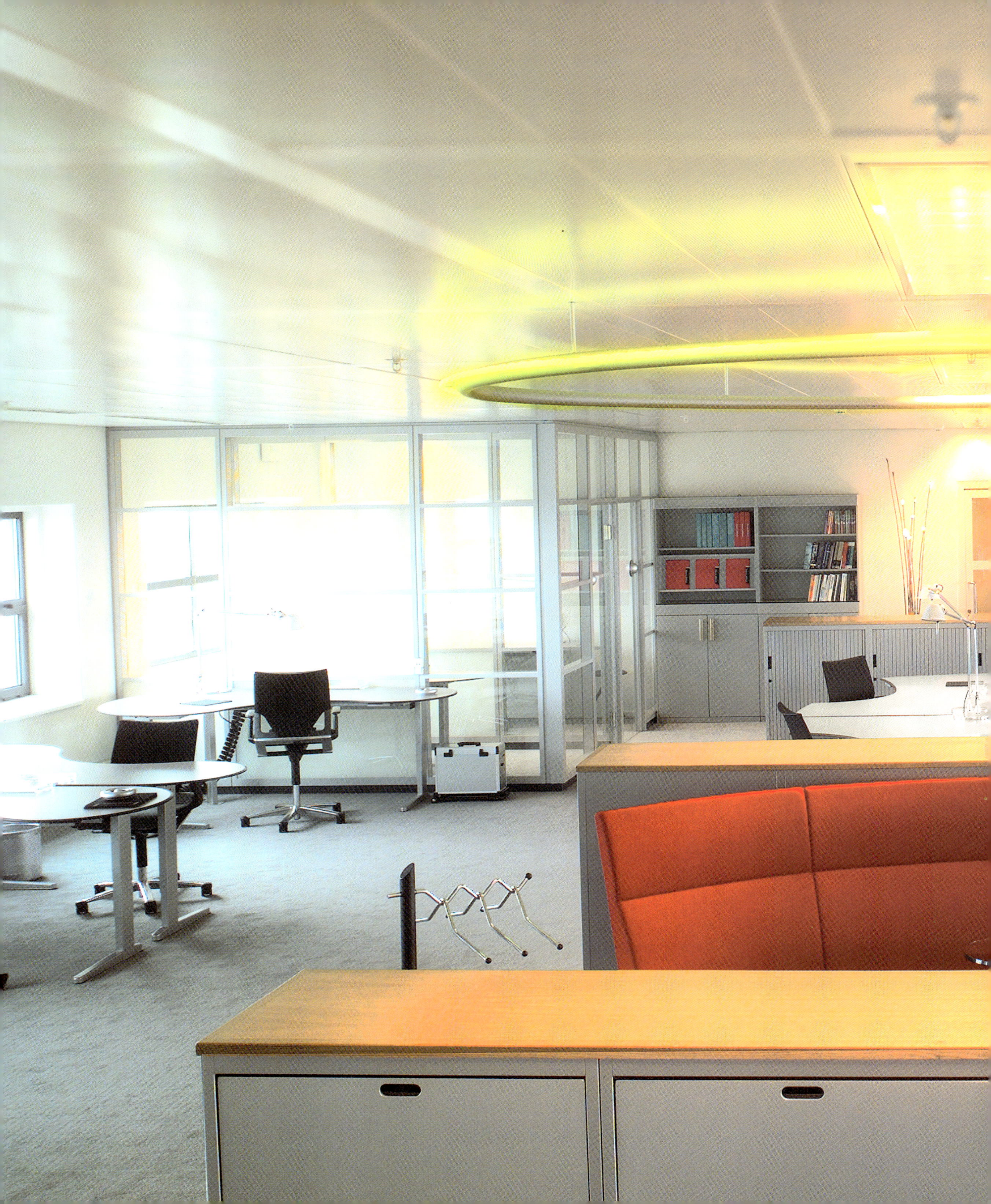

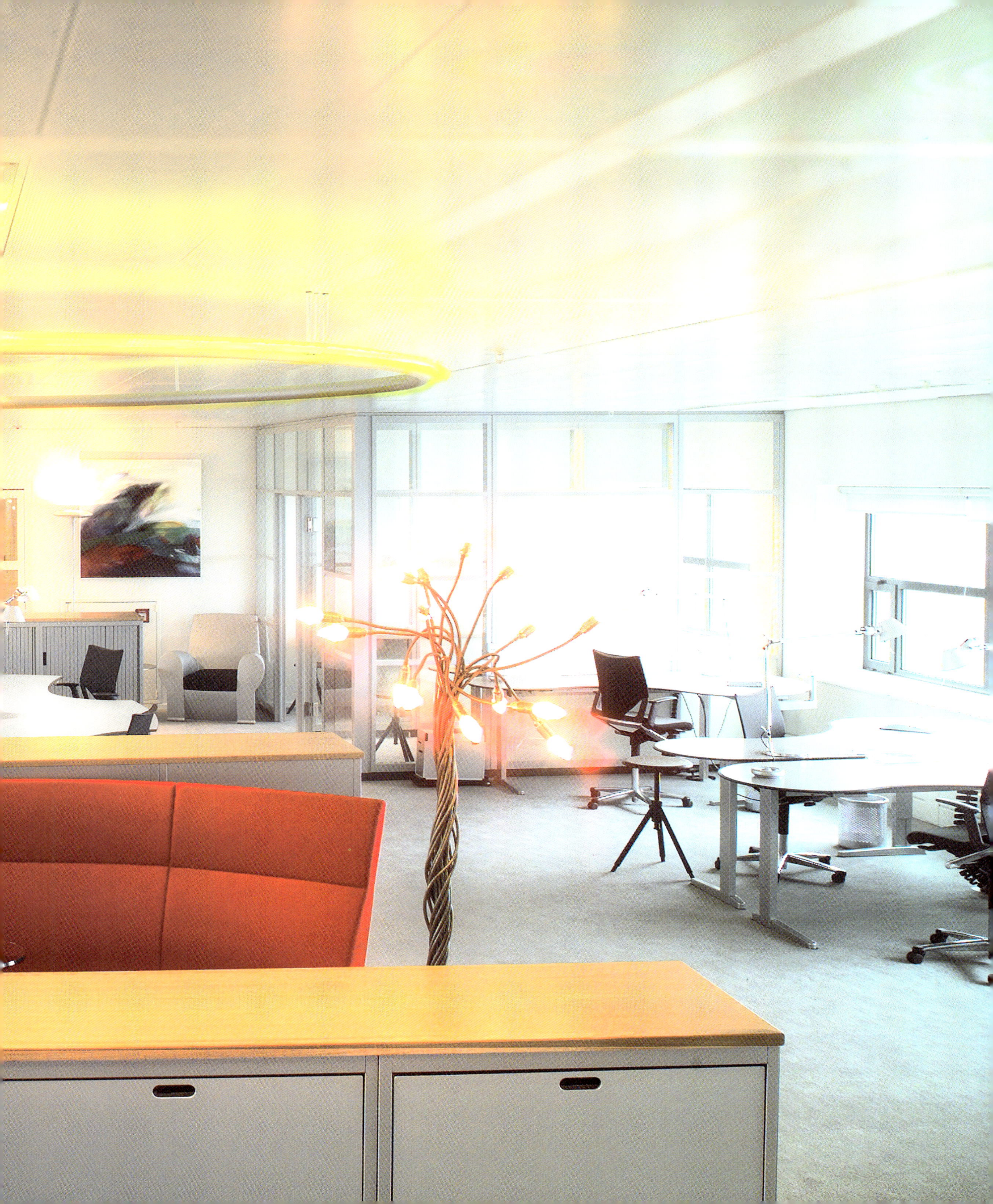

# WMA  VALERIO DEWALT TRAIN ASSOCIATES

DESDE la entrada de la oficina de la empresa de ingeniería WMA, en Chicago, que se abre paso a través de una rotonda fabricada con láminas de acero inoxidable, observamos un espacio de trabajo que pretende minimizar la rigidez y austeridad, y fomentar la interacción entre el personal de la compañía. Los diseñadores de Valerio Dewalt-Train, reconocidos por sus imaginativas oficinas construidas para US Robotics, en la zona de Illinois, han convertido un "loft" remodelado de dos pisos, en un emplazamiento innovador para el trabajo en equipo. El esquema arquitectónico se construye teniendo en cuenta la calidad individual del trabajo del ingeniero. La oficina fue diseñada para acomodar los ordenadores, dibujos y materiales de referencia a los que se recurre constantemente. El escritorio con forma de U mide 2,4 por 3 metros, y está construido con materiales modestos como, por ejemplo, tableros de fibras de densidad media y acabado en poliuretano para las encimeras, o bien contrachapado de abedul barnizado y lacado para los paneles de apoyo y las estanterías.

De estos despachos, 55 están instalados en secciones pequeñas adosadas al edificio, con paredes divisorias a media altura, para facilitar así la comunicación entre el equipo de trabajo. Abarcan una habitación abierta en la que se intercalan torres de servicio con copiadoras, impresoras y bibliotecas, y que se elevan hasta 6,7 metros. Cada compartimento consiste en un módulo, cuyo esquema se repite a lo largo de toda las planta para formar una red de bloques y calles. A lo largo de esta área se encuentra el conjunto de oficinas de los empleados y, en el lado opuesto, una pequeña hilera de oficinas que corresponde a los directores de proyecto.

Si todo esto le hace pensar en la planificación típicamente racional de oficinas que se esperaría de un proyecto específico para ingenieros, el trazado de la iluminación, yuxtapuesto diagonalmente, es lo que le hará percibir lo innovador de este proyecto. La mezcla de apliques indirectos especialmente adaptados, y las cajas de luz montadas en la pared, fabricadas específicamente para este espacio, reflejan la luz en los paneles de acero inoxidable suspendidos de las vigas, y dejan a la vista las instalaciones destinadas a servicios, para acentuar así la altura del espacio, un recurso para crear un ambiente de comunidad en la empresa. Como admite el diseñador Joe Valerio: «El diseño no tiene límites en la tercera dimensión».

La nueva sede comercial de WMA se concibió para acomodar la rápida expansión que incrementó los ingresos de la compañía cuarto veces, en cada uno de los cuatro años precedentes. Se ha acondicionado parcialmente un piso superior, de unos 465m², de forma que puedan ser finalizados rápidamente con la misma calidad de acabado y bajo presupuesto, a medida que WMA vaya contratando más personal para su oficina.

**lugar**
Chicago, ESTADOS UNIDOS
**cliente**
WMA consulting engineers
**terminado**
diciembre de 1996
**espacio total del suelo**
2135 m
**personal**
60 trabajadores
**coste**
750.000 dólares

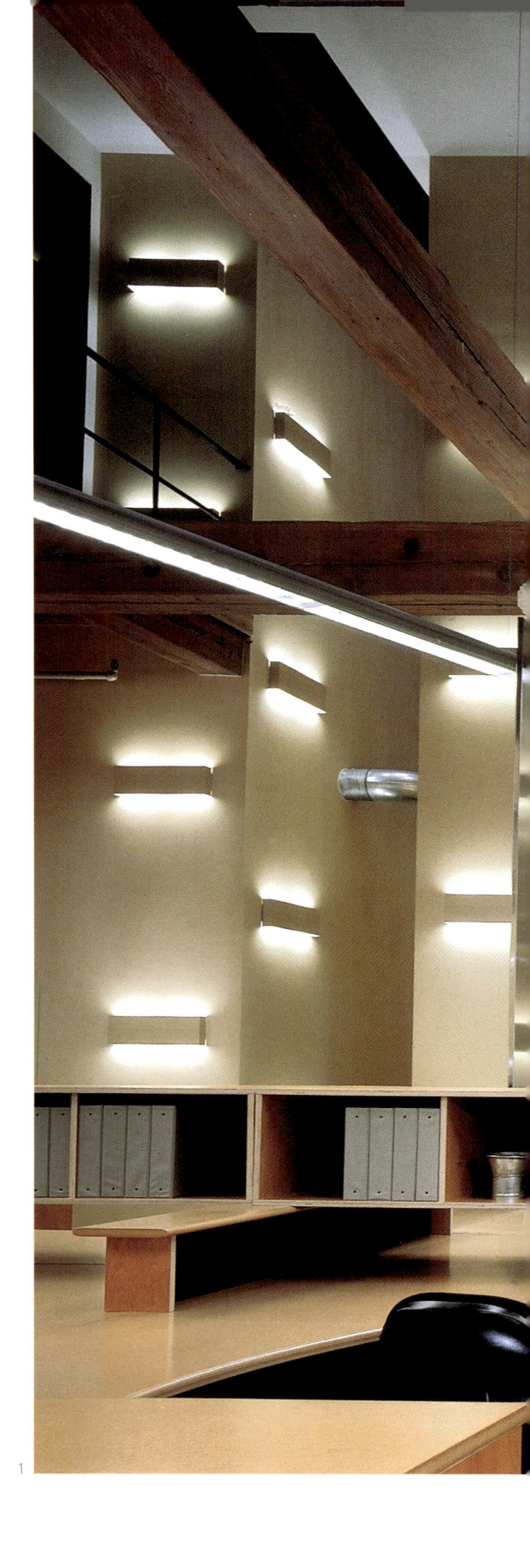

1   Oficinas iluminadas por unos apliques de luz yuxtapuestos en diagonal, encargados expresamente para esta empresa.

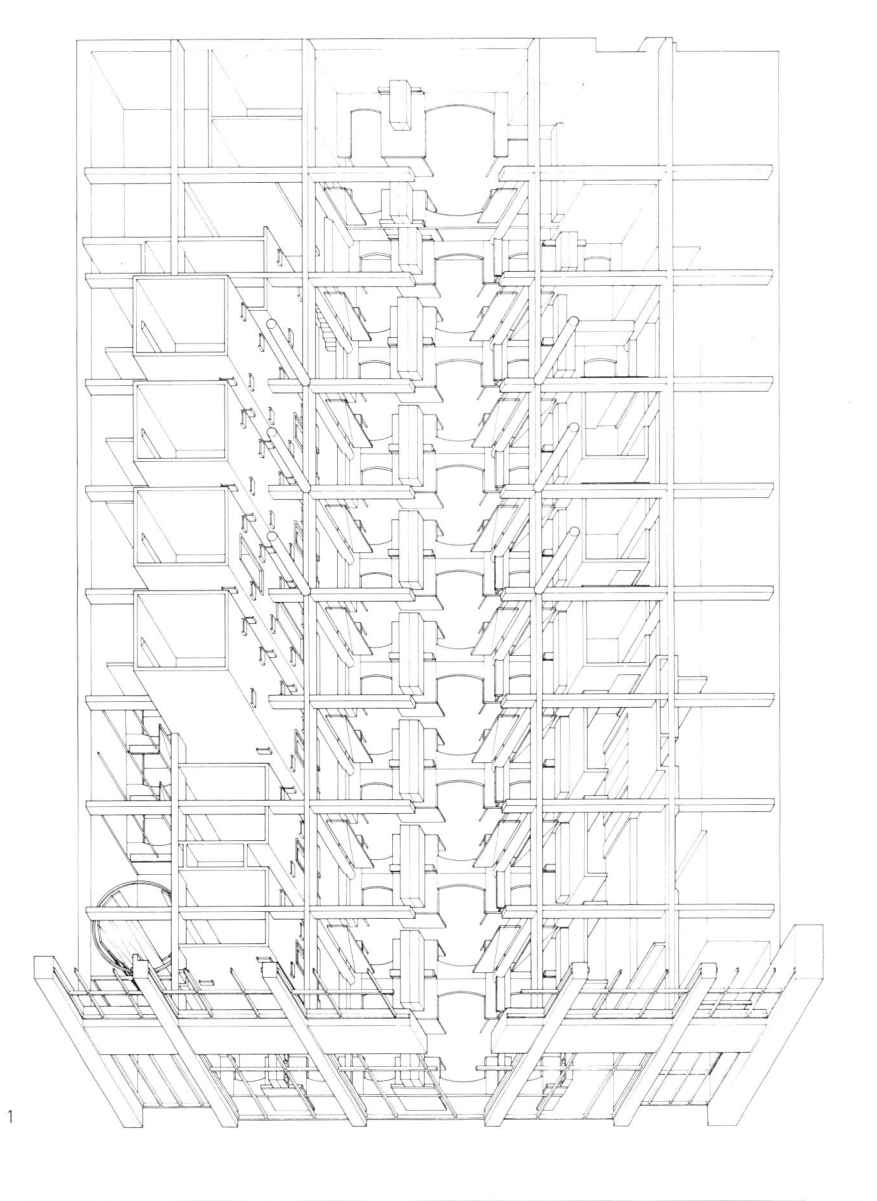

1   Plano tridimensional que muestra el esqueleto arquitectónico del edificio.

2   Plano de la planta principal.

3   Vistas al interior y a través de la rotonda de acero inoxidable de la entrada, realizada especialmente para el proyecto por un fabricante de tuberías.

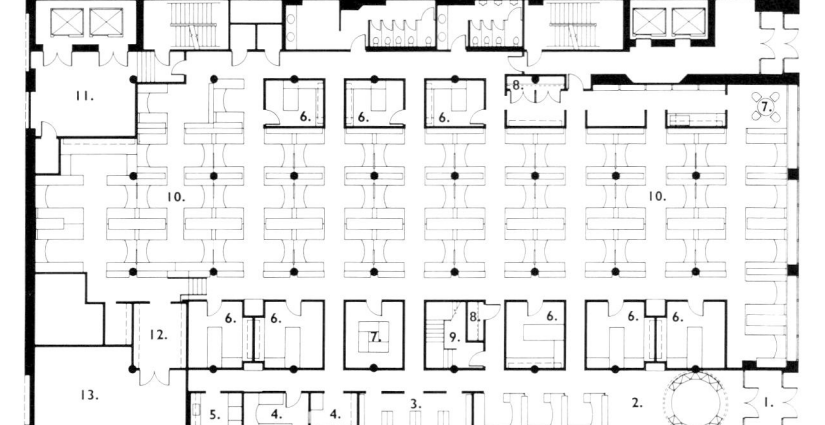

1 Entrada
2 Recepción
3 Biblioteca
4 Sala de ordenadores
5 Cocina
6 Reuniones
8 Armario
9 Escalera
10 Área de trabajo
11 Recibidor
12 Almacenamiento
13 Maquinaria

EQUIPO: WMA 33

# mission MISHA STEFAN

ESCONDIDO en el distrito de Londres Westbourne Grove, encontramos una galería de diseño de moda llamada Mission, cuyo nombre es una amalgama de los nombres de sus fundadores: el arquitecto Misha Stefan y su socio Ivonne Courtney; y escondido en la parte trasera de la galería Mission, se halla un pequeño tesoro: la oficina para un equipo de diseño reproducida por Stefan, para Courtney Communications, empresa de relaciones públicas de Ivonne Courtney.

Este proyecto de bajo presupuesto crea un entorno de trabajo suave y acogedor, usando paredes y puertas curvas, ventanas circulares y elementos esculturales; suavemente iluminado y coloreado en tonos verdes pastel. Posee un efecto que evoca un mundo subterráneo, incluidas las estanterías incrustadas en los huecos de la pared para almacenaje y los tragaluces del techo, que introducen la luz natural en el ambiente.

El proyecto de Stefan posee tres elementos principales: un espacio fluido, con lugares de trabajo orientados hacia la pared y sillas diseñadas por Charles Eames para crear un escritorio funcional; una sala de reuniones, con una mesa plegable que se convierte en estantería; y tres oficinas separadas. Su calidad reside en las agradables relaciones espaciales, volúmenes y detalles; como, por ejemplo, un interruptor de luz que forma parte del pasamanos de la entrada. Se ha trabajado con una paleta de escayola, madera, vidrio, pintura y contrachapado para obtener un efecto sorprendente, consiguiendo gran sofisticación a bajo presupuesto.

Más allá de la oficina de Courtney Communications, la galería de Mission continúa la línea de estilo suave y orgánico, con un despliegue dúctil y delicado. No obstante, lo que destaca realmente del compromiso de calidad de Mission, es el espacio creativo destinado al trabajo en equipo, en el eje de la galería.

**lugar**
londres, reino unido

**cliente**
courtney communications

**terminado**
septiembre de 1997

**espacio total del suelo**
110 m

**personal**
6 trabajadores

**coste**
no divulgado

1 Área de escritorio funcional, en la oficina de Mission. El espacio es valioso y por tanto, se usa de forma económica. Los controles se han insertado en la curva fluida de la balaustrada de escayola.

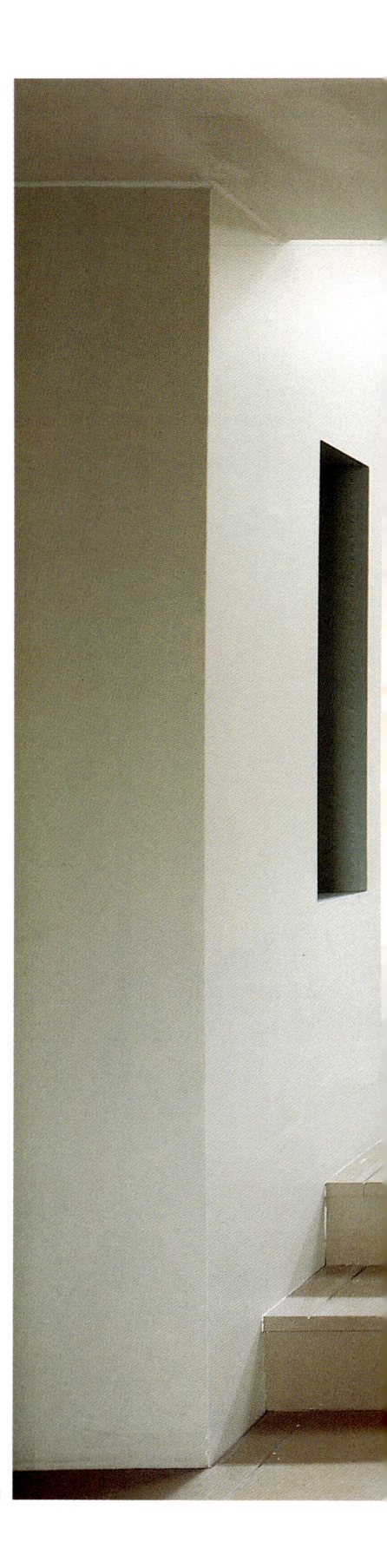

EQUIPO: MISSION 35

1 Plano de planta

2 Sección

3 Pequeña área de reunión en un nivel inferior de la estancia, con una pequeña cocina. Los colores suaves y los acabados sedosos sugieren un mundo subterráneo.

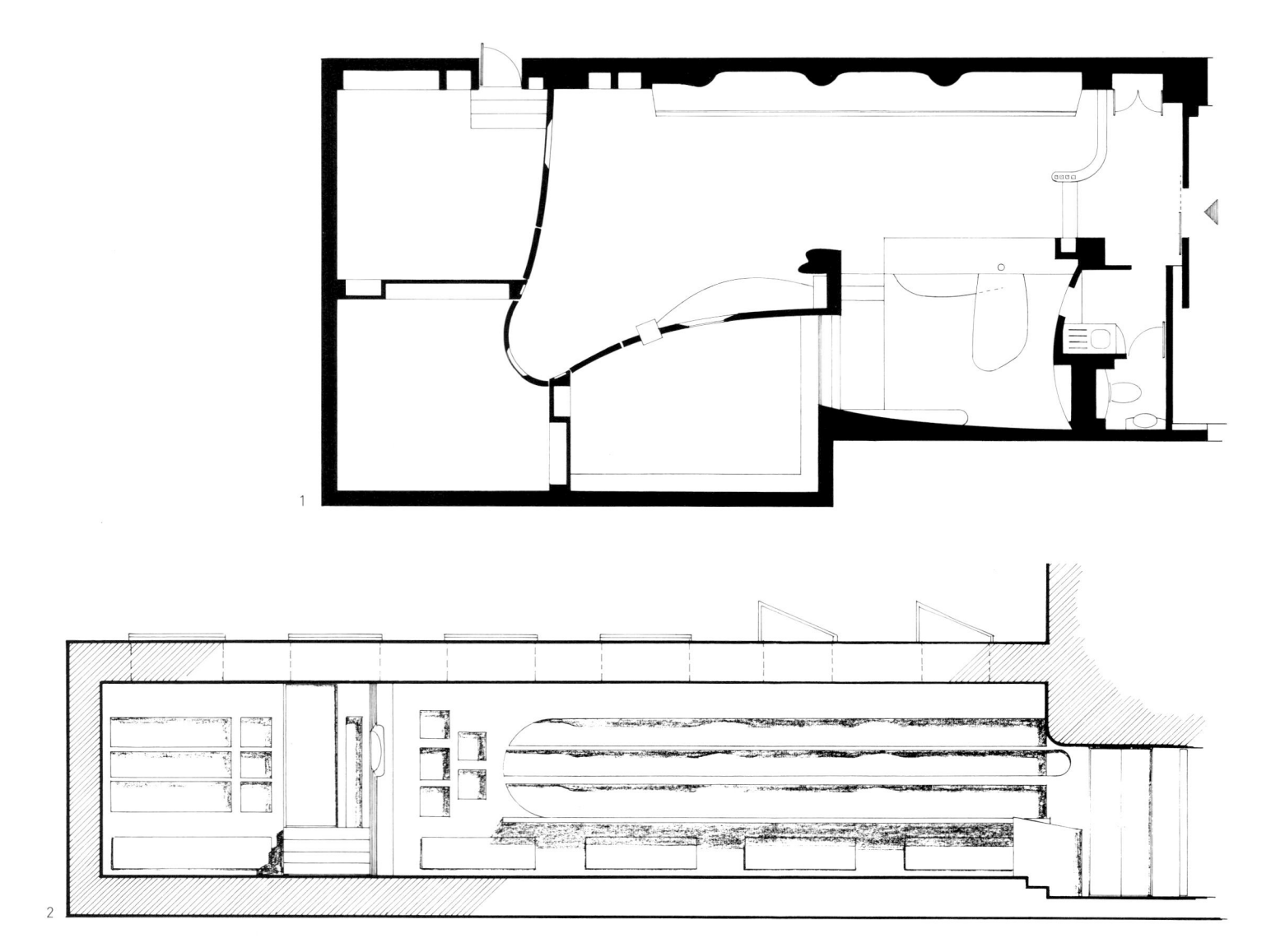

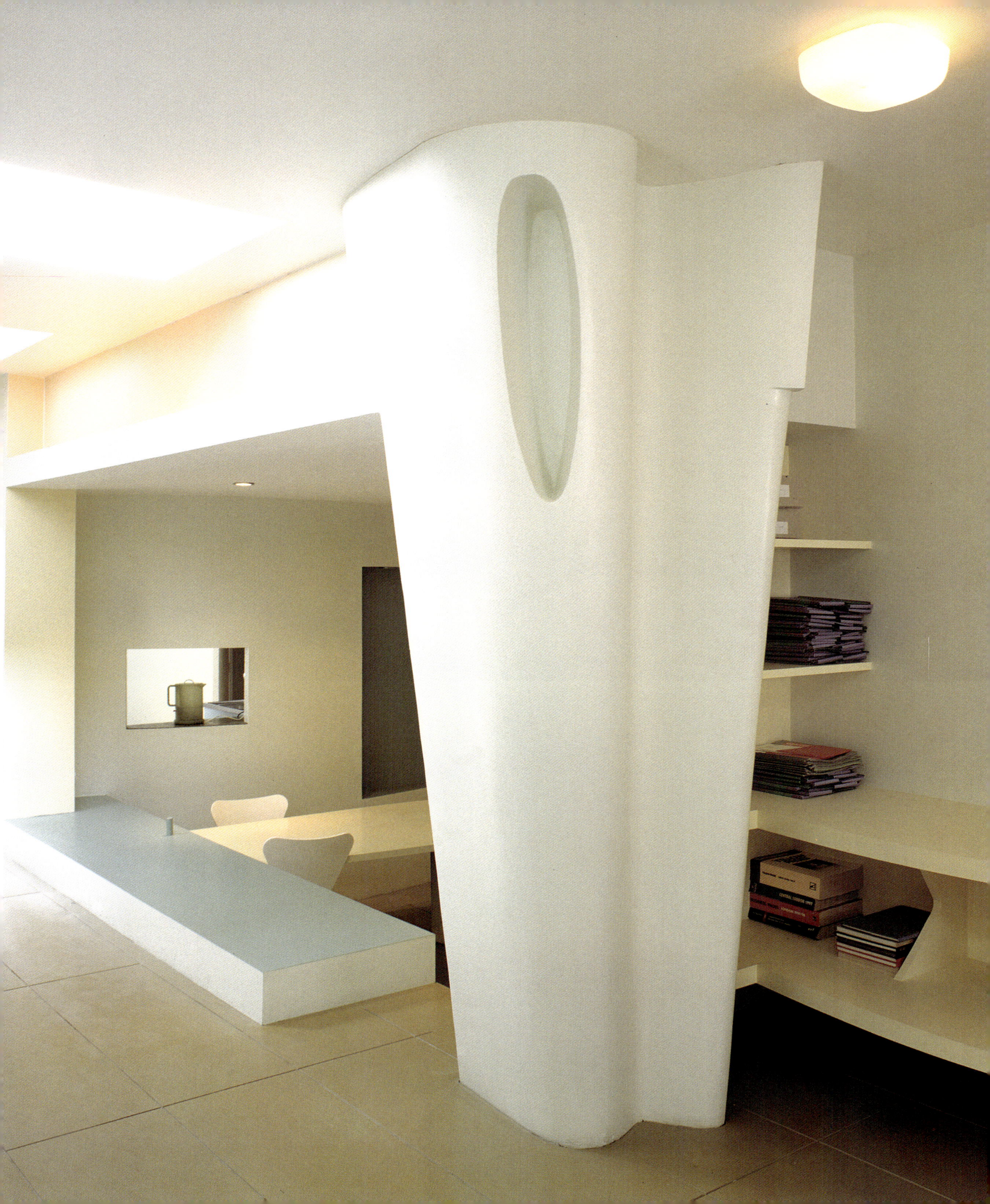

# BGW   LOG ID

BGW "Berufsgenossenschaft für Gesundheitsdienst und Wohlfahrtspflege", compañía alemana de seguros laborales fundada en 1929, es responsable de unos 420.000 negocios, con más de cinco millones de empleados en plantilla. Como empresa dedicada a prevenir riesgos laborales, es lógico que fomente las mejoras en el diseño de oficinas.

Este edificio de oficinas de Dresden, diseñado por LOG ID, es uno de los 12 centros alemanes de BGW. Gran parte de su creatividad queda plasmada en las innovaciones técnicas de su arquitectura: su bóveda curva se orienta hacia el sur, para aprovechar al máximo la luz natural; los paneles translúcidos están suspendidos de una bóveda de vidrio, y evitan el deslumbramiento y la acumulación de calor, formando parte de un sistema natural de ventilación, ajustable según la estación; la lluvia riega las plantas subtropicales, que forman un área sombreada natural; y los paneles foto-voltaicos del techo reducen la demanda de suministro de energía del edificio principal.

Asimismo, encontramos detalles dignos de admiración con respecto al equipamiento interior, al estilo de trabajo y a la ética de la empresa. Los arquitectos estaban decididos a fomentar la interacción del personal, evitando paredes divisorias a gran escala y pasillos fríos. El espacio de trabajo de las oficinas del lado sur del edificio, está dividido sin tabiques, a través de módulos altos hechos con armarios, y pantallas individuales de vidrio tintado; lo que hace posible ajustar la iluminación y trabajar sin molestias. Este esquema flexible y abierto, permite que el espacio sirva para distintos propósitos, ya que las oficinas individuales pueden transformarse en espacios óptimos para el trabajo en equipo, con acceso a medios de comunicación, luz y suministro eléctrico.

Los inevitables problemas acústicos derivados de este proyecto, se han contrarrestado con el aislamiento acústico de las bóvedas, enmoquetando todas las oficinas y colocando estratégicamente plantas interiores, que reducen el nivel de ruido y aportan sensación de bienestar. Los materiales naturales de construcción, como por ejemplo, los suelos de parquet de arce, abundan en todo el proyecto, y existen pequeñas cocinas en las áreas principales. Unas escaleras en forma de sacacorchos atraviesan las diferentes plantas del edificio de BGW de Dresden, mientras las vistas desde las plataformas y los descansillos principales, enlazan el interior con el parque, verde y abierto situado en el centro de la vieja ciudad.

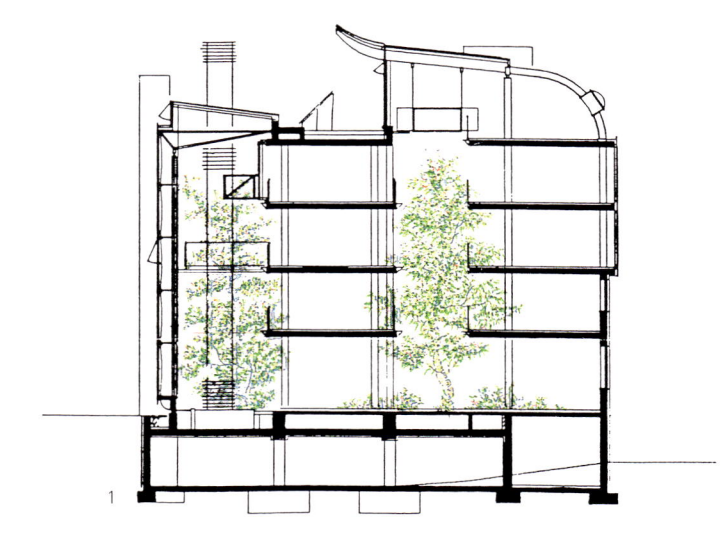

**lugar**
dresden, alemania

**cliente**
bgw - asociación para salud y bienestar del empleado

**terminado**
noviembre de 1996

**espacio total del suelo**
4.000 m

**puestos de trabajo**
140 trabajadores

**coste**
19 millones de marcos alemanes

1  La sección muestra las plantas tropicales gigantes, un sistema natural óptimo para la calefacción y la ventilación de este edificio «ecológico».

2  Vista exterior

3  Área intermedia entre la fachada y las oficinas del lado sur del edificio. Las pantallas móviles de vidrio coloreado, controlan la luz y ofrecen privacidad. Las escaleras de caracol articulan la circulación entre las diferentes plantas.

EQUIPO: BGW 39

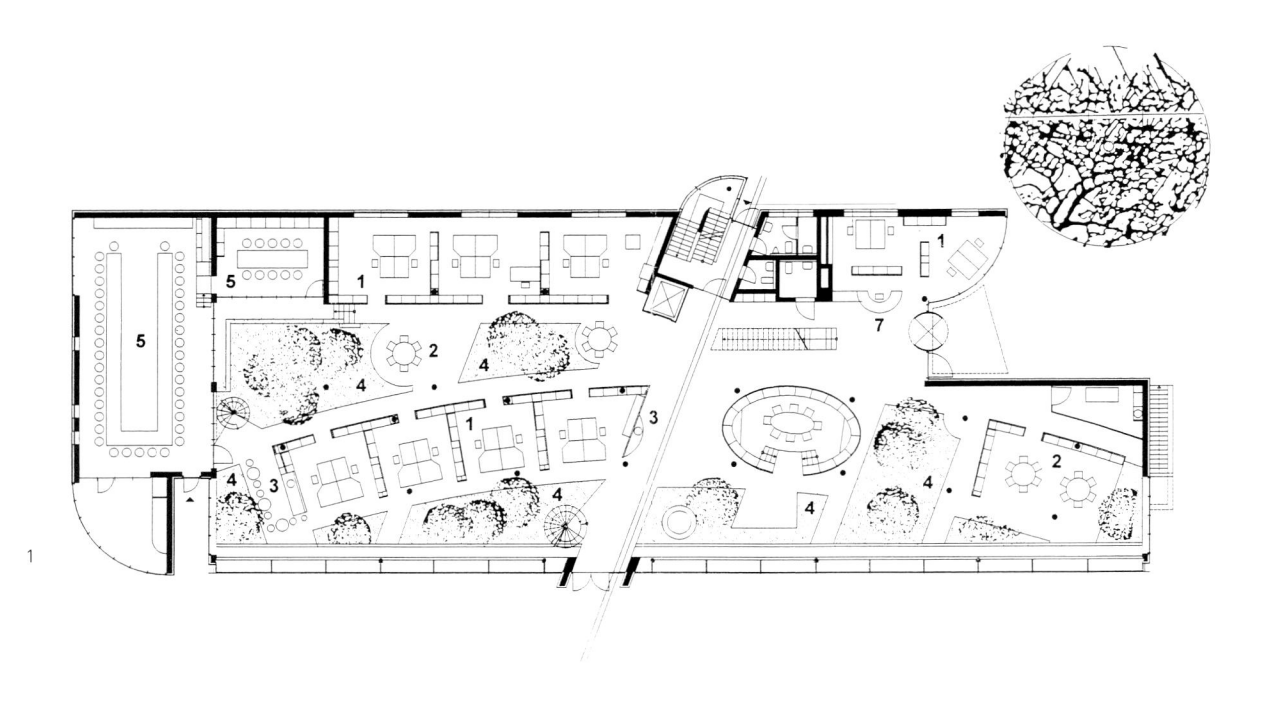

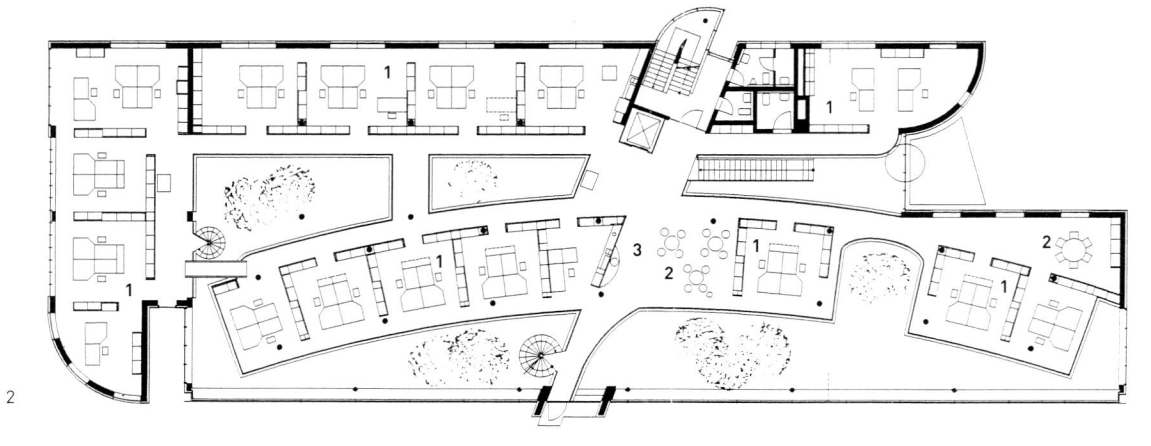

Leyenda:

1 Espacio de oficina flexible
2 Reunión
3 Sala del té
4 Plantas
5 Reunión
6 Biblioteca
7 Recepción

1 Plano de la planta baja

2 Plano de la primera planta

3 Vista de la biblioteca oval de la planta baja, uno de los abundantes rasgos distintivos del esquema.

40 OFICINAS

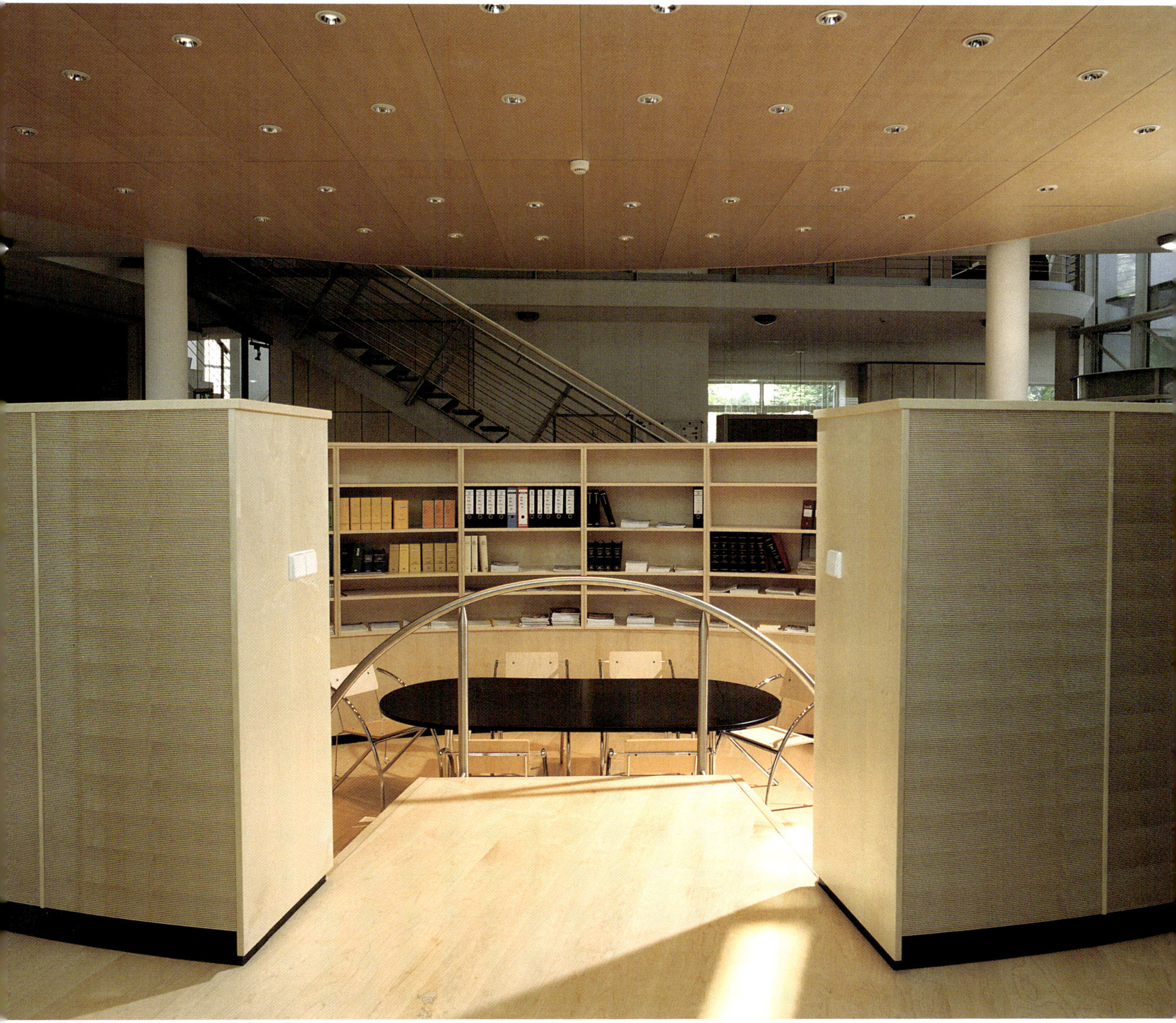

# island records
**POWELL-TUCK ASSOCIATES**

EL AMBIENTE en una compañía discográfica tiende a ser más relajado y menos corporativo que en otras empresas. Sin embargo, a pesar de ese estilo informal, la oficina de la compañía discográfica debe funcionar de forma eficiente, mantener el espíritu de equipo e incorporar nuevas tecnologías.

Las instalaciones del oeste de Londres de Island Records, son un buen ejemplo. Una casa particular, de los años treinta, construida originalmente como parte del complejo de edificios de St. Peter´s Square, cuya parte posterior está orientada hacia otro símbolo histórico local del siglo XIX (el antiguo edificio de Chiswick Laundry), ha sido el hogar de Island, desde principios de la década de los setenta. Pero, a principios de los años noventa, el edificio quedó anticuado, factor al que se añadió la insuficiencia de espacio, lleno de instalaciones de servicios innecesarios y mal equipados para acoger la nueva tecnología.

La tarea de los diseñadores Powell-Tuck Associates consistió en redistribuir todas las instalaciones de servicios y levantar un edificio más práctico, sin destruir la filosofía inicial de la compañía. Una vez replanteada la distribución del espacio, se introdujeron 12 áreas nuevas de trabajo, diseñadas según la función del personal de Island, y se han creado 575 m² adicionales para la ubicación de oficinas, para las empresas adjuntas que pertenecen al grupo Polygram.

No obstante, este esquema es especialmente gráfico, debido a que ninguno de los espacios de oficinas de este edificio es igual a otro; cada uno ofrece un grado de privacidad, a la vez que permanece en contacto físico y visual con el resto del edificio.

Se han formado distintos departamentos en diferentes plantas, con módulos de ensamblaje hechos por encargo, que proporcionan gran cantidad de espacio para almacenamiento y están repartidos por todo el edificio. Mediante una gama de colores intensos se aviva el interior, especialmente las áreas de tránsito y las zonas nuevas.

**lugar**
londres, reino unido
**cliente**
island records
**terminado**
junio de 1996
**espacio total**
1300 m²

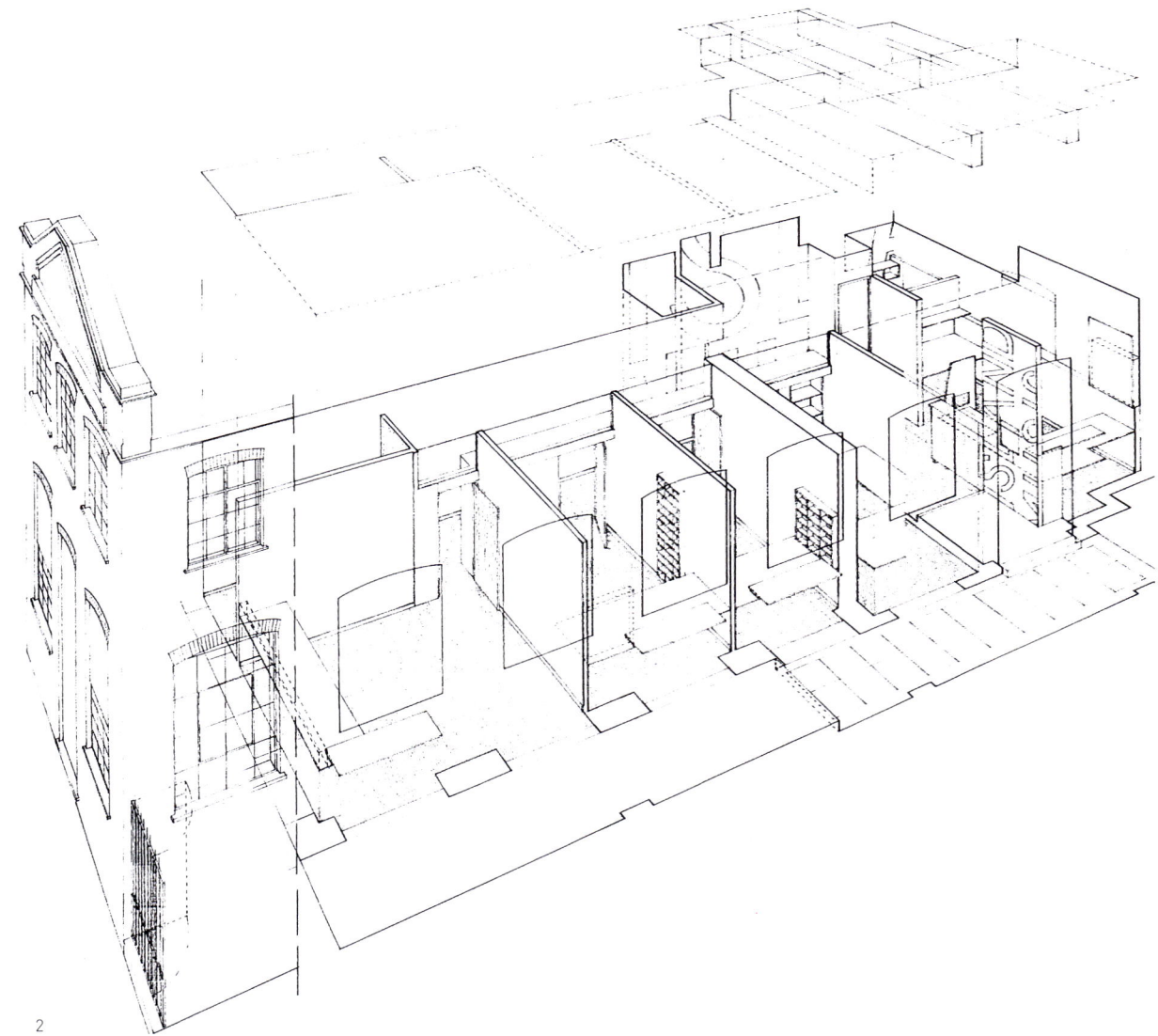

1 Los colores intensos avivan el pasillo principal de Island Records.

2 El dibujo axonométrico muestra la creación de un nuevo espacio de oficinas en una casa de Grado II, fechada en la década de los años treinta.

EQUIPO · ISLAND RECORDS **43**

1

2

1   La imagen nueva y flamante de las áreas
    públicas camufla los servicios técnicos básicos,
    en Island Records.

2   El mobiliario, hecho por encargo, crea espacios
    de almacenamiento en la oficina del director
    general.

3   Escalera principal: la filosofía de la empresa se
    refleja en el ambiente modernizado.

# discovery channel STUDIOS ARCHITECTURE

JUSTO enfrente del Aeropuerto Internacional de Miami, un edificio de tres plantas se ha convertido en el centro de Televisión Latinoamericana del proveedor Discovery Communications. Se trata de un proyecto que, de forma original, combina la alta tecnología con los materiales reciclados. Como resultado, obtenemos un esquema atractivo y humano, donde la sofisticación técnica se combina con un ambiente informal, orientado a las tareas de equipo.

La emergencia de Discovery como una de las mayores compañías mediáticas, requería unas instalaciones de tecnología punta como soporte de la televisión digital, que ahora emite en siete canales simultáneamente, en tres lenguas, durante 24 horas al día, a Sudamérica y la Península Ibérica. El proyecto debía acomodar no sólo las áreas de producción de imagen y sonido, sino que también necesitaba espacio para los más de 200 empleados (creativos y comerciales) que trabajan en la programación de los distintos canales.

Un rasgo del estilo de trabajo de Discovery, es la constante reunión y colaboración en las áreas de descanso, siguiendo la filosofía dinámica de la compañía. En un principio, se pidió que los diseñadores se centraran en el espacio destinado al personal de ventas y de publicidad, sin embargo, posteriormente se desarrolló el proyecto para incluir todo el centro de Miami. Los modelos de realidad virtual asistidos por ordenador fueron parte esencial del proceso, permitiendo al cliente y a los consultores, explorar una imagen precisa del aspecto y la sensación del espacio.

La clave del esquema de Studios es el uso de «materiales ecológicos», como las maderas naturales, para suavizar las aristas de la alta tecnología, crear marcadores visuales y facilitar la circulación dentro del edificio. Una torre monumental de escaleras, realizada con vigas de madera y que funciona como eje, sobresale hacia el atrio conectando las tres plantas de la instalación. En los tres niveles, una pared roja dispuesta en diagonal enlaza visualmente este eje de la escalera con la entrada de la planta.

Siempre dentro de lo posible, Studios emplea materiales ecológicos, rescatando viejas maderas de estructuras demolidas, usando materiales biodegradables para las superficies y los pisos, como el linóleo; y eliminando la bóveda suspendida para reducir la cantidad de material en la cubierta. El diseño del nuevo entorno de la empresa no es simplemente un ensayo sobre la sostenibilidad, cuya imagen suprema es su función emisora, con salas de edición y áreas de producción de vídeo, abiertas a los pasillos y cubiertas con monitores que muestran la programación en curso; se trata, también, de un proyecto que no olvida que, quienes realizan los programas son los equipos humanos y no las máquinas.

**localización**
miami, estados unidos

**cliente**
discovery channel latin america/iberia

**terminado**
marzo de 1999

**espacio total del suelo**
6690 m²

**personal**
más de 200 trabajadores

**coste**
no divulgado

1   Pantallas suspendidas y cómodos asientos en una gran sala de producción. El planteamiento espacial resulta muy agradable, empleando madera reciclada y suelos construidos con materiales biodegradables.

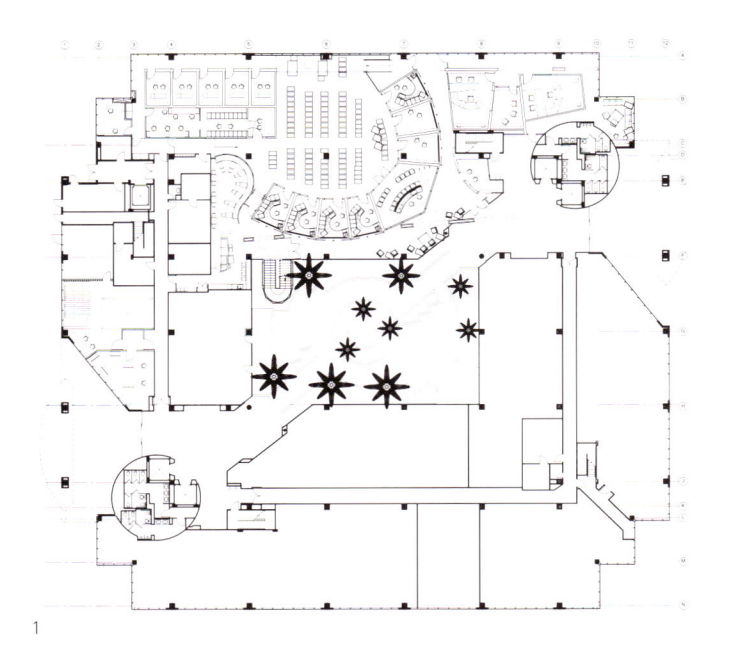

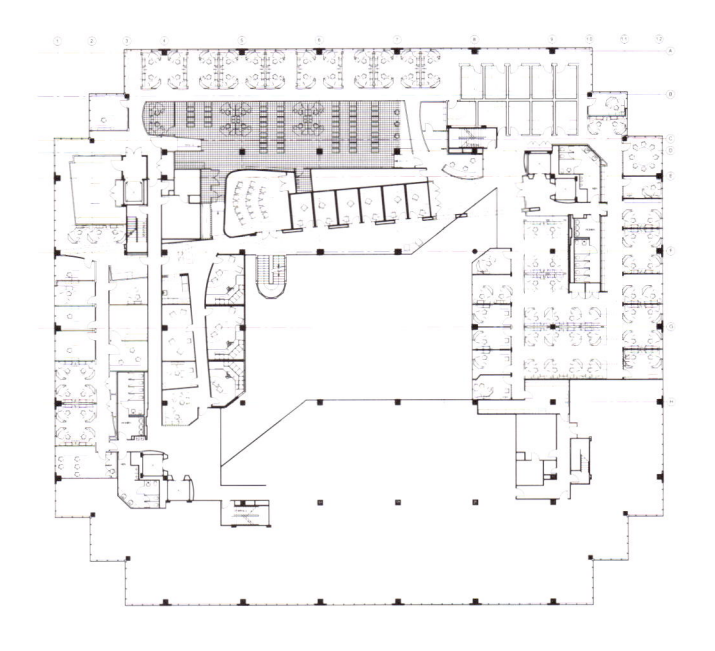

48 OFICINAS

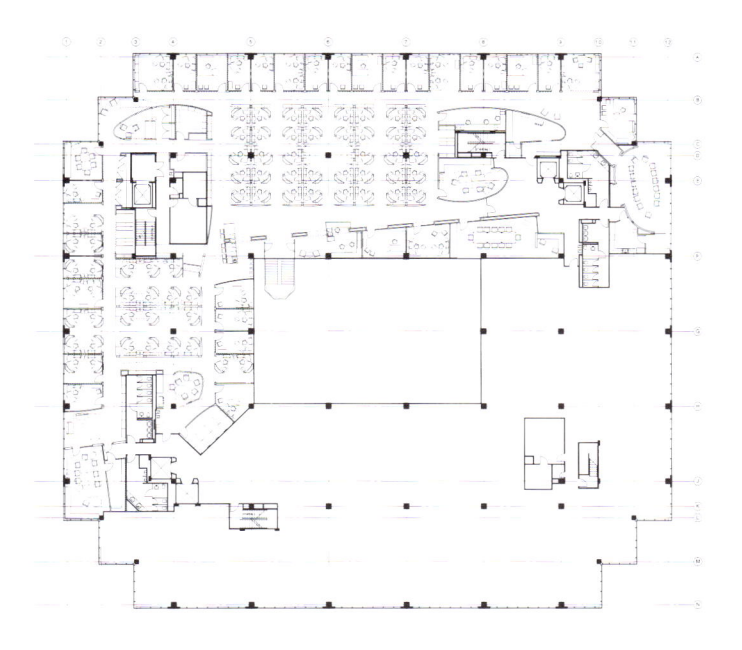

1   Planos de las plantas baja, segunda y tercera.

2   Alta tecnología adaptada a un espacio público de reunión orientado al atrio de la planta baja, decorado con plantas tropicales.

3   Vista de las unidades destinadas a almacenamiento, en un área de trabajo abierta: el diseño sostenible era uno de los objetivos del proyecto.

4   Despacho típico de Discovery Channel, realizado por Haworth; el sistema Crossings (o corredores) acentúa la flexibilidad laboral y facilidad de uso.

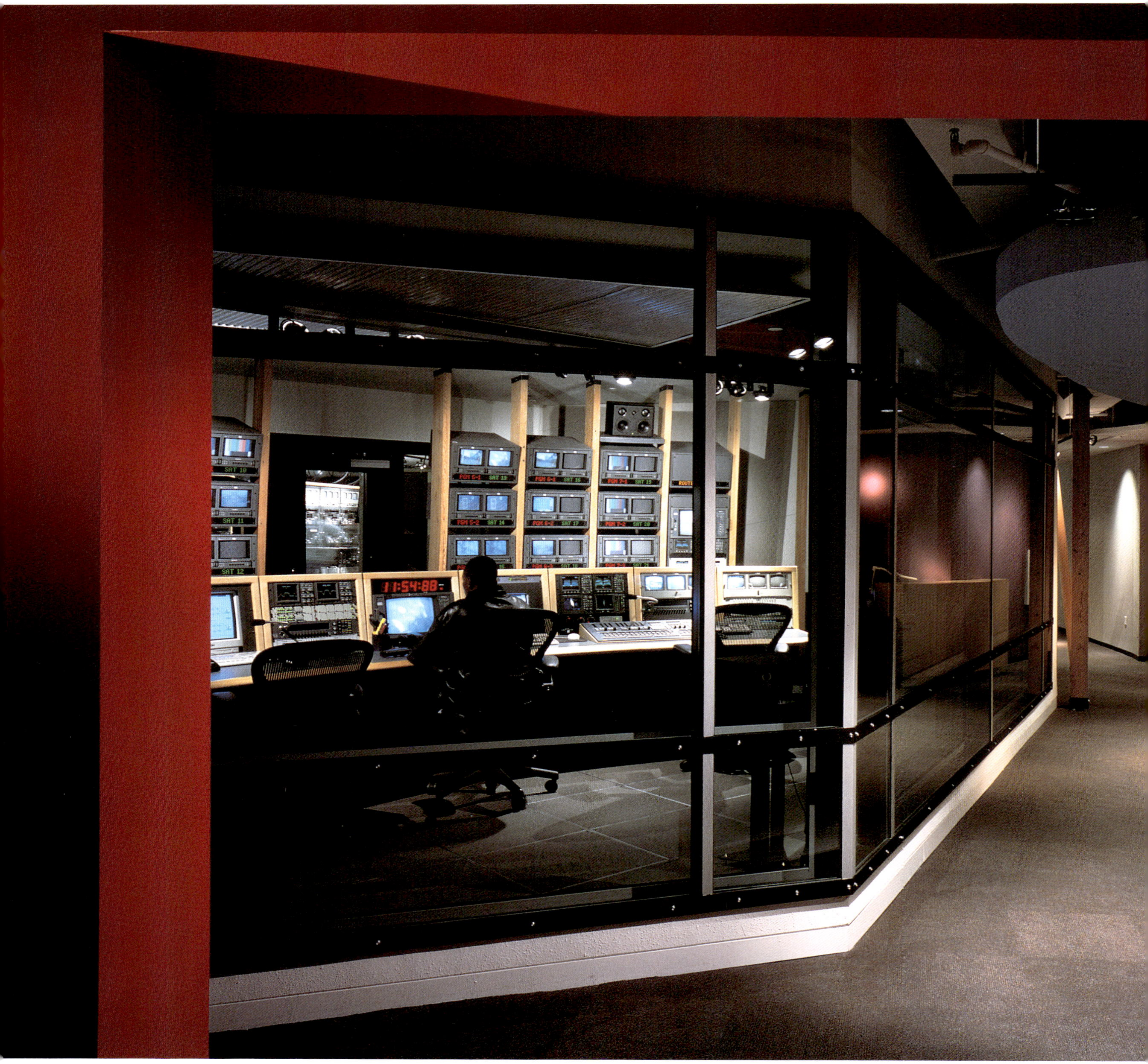

1  El corazón de la empresa: la sala de producción de Discovery Channel, que funciona las 24 horas del día.

2  Vista desde el interior del atrio de la torre de la escalera principal, que conecta los tres pisos de la instalación y actúa como eje de la misma.

# simon jersey co.  STUDIO BAAD

EL arquitecto Philip Bintliff de Studio BAAD, explica que los edificios de oficinas deben estar en «progreso continuo», y no ser «pináculos congelados de perfección» sin posibilidad de cambio. Un buen ejemplo es el trabajo que ha realizado para Simon Jersey, famoso fabricante de ropa de trabajo para empresas e industrias. En 1988, Studio BAAD construyó un edificio de oficinas para Simon Jersey, pero como la compañía se expandió rápidamente, construyó una segunda sucursal cuatro veces mayor, en 1992.

Como respuesta a una aumento de personal, que excedía ya los 300 trabajadores, Simon Jersey ha tenido que volver a ser ampliado. En esta ocasión, el arquitecto ha diseñado una extensión de la oficina, en forma de tambor, con tres pisos en una parte; una ampliación de cocina; y una nueva prolongación de un almacén de ropa y un área de distribución (usada para la investigación y el desarrollo).

La transparencia, la luz y la variedad son las coordenadas principales. El proyecto utiliza un sistema estructural de vidrieras construidas a medida, con cristal transparente enmarcado con fresno americano. También encontramos una mesa espectacular vidrio y pisos de cristal estructurales que sirven para conducir luz natural a las oficinas del piso inferior; algunas de las cuales están construidas bajo el nivel del suelo. Finalmente, mediante una escalera con peldaños de vidrio (una hazaña técnica en sí) se enlazan los tres pisos de oficinas de esta estructura, ventilada de forma natural.

La extensión del almacén de ropa, que acomoda a los equipos de diseño, control de calidad e inspección, cuenta con un tabique de vidrio satinado en la elevación oeste, a la que dan sombra una especie de velas de tela, montadas sobre trípodes de acero, que sirven para reducir la cantidad de luz. Este elemento independiente es móvil, lo que permite su expansión, puesto que el arquitecto sabe por experiencia, que Simon Jarsey nunca permanece mucho tiempo en el mismo sitio.

Es un proyecto ecléctico, producto del empeño de los diseñadores por concebir un espacio de trabajo de gran impacto y movilidad; que, además, sea práctico para un negocio en constante expansión. Los espacios destinados a los equipos de trabajo, por ejemplo, poseen ampliaciones fotografías del catálogo de Simon Jersey. Las instalaciones públicas, como las áreas de reunión y las vías de libre acceso próximas a los servicios, se han diseñado para favorecer los encuentros casuales; aunque, debido a la enorme expansión de la empresa, pocas cosas se dejan al azar. Así mismo, la planificación laboral aparece representada en una red de pantallas de bienvenida, programadas a diario con noticias e información corporativa.

**localización**
accrington, reino unido

**cliente**
simon jersey co.

**terminado**
julio de 1998

**espacio total del suelo**
2900 m²

**personal**
más de 300 trabajadores

**coste**
1.5 millones de libras

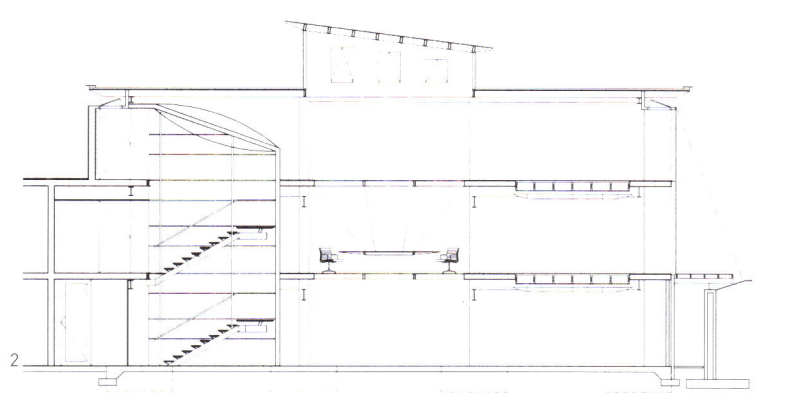

1. Una gran tienda de ropa se convierte en un espectacular emplazamiento para los equipos de diseño, investigación y desarrollo. Las ampliaciones del catálogo de Simon Jersey decoran los armarios.

2. La sección muestra la mesa de cristal, suspendida en la estructura de vidrio de tres plantas de la oficina.

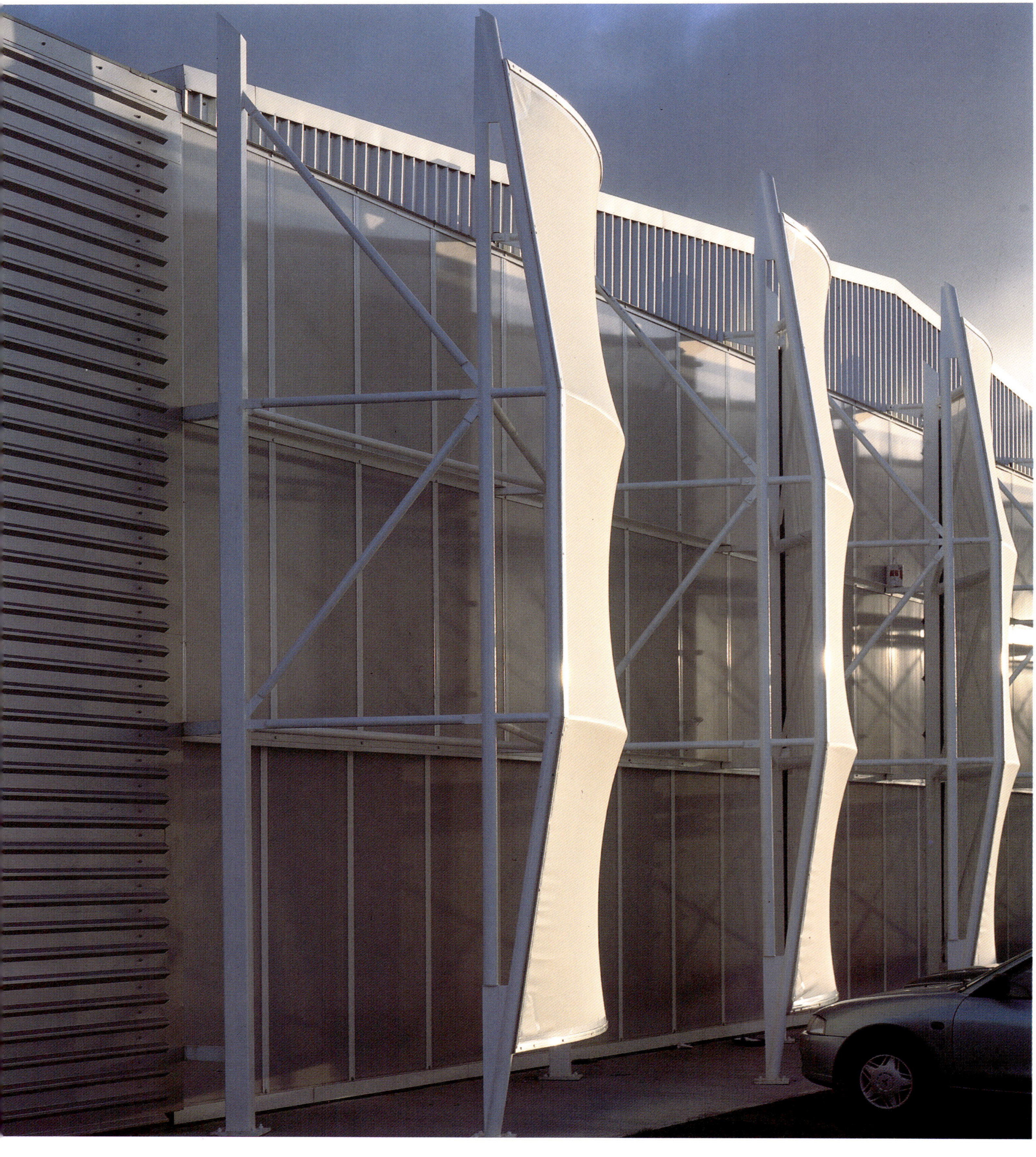

1

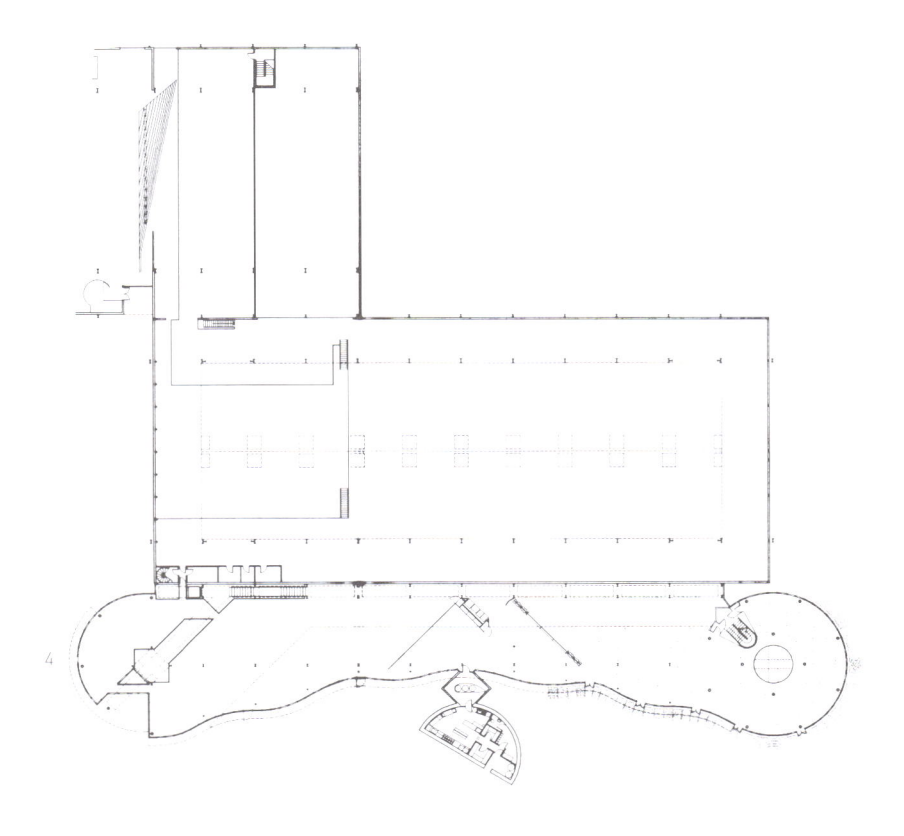

1. Las velas de tela en la fachada oeste reducen la cantidad de luz que inunda el área de investigación y desarrollo. Este elemento, apoyado en un trípode, es desmontable permitiendo así diferentes ubicaciones.

2. El pasillo en forma de ojo conduce a los aseos. Cada rincón del esquema arquitectónico transpira creatividad.

3. La mesa de cristal suspendida es toda una hazaña técnica.

4. Plano del edificio, con el almacén de ropa protegido por las velas externas de tela, que aparecen representadas en la esquina superior izquierda.

# ediciones 62

**LLUIS PAU/MARTORELL-BOHIGAS-MACKAY**

EL trabajo en equipo es más importante en algunas industrias que en otras; para las editoriales es crucial. La editorial española Ediciones 62, ubicada en el distrito del Raval de Barcelona (desde la creación del edificio en 1992) emplazada a partir de seis unidades comerciales adjuntas. Debido a la expansión de la empresa, se buscó un nuevo esquema interior de diseño, capaz de reconciliar el plano largo, estrecho y rectangular de la oficina, con las exigencias de organización de la editorial.

Los diseñadores interiores Lluis Pau/Martorell-Bohigas-Mackay, han ubicado la oficina en dos pisos recién diseñados dentro de este conjunto arquitectónico alargado, con aperturas alrededor de todo su perímetro y accesible a través de su fachada principal longitudinal. La planta baja de 650 m², se divide en tres áreas principales que corresponden a los tres componentes esenciales de la empresa. En el centro, se encuentra la dirección general y editorial, y el equipo literario. A la derecha, descubrimos una librería y su equipo de comerciales; a la izquierda, los servicios de administración e informáticos. Estas áreas disfrutan de cierto grado de autonomía, formando, al mismo tiempo, parte de la organización.

El entresuelo de 570 m², alberga material de referencia y revistas. Este entresuelo, situado tres metros detrás de la fachada longitudinal, crea un espacio de dos alturas que actúa como vía pública de la planta baja. La totalidad del conjunto está dotada de un entorno abierto para el trabajo en equipo, que incorpora la nueva tecnología y permite que esta empresa, fundada en 1962, funcione en un marco de último diseño con comunicaciones en red.

El proyecto es de aspecto robusto, con luminarias industriales y acero galvanizado. También encontramos un «collage» de materiales ecológicos, entre los que se incluyen el conglomerado, la melamina y las virutas de fibra. Esta combinación de elementos contemporáneos con muebles originales de la empresa de los años sensenta, ofrece a Ediciones 62 un entorno de trabajo poco corriente y muy efectivo.

| **lugar** |
| barcelona, españa |
| **cliente** |
| ediciones 62 |
| **terminado** |
| febrero de 1997 |
| **espacio total del suelo** |
| 1175 m² |
| **personal** |
| 65 trabajadores |
| **coste** |
| 405.100 libras |

1 Librería de la planta baja, y área comercial. Los muebles clásicos de los años sesenta, considerados parte del espíritu pionero original de la empresa, se mantuvieron en la nueva decoración.

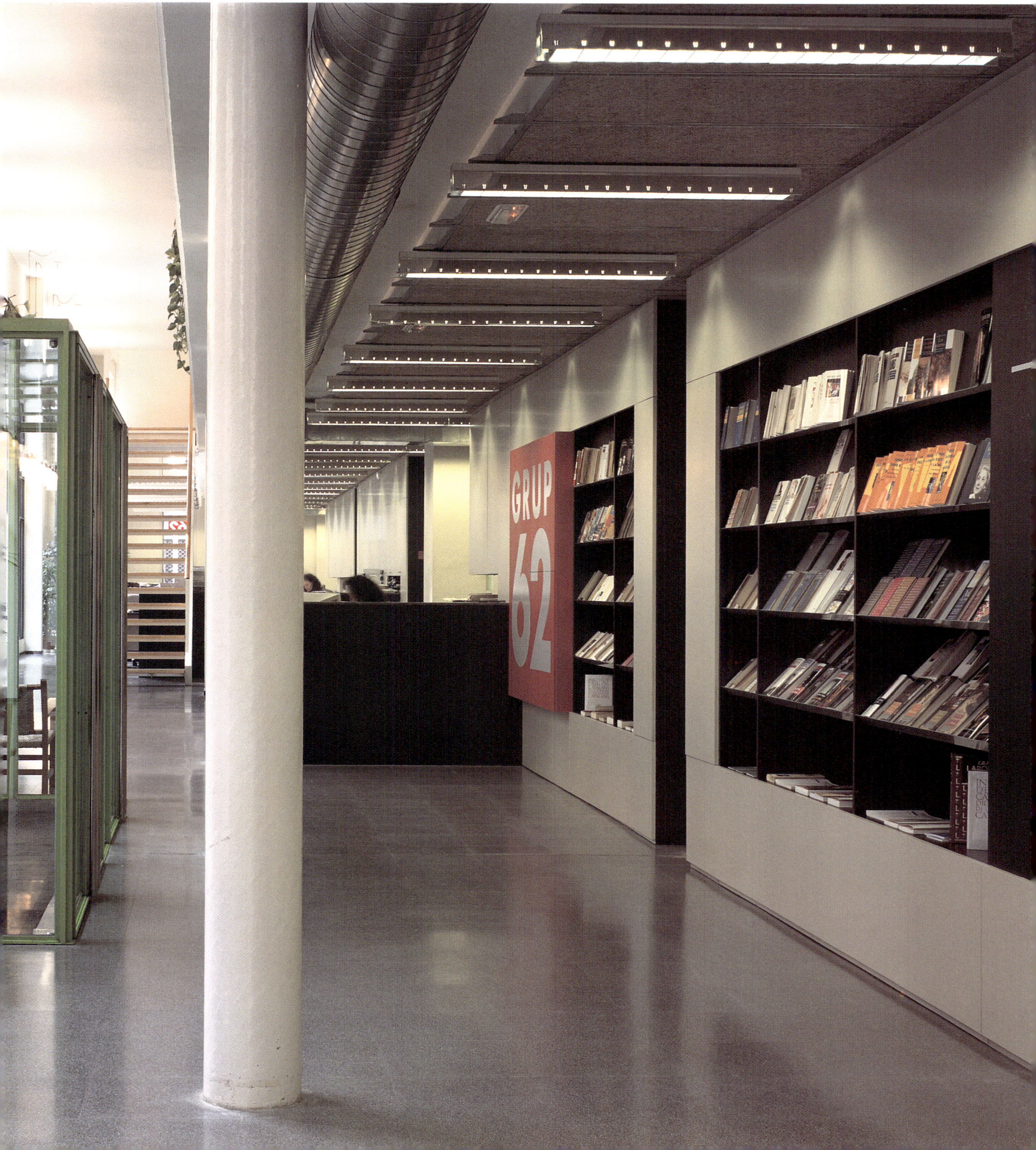
GRUP
62

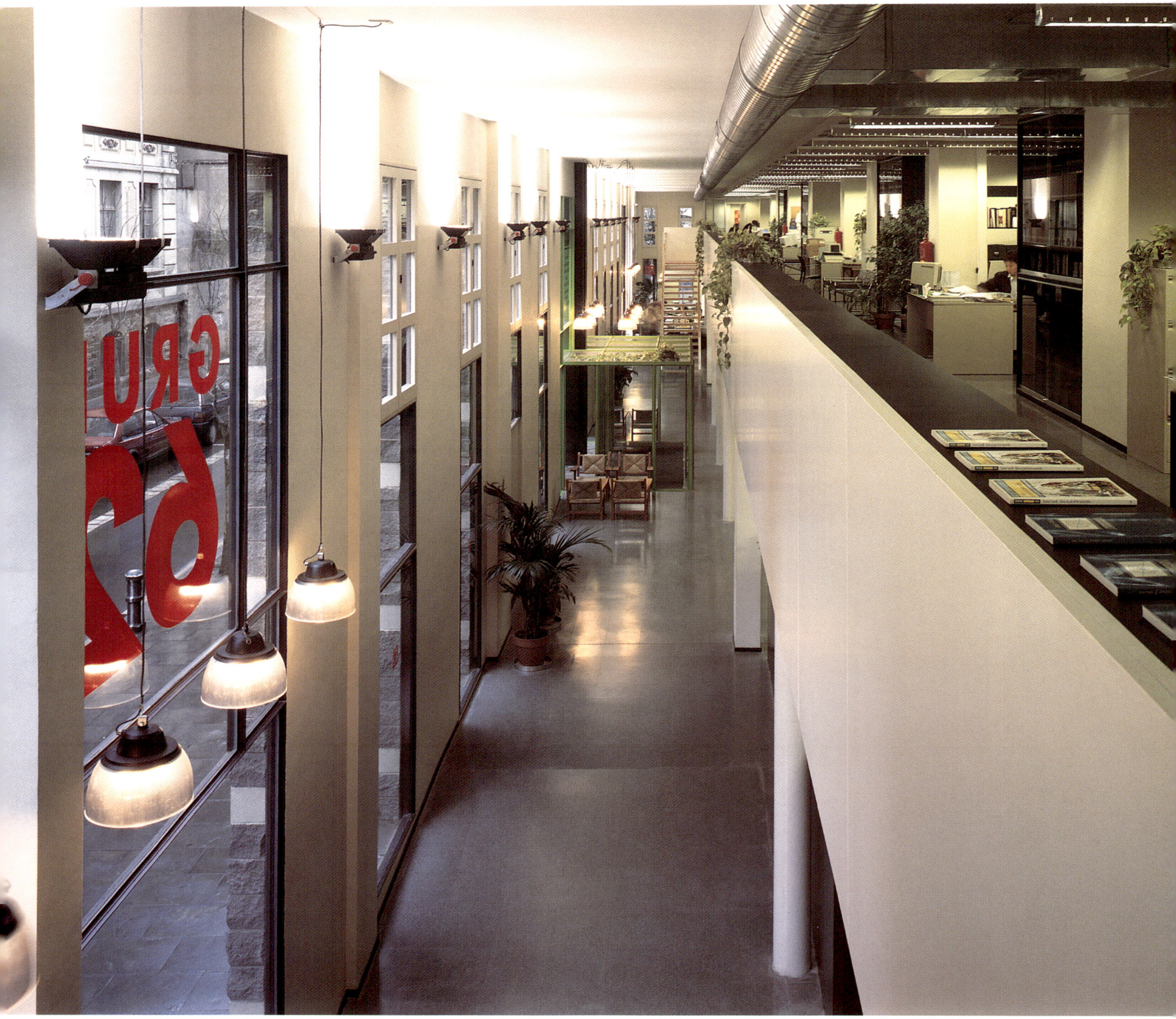

1   Vista desde el entresuelo hacia el interior rectangular del edificio.

2   Las secciones y planos de las plantas revelan cómo se organizan las actividades de la editorial, dentro de este largo tubo continuo. El plano de la planta baja (abajo) divide el espacio, de acuerdo a las funciones diferenciadas del personal.

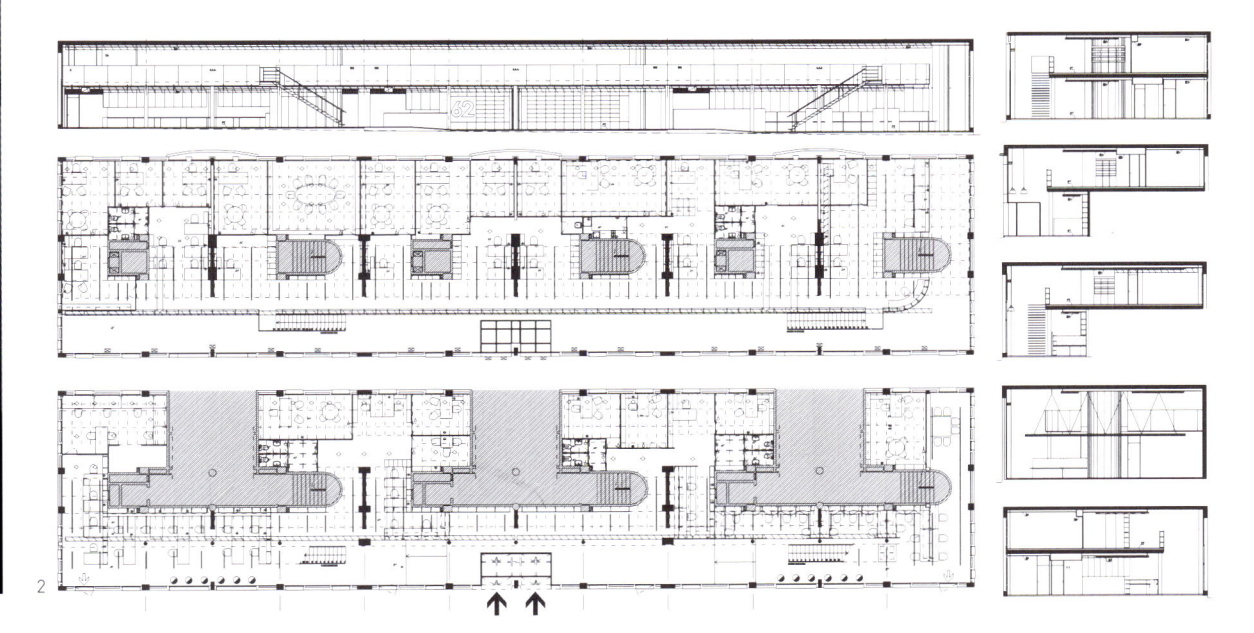

# design council   BEN KELLY DESIGN

CUANDO se remodeló el Design Council de Gran Bretaña y se relanzó como organización más pequeña y activa, con el cometido de "inspirar el mejor uso del diseño en un contexto mundial", se necesitaron instalaciones nuevas. Este cuerpo, fundado por el estado y que en el pasado empleó a más de 200 personas, se redujo solamente a 40 empleados en nómina, con la misión de colaborar con socios externos del gobierno, los negocios y la educación.

Su anterior sede en la Haymarket House de Londres, hogar del Design Council desde los años cincuenta, ya no se adaptaba a este nuevo estilo de trabajo basado en la colaboración en equipo, por lo que se instó a la búsqueda de la nueva sede. La solución se encontró las plantas tercera y cuarta de un edificio, antigua sede de una central telefónica de los años sesenta, en el área de Covent Garden de Londres.

En los 1860 m² de espacio industrial ligero, el interiorista Ben Kelly ha creado un entorno flexible y, a menudo, estimulante. El área de trabajo principal, sin tabiques, se encuentra en el tercer piso y está acentuado por enormes postes de telégrafos, además de aprovechar efectistamente sus 4,2 metros de altura, desde el suelo hasta la cubierta. Mediante enormes pantallas deslizantes se divide la mitad delantera del piso en una serie de espacios multifuncionales como el café, la recepción, las salas de espera, exposición y seminarios; o un gran espacio, con un área de mantenimiento en un extremo.

Mediante una escalera central, se accede del tercer a la cuarta planta, dedicada a actividades privadas. Las instalaciones incluyen dos salas de reunión con tabiques de vidrio, una biblioteca y un área de actividades visuales. En la totalidad del diseño destaca la yuxtaposición de materiales insólitos y colores fuertes, que son el sello personal de Kelly. Hallamos una pared semicircular de ladrillos de vidrio rojo, apliques de luz que parecen gaviotas, platillos volantes y alfombras voladoras, y una curiosa entrada de madera al estilo de los chalets noruegos de los años cincuenta.

El impacto de ciertos elementos ricos en color e ingenio decorativo, junto con los principios dominantes de la luz y el espacio (gracias al máximo aprovechamiento de las ventanas en tres fachadas del edificio) crean un espacio de trabajo estimulante y divertido. Su apertura acentúa la comunicación, no sólo para el personal de base, sino también para los colaboradores externos.

**lugar**
londres, reino unido
**cliente**
design council
**terminado**
enero de 1998
**espacio total del suelo**
1.860 m
**personal**
40 trabajadores
**coste**
1,5 millones de libras

1   El lugar destinado al correo y los servicios se ha marcado con colores y materiales poco comunes, entre ellos una pared de ladrillo de vidrio rojo.

2   La planta diáfana del área de trabajo principal en el tercer piso, ilustra la transformación que Kelly hace de una vieja central telefónica, en un nuevo e impactante hogar para el Design Council. Los apliques luminosos están montados sobre viejos postes de telégrafo (izquierda).

1 La cafetería del Design Council hace las veces de espacio de trabajo diario y de reunión, y se encuentra orientada hacia un área de exposición.

2 Plano de la tercera planta: las áreas de trabajo fijas, a la izquierda, contrastan con una serie de espacios multifuncionales, a la derecha.

3 Una vista de la escalera principal de madera, que atraviesa el suelo desde la tercera a la cuarta planta. En este interior abunda el uso decorativo y funcional de la madera.

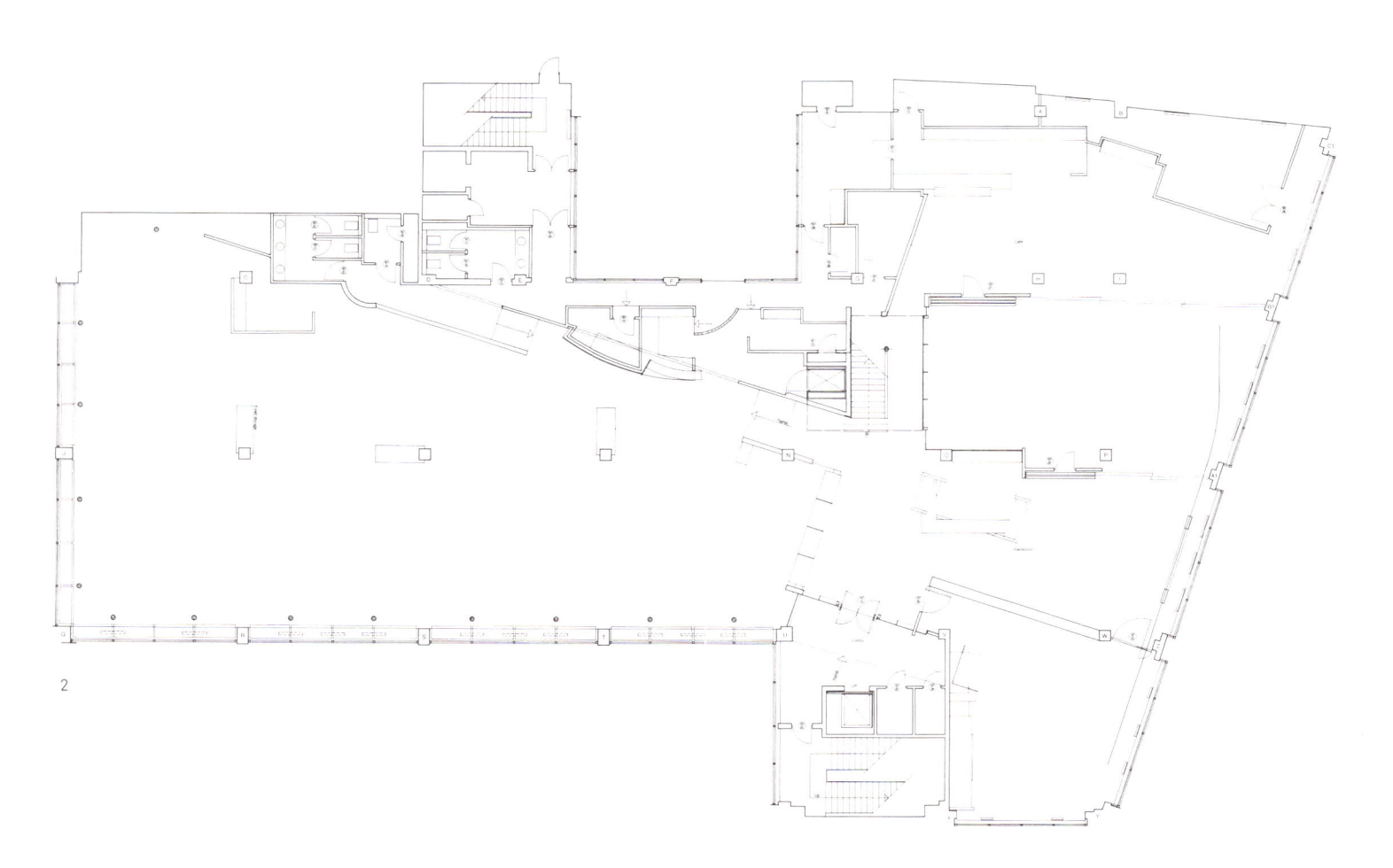

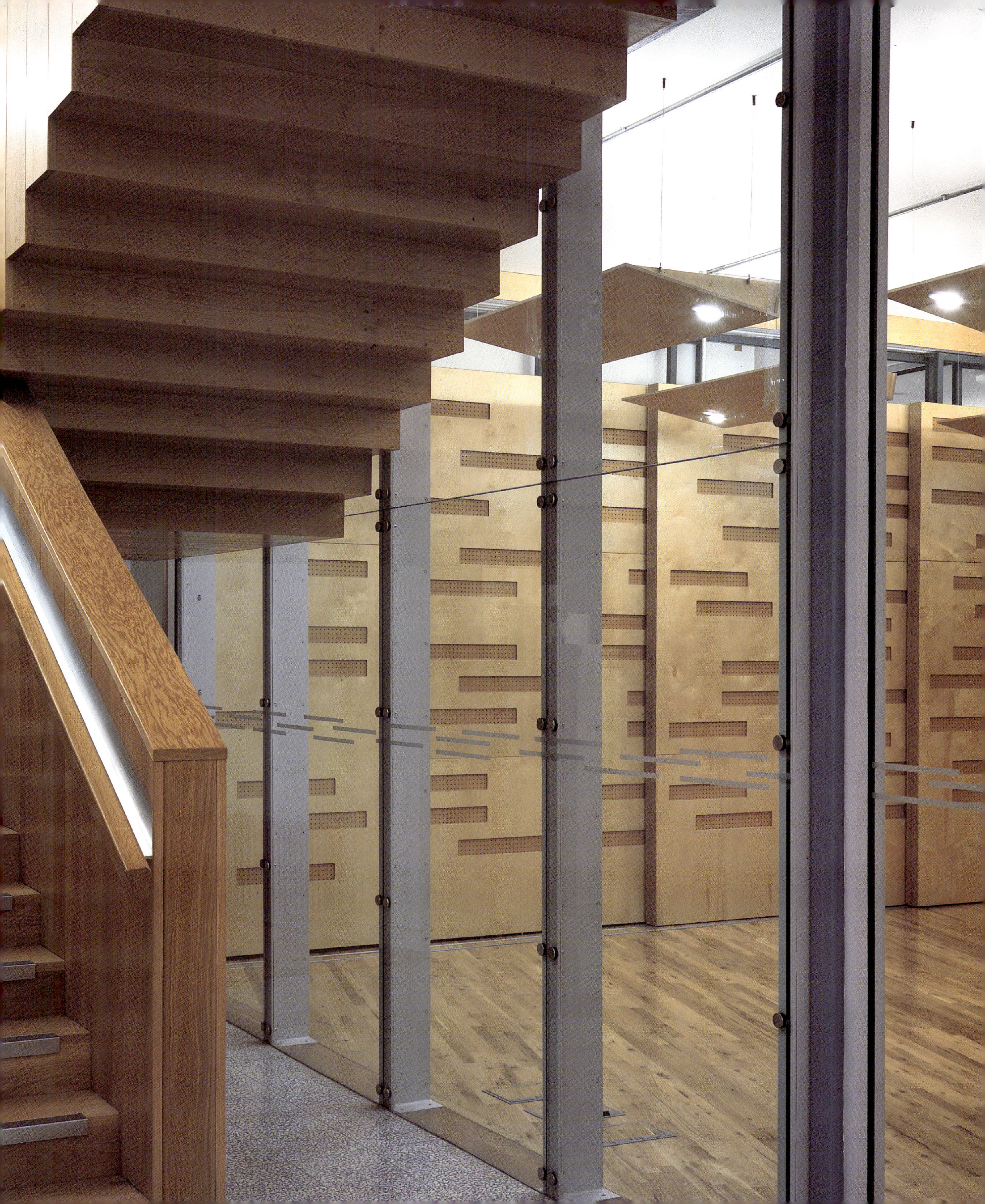

1 Cabina de entrada al Design Council construida en madera, en la planta baja: un espacio algo problemático se explota como escaparate promocional, para las actividades de la organización.

2 Sala de reuniones del cuarto piso: estimular el trabajo de los equipos, fue, efectivamente, una de las propuestas esenciales del Design Council.

1

## área de planificación visual de coley porter bell

**APICELLA ASSOCIATES**

APICELLA Associates desarrolló este esquema, para las oficinas londinenses de la empresa consultora de patentes de marcas y empaquetados, Coley Porter Bell.

El Área de Planificación Visual es un espacio destinado a equipos de trabajo, diseñado para estimular la creatividad, en el proceso de desarrollo del diseño. Proporciona a los clientes, a los consumidores, y al equipo del proyecto, un espacio que facilita la inspiración, donde prolifera un torrente de ideas y el desarrollo de nuevos conceptos.

El espacio en sí mismo, se adueña de las ideas y del proceso de pensamiento de los miembros del equipo, que trabajan juntos o en grupos más pequeños, durante un periodo de tiempo determinado. La flexibilidad del espacio permite este proceso, así como el desarrollo de las ideas expuestas en tablones y paredes, durante el mencionado proceso de planificación visual. Es un hecho conocido que la presencia de objetos e imágenes familiares, estimula la memoria; este esquema se inspira en esta premisa para crear un espacio eficaz, donde los especialistas puedan trabajar en grupo.

Aquí se muestra una vista interior y una sección del Área de Planificación Visual, que refleja los patrones de interacción entre los equipos.

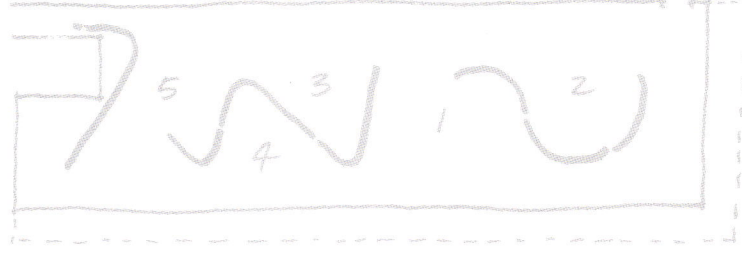

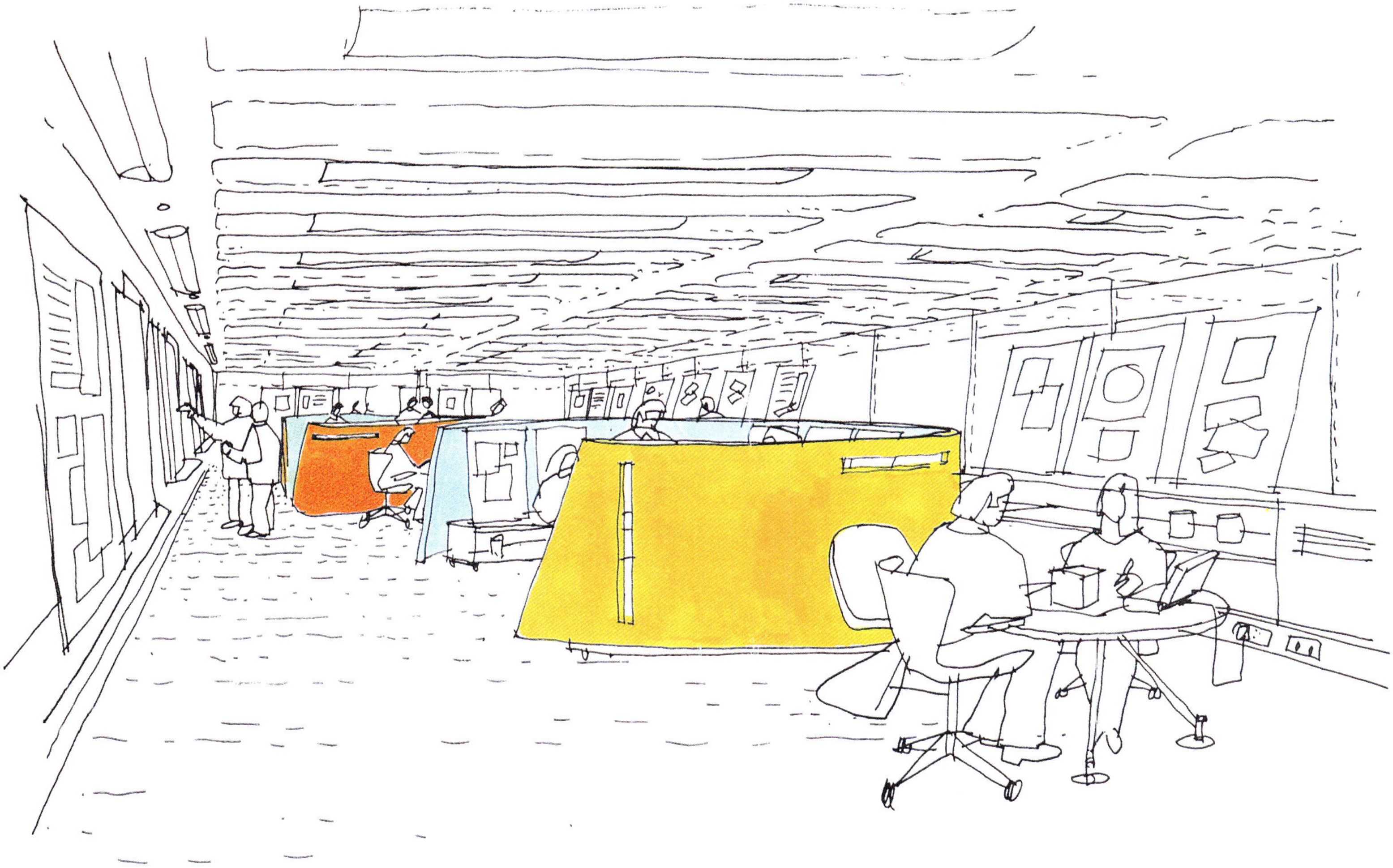

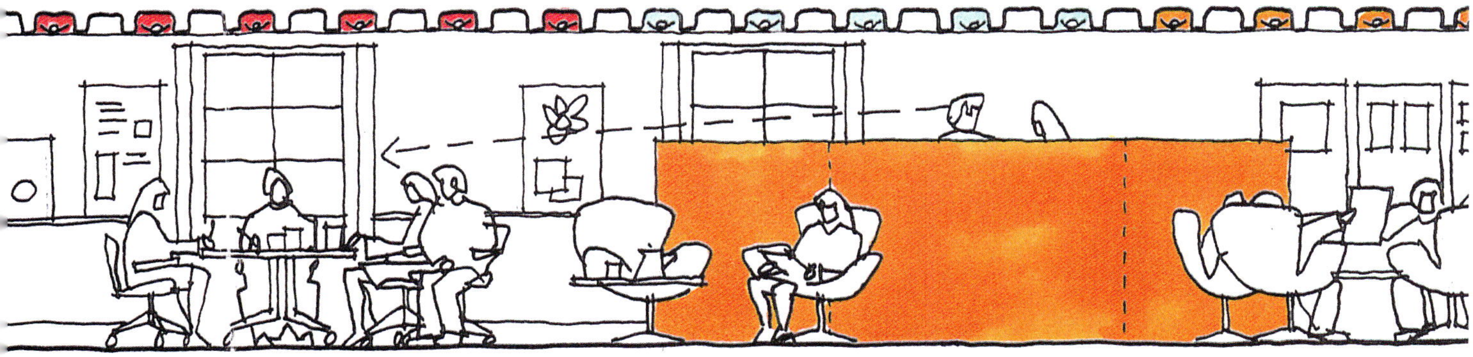

ANTIGUAMENTE, las oficinas eran fábricas de papel dedicadas a procesos repetitivos, donde se acumulaba la información y no se compartía. La división estricta del trabajo no permitió el intercambio real de ideas y conocimientos. Sin embargo, en lo que podríamos llamar "oficina creativa", el proceso lineal de la empresa tradicional está dando paso a un enfoque más fluido y progresivo, en el que la información es poder, destinada a ser construida, intercambiada, compartida y transferida. La siguiente selección de interiores de oficina permite el libre intercambio de ideas.

# interc

ambio

# centro de dirección de boeing

**HELLMUTH, OBATA + KASSABAUM**

EL gigante aeroespacial Boeing, líder en su sector, está muy concienciado con el hecho de ser una organización dedicada al aprendizaje. En octubre de 1996, adquirió un terreno rural de 706 hectáreas, cerca del río Missouri, 15 millas al norte de St.Louis, para emplazar un centro de formación profesional flexible, destinado a todos los directivos presentes y futuros de la empresa. Para el año 2000, este centro residencial de entrenamiento será totalmente operativo; cobijará extensos talleres, áreas de comedor e instalaciones de gimnasio, junto a 120 habitaciones.

Este proyecto representa un primer paso hacia el objetivo general que se persigue a largo plazo. Se encargó al estudio de arquitectura HOK, la restauración de un Almacén de Vagones de 1952, ubicado en el solar, para convertirlo en una sede provisional de formación. Este entorno, diseñado para fomentar el trabajo cooperativo, se ha convertido en el «lugar de reunión por excelencia» en todo Boeing. Muchos de sus usuarios han comentado que les fuerza a encarar los problemas desde un ángulo diferente, a «pensar desde fuera».

Dentro de la estructura original, recubierta de piedra caliza del Almacén de Vagones de estilo francés, con sus vistas a los ríos, terrenos agrícolas, bosques y zonas pantanosas, HOK ha insertado un entresuelo, suspendido de la estructura de vigas laminadas. Este espacio extra, de 275 m², además de los 520 m de la planta baja, hace posible, acomodar en el centro de formación una amplia variedad de actividades curriculares, que varían constantemente.

La tecnología punta en telecomunicaciones se ha incluido también en esta estructura. El mobiliario y equipamiento se diseñaron para la movilidad y adaptabilidad a diferentes tareas; la mayor parte tienen ruedas, permitiendo una mayor adaptabilidad; tras un día de reuniones, los usuarios pueden extraer el mobiliario, para crear espacio para una recepción nocturna. Cuatro fabricantes de muebles líderes en EE UU, Herman Miller, Knoll, Haworth y Steelcase, han colaborado en el proyecto.

Boeing describe el centro de dirección como un «punto de encuentro», un lugar donde los líderes de todos los niveles que se encuentran en puntos de transición clave en sus carreras profesionales, se reúnen para compartir ideas e intercambiar sus mejores experiencias. El enfoque de diseño adoptado por HOK crea un moderno y dinámico espacio de trabajo, dentro de un contexto rural. Esto significa, que los directores de Boeing poseen lo mejor de los dos mundos: una oportunidad de coger el pulso a los últimos avances en temas de dirección, en un entorno con el espacio y los estímulos necesarios para asegurar el asentamiento del mensaje.

1 Vista exterior del Almacén de Vagones de 1952, transformado en centro de formación de Boeing; primer paso en los planes para crear un lugar de entrenamiento, con las últimas tecnologías disponibles.

2 Vista desde el entresuelo, hacia el espacio interior multifuncional del Centro de Dirección. El equipamiento y mobiliario fueron diseñados específicamente para su movilidad.

**lugar**
st louis, missouri, estados unidos

**cliente**
empresa boeing

**terminado**
febrero de 1997

**espacio total del suelo**
795 m²

**personal**
variable (50 máximo)

**coste**
no divulgado

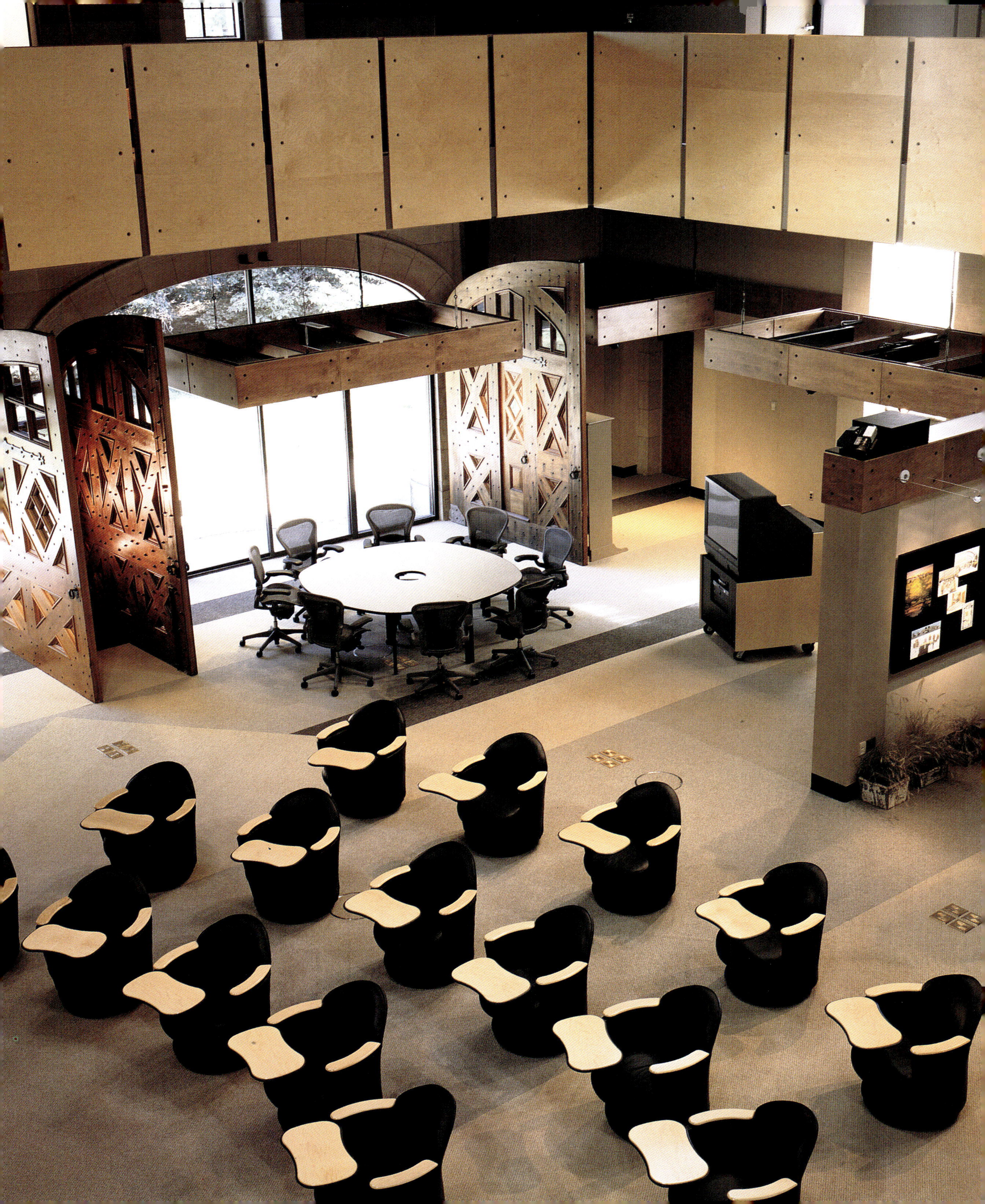

1 Plano de la planta baja

2 Plano del entresuelo

3 Escalera que conecta con el entresuelo. Las sillas Aeron, diseñadas con la última tecnología ergonómica, de Herman Miller, prestan una imagen moderna a un entorno deliberadamente anticuado y flexible, en cuanto a sus formas y materiales.

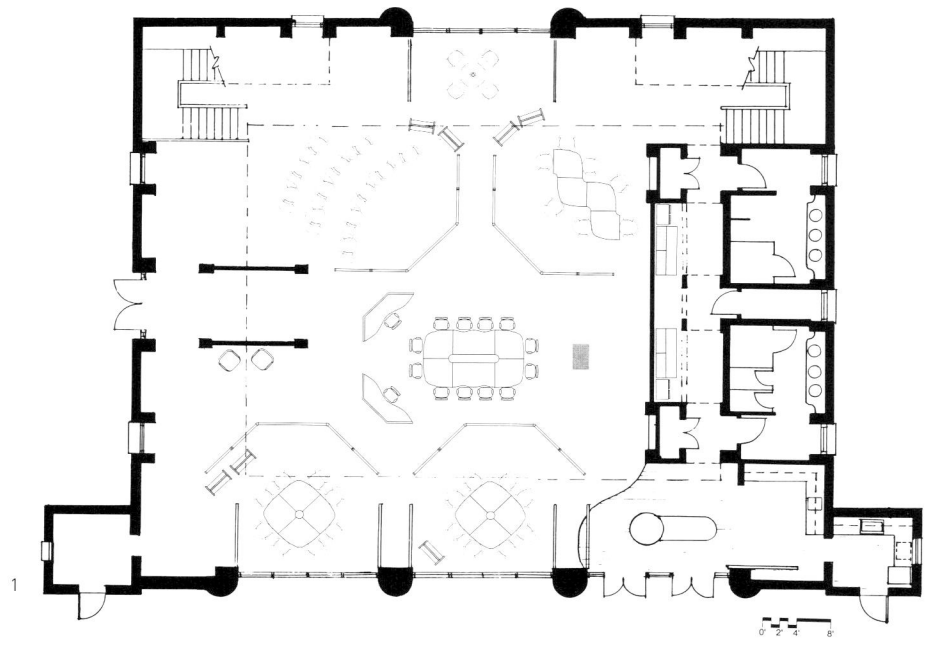

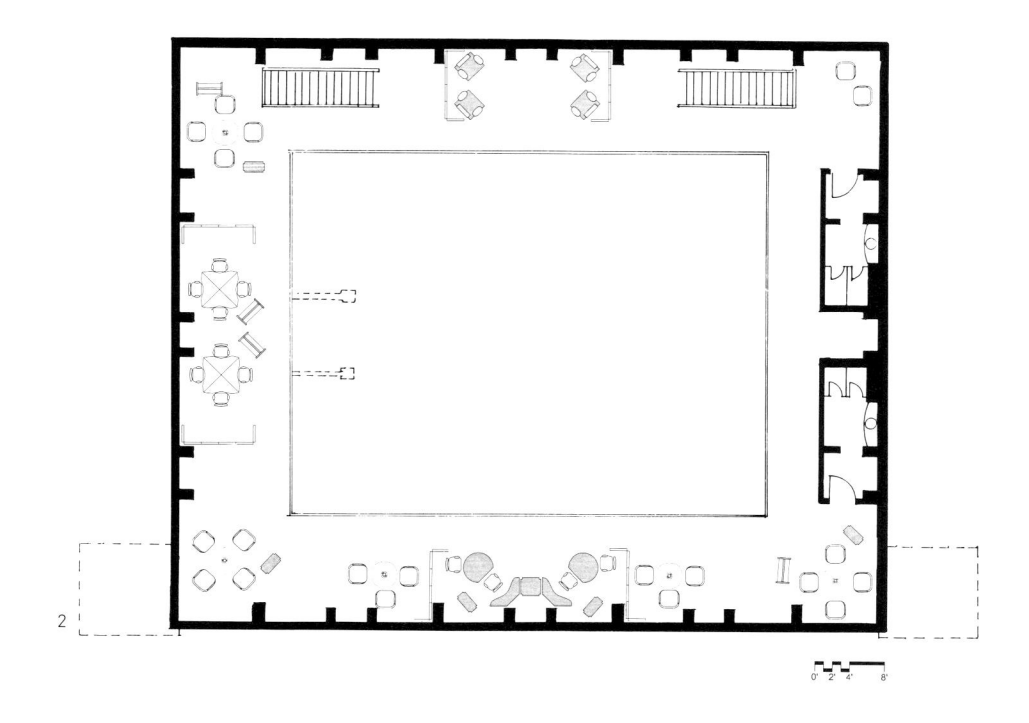

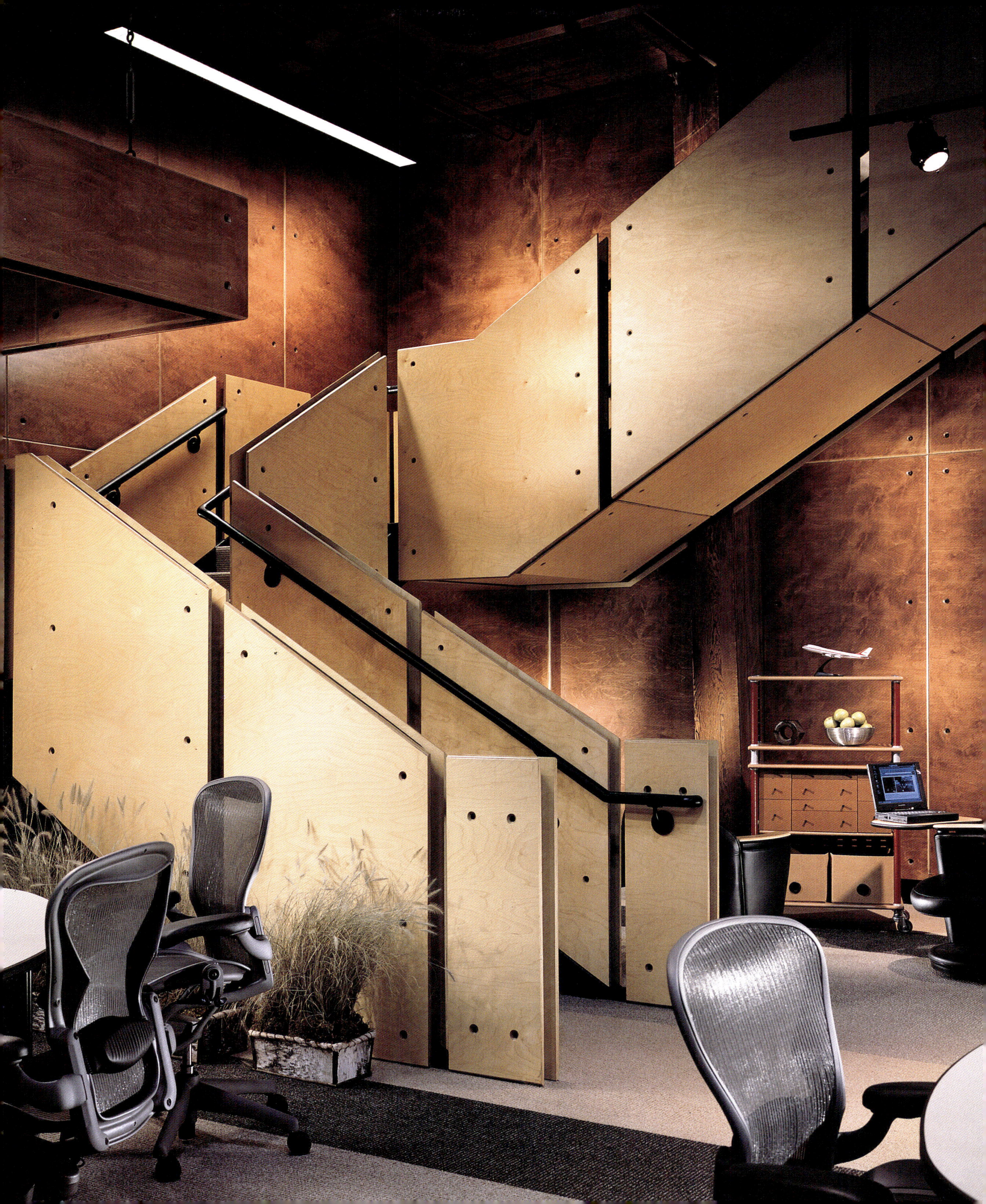

1. Puerta hacia la naturaleza exterior, en el Centro de Dirección de Boeing. Los espacios de trabajo están orientados hacia el exterior, lleno de bosques y zonas pantanosas, que propician la inspiración.

2. Sala de estar de estilo doméstico, en el que los futuros directivos de Boeing se relajan y reflexionan sobre el proceso de formación. Los materiales son ligeros y naturales.

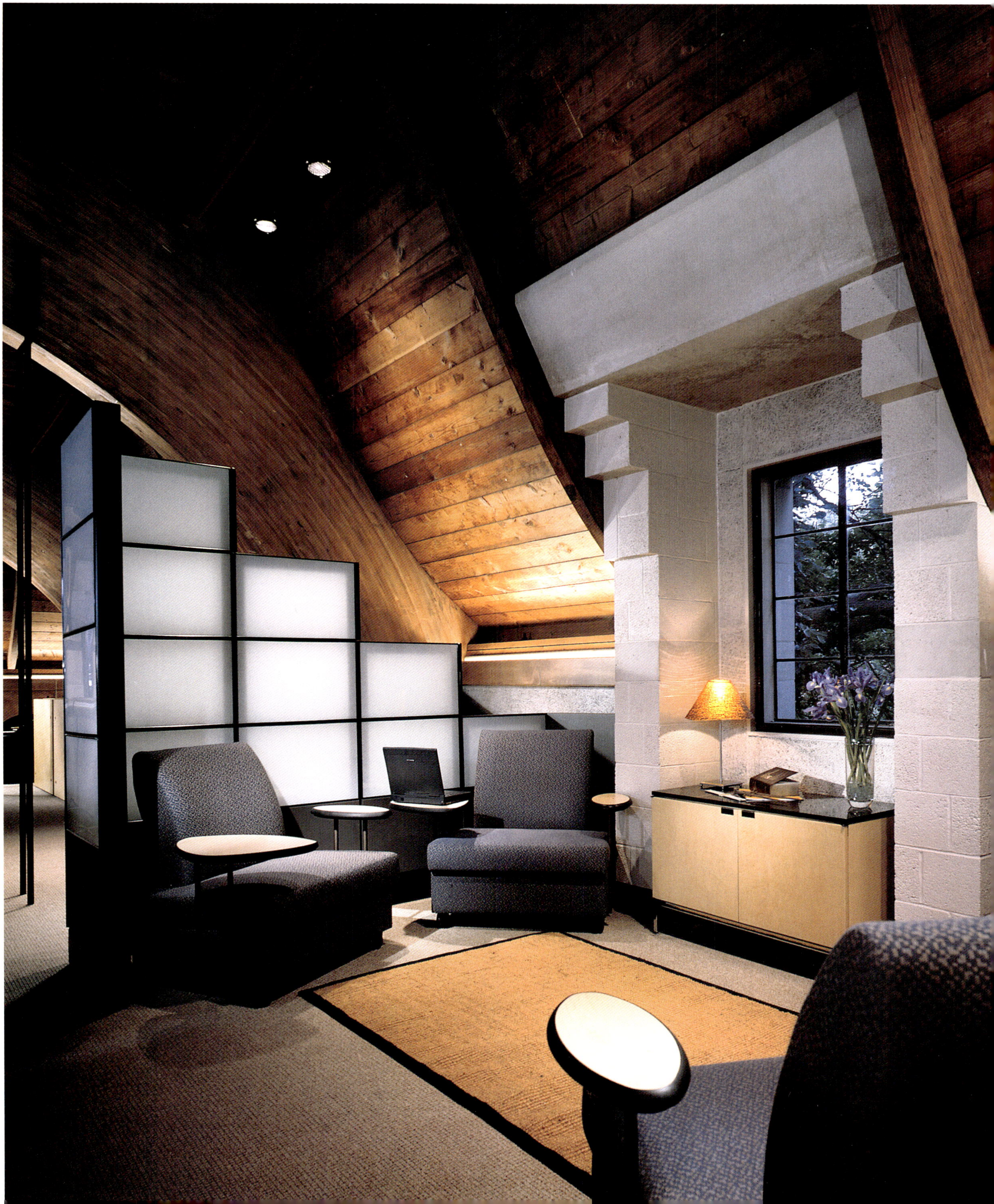

# nokia
**HELIN & SIITONEN ARCHITECTS**

PEKKA HELIN y Tuomo Siitonen gozan de un gran reconocimiento, debido a su tenacidad al proyectar la Nokia House; entre otras cosas, porque esta oficina de la compañía estrella de las telecomunicaciones -ubicada en una península cercana a Tapiola- se adapta perfectamente al entorno natural que la rodea; y a que su diseño del interior emplea grandes cantidades de madera en tonos rojos, con el fin de reemplazar el blanco clásico de la arquitectura finlandesa moderna y de crear, así, un entorno laboral más cálido.

Lo más llamativo es que los arquitectos han ganado el proyecto de Espoo, no en una, sino en dos ocasiones. La primera propuesta, que ganó el concurso en 1983, se aplazó debido a su elevado coste y las exigencias de la planificación. Una década más tarde, se replanteó la necesidad de construir un edificio central para Nokia, pero la estructura operativa de la compañía había cambiado.

Nokia se había convertido en una corporación muy especializada, en la que se consideraba esencial el pensamiento creativo y la interacción entre sus empleados. En 1994-95, Helin & Siitonen volvió a ganar el concurso arquitectónico; esta vez, bajo unos criterios que fijaban como objetivo primordial el desarrollo de un entorno laboral que fomentase la comunicación, y donde se compartiesen los conocimientos adquiridos.

El plano del edificio está basado en formas triangulares, que se agrupan en torno a dos atrios centrales de gran amplitud. Cada una de estas unidades, de 1000 m², puede variar fácilmente, para ser adaptada, tanto al trabajo individual, como al de equipo; con la mínima cantidad de estructuras e instalaciones fijas. De este modo, el espacio está compuesto por un total de veinte triángulos que contienen oficinas celulares, salas de reunión, áreas de escritorios y de almacenamiento. Cada uno de estos ámbitos, diseñado para fomentar los encuentros informales entre el personal, puede alojar entre cuarenta y ochenta trabajadores.

Los dos atrios centrales actúan como vibrantes espacios de asamblea pública. Están ubicados en la planta baja e incluyen un restaurante, varias áreas de reunión y salas de exposiciones; así como, los ámbitos privados y salas de juntas, para los visitantes externos. Pero, aquello que distingue, realmente, al esquema arquitectónico, es que todo está dispuesto para potenciar el objeto primero del diseño; es decir, para favorecer el intercambio de conocimientos.

**lugar**
espoo, finlandia
**cliente**
oy nokia ab
**terminado**
marzo de 1997
**espacio total del suelo**
38.600 m
**personal**
44 trabajadores
**coste**
12 millones de libras

1 Uno de los dos atrios centrales, con el restaurante de la planta baja y las escaleras de caracol conducen a las plantas superiores. El uso de las maderas rojas redefine los convencionales pasillos blancos, tan abundantes en la arquitectura finlandesa contemporánea.

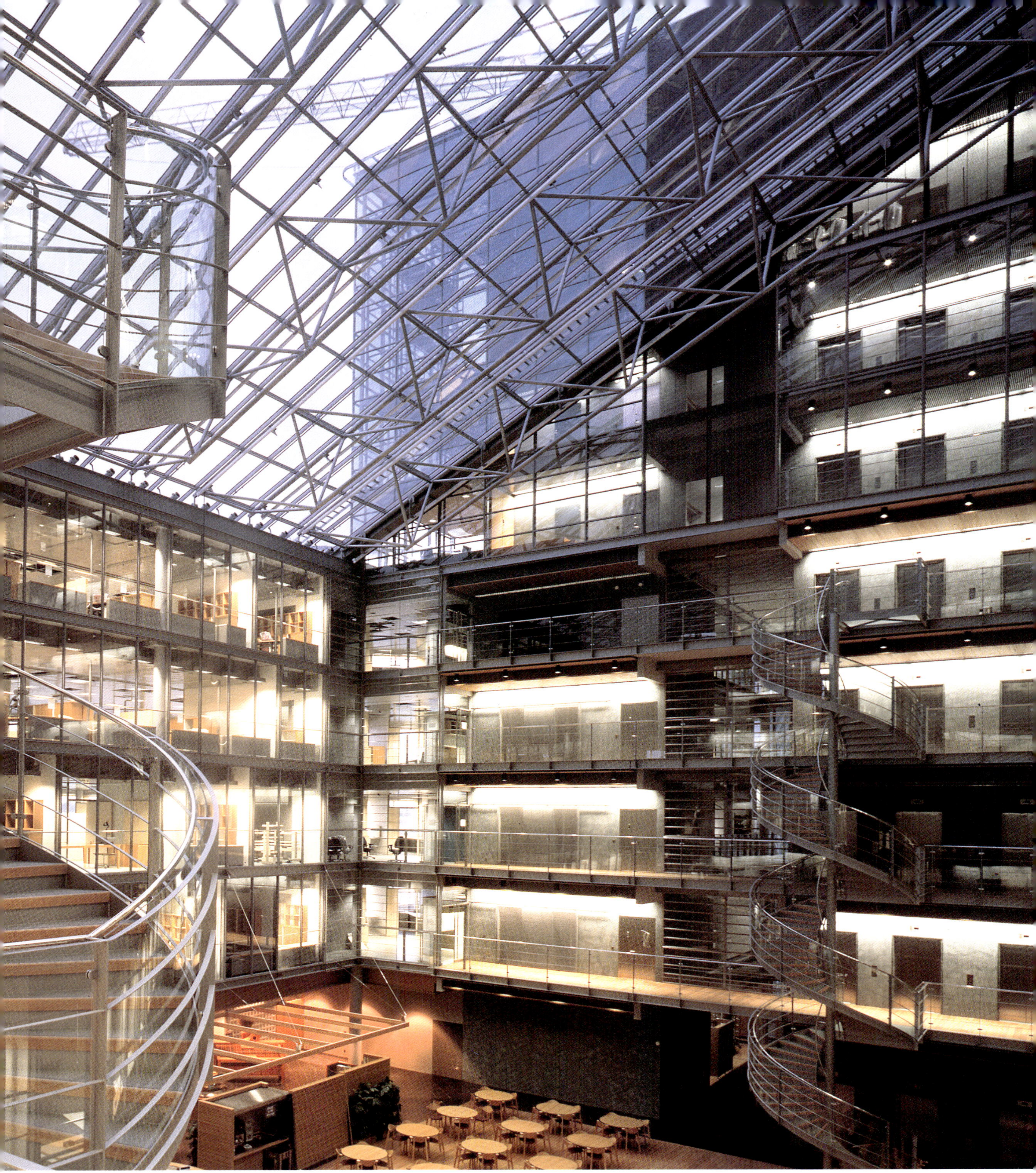

78 OFICINAS

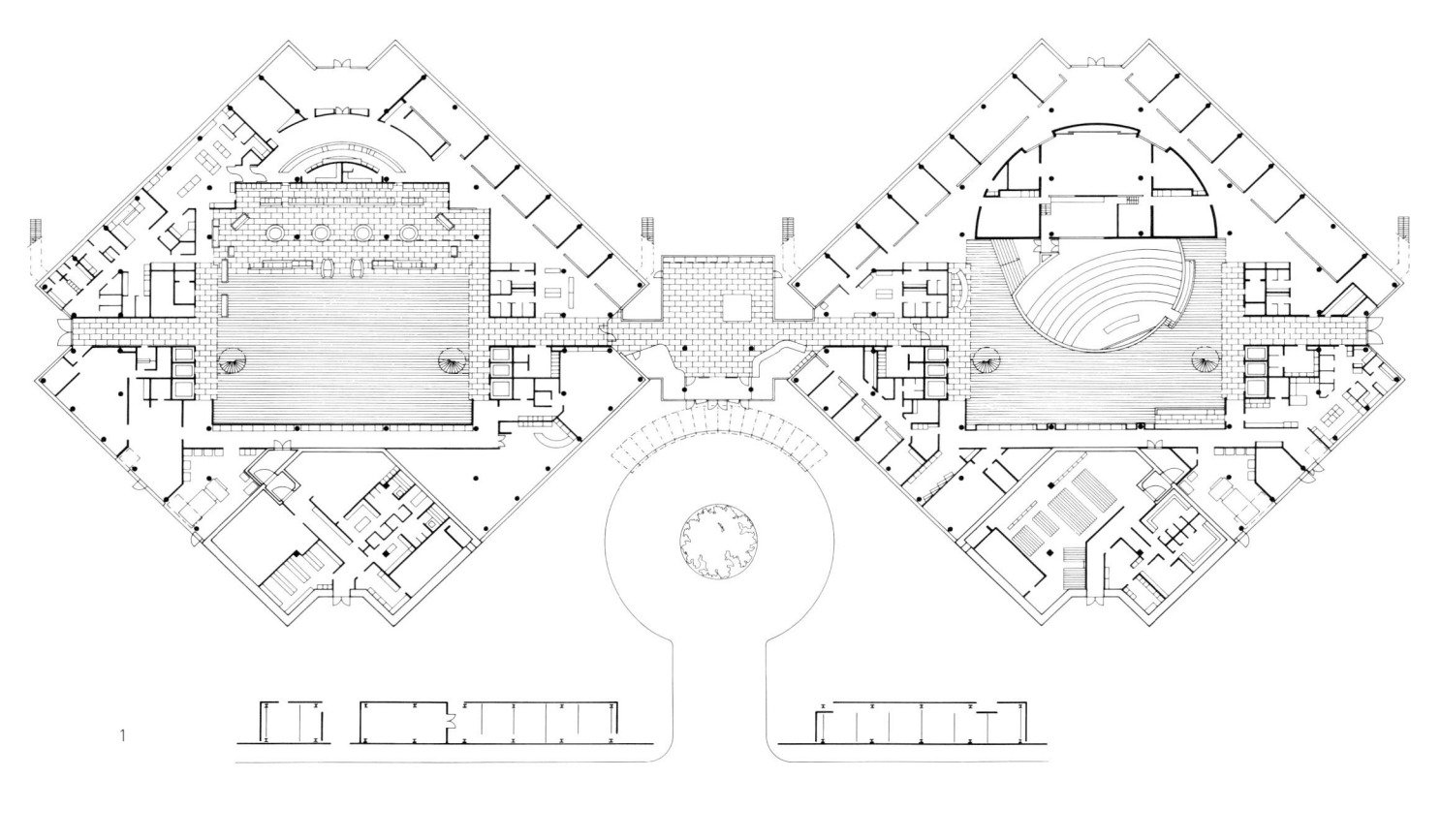

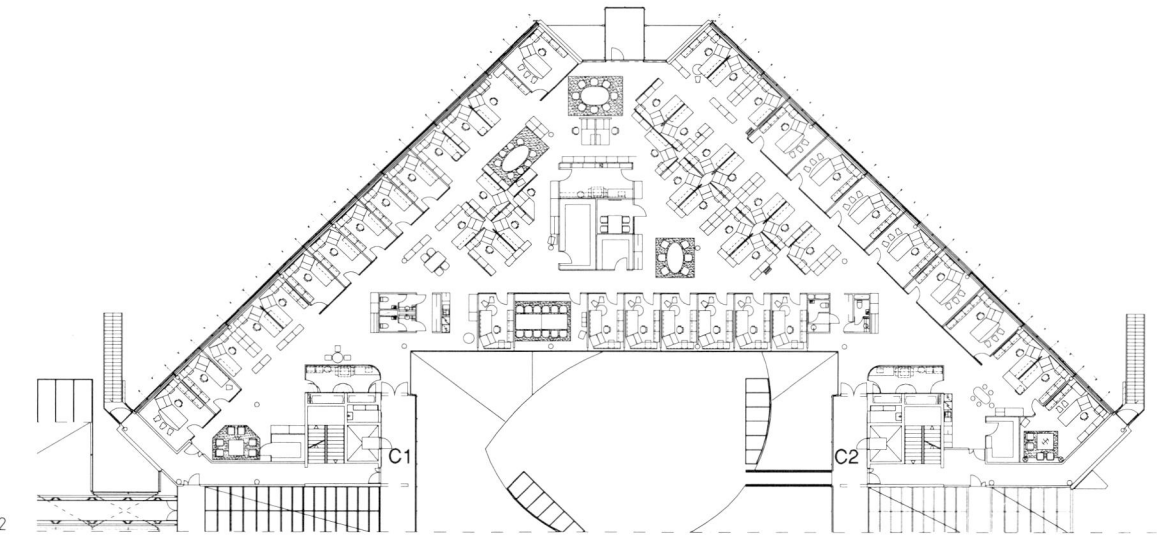

1

2  3

1   Plano de la planta baja del edificio, donde se distinguen los atrios gemelos.

2   Área típica de trabajo, con planta triangular, diseñada para acomodar hasta ochenta personas, en un ambiente que fomenta los llamados «encuentros de asueto» entre los trabajadores.

3   Vista interior del atrio principal, desde un despacho.

1   Área de descanso de la planta baja, adyacente a las salas de reunión. Entorno tranquilo y relajado, diseñado para que los trabajadores de Nokia se sientan creativos y cómodos.

2   Fachada de la entrada noroeste.

3   Alzado.

INTERCAMBIO NOKIA **81**

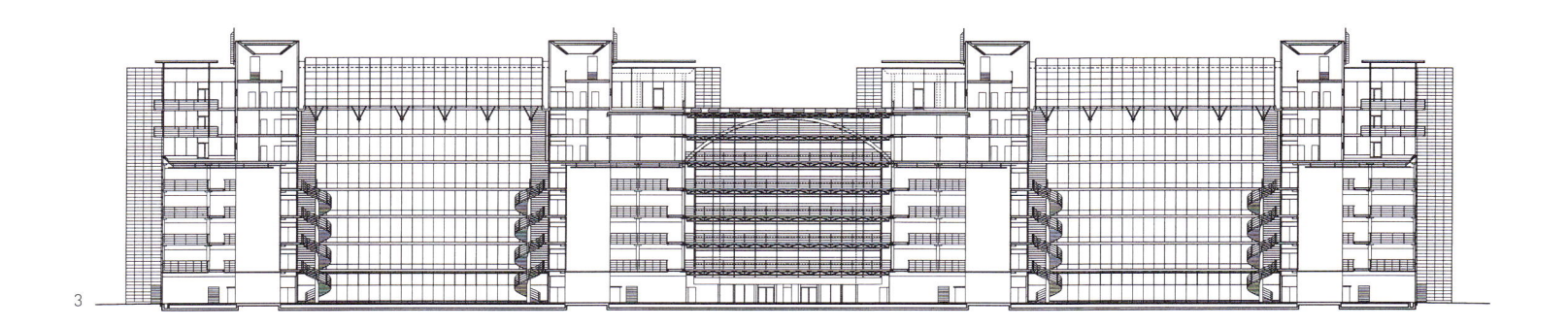

# pomegranit    HOLEY ASSOCIATES

POMEGRANIT es una compañía de post-producción, emplazada en el llamado «barranco de la publicidad», de San Francisco. Ocupa uno de los pocos almacenes de ladrillo, tan característicos de otro tiempo, que quedan en pie en el muelle de Barbary Coast. El acceso a la oficina se efectúa directamente desde la cota inferior, a través de una entrada de adoquines. Un gran arco acristalado, que proporciona iluminación natural al espacio de trabajo, permite a los transeúntes echar un vistazo al espacioso local, de aspecto ligeramente industrial. Realmente, esta apertura es una característica clave del proyecto, puesto que el proceso de edición de anuncios televisivos se realiza en equipo y requiere multitud de reuniones entre la agencia de publicidad y sus clientes, para discutir el mejor modo de desarrollar el esfuerzo creativo. Por esta razón, para los diseñadores Holey Associates, el objetivo del proyecto fue crear «un entorno abierto en el que propiciar, con fluidez, el intercambio de información».

El plano fue resultado de las necesidades de dotar de transparencia al espacio y de permitir visibilidad de la actividad interna al grupo de trabajadores; proporcionando, a su vez, diversos niveles de privacidad para el cliente. De hecho, el «Great Hall», en el centro del edificio, dotado de bóvedas de madera roja de 6 m de altura –y que acoge la recepción, un área de descanso informal y una cafetería- actúa como una plaza; un foro que condensa la filosofía de todo el proyecto. John Holey, de Holey Associates, afirma que el «Great Hall» funciona como un «hogar en la oficina». De hecho, las instalaciones evocan la informalidad doméstica, con el fin de crear un entorno laboral de mayor comodidad, donde el equipo de producción pueda charlar con el cliente, mientras ambos se encuentran sentados en cómodos sillones.

Las salas de edición –como elementos básicos de la cadena de producción televisiva- están localizadas justo fuera de esta gran área común, con el objetivo de proporcionar un acceso cómodo a los clientes, privacidad para la audición y conexión a Internet. Asimismo, en el centro del vestíbulo, hallamos una oficina, una videoteca y una sala de conferencias; que, gracias a una mampara corredera, se encuentran ocultas o visibles, en función de las actividades diarias. Una escalera de malla metálica y madera de arce, en el centro, conduce hasta el área de producción, en el entresuelo; equilibrando dinamismo y comodidad.

**lugar**
san francisco, estados unidos

**cliente**
pomegranit

**terminado**
marzo de 1998

**espacio total del suelo**
557 m²

**personal**
20 trabajadores

**coste**
no divulgado

1  Vista desde desde el exterior, a través del arco acristalado de la fachada norte, del «Great Hall» de Pomegranit.

2  El cómodo espacio laboral refleja la idea de «hogar en la oficina»: los sofás comparten espacio con la nueva tecnología.

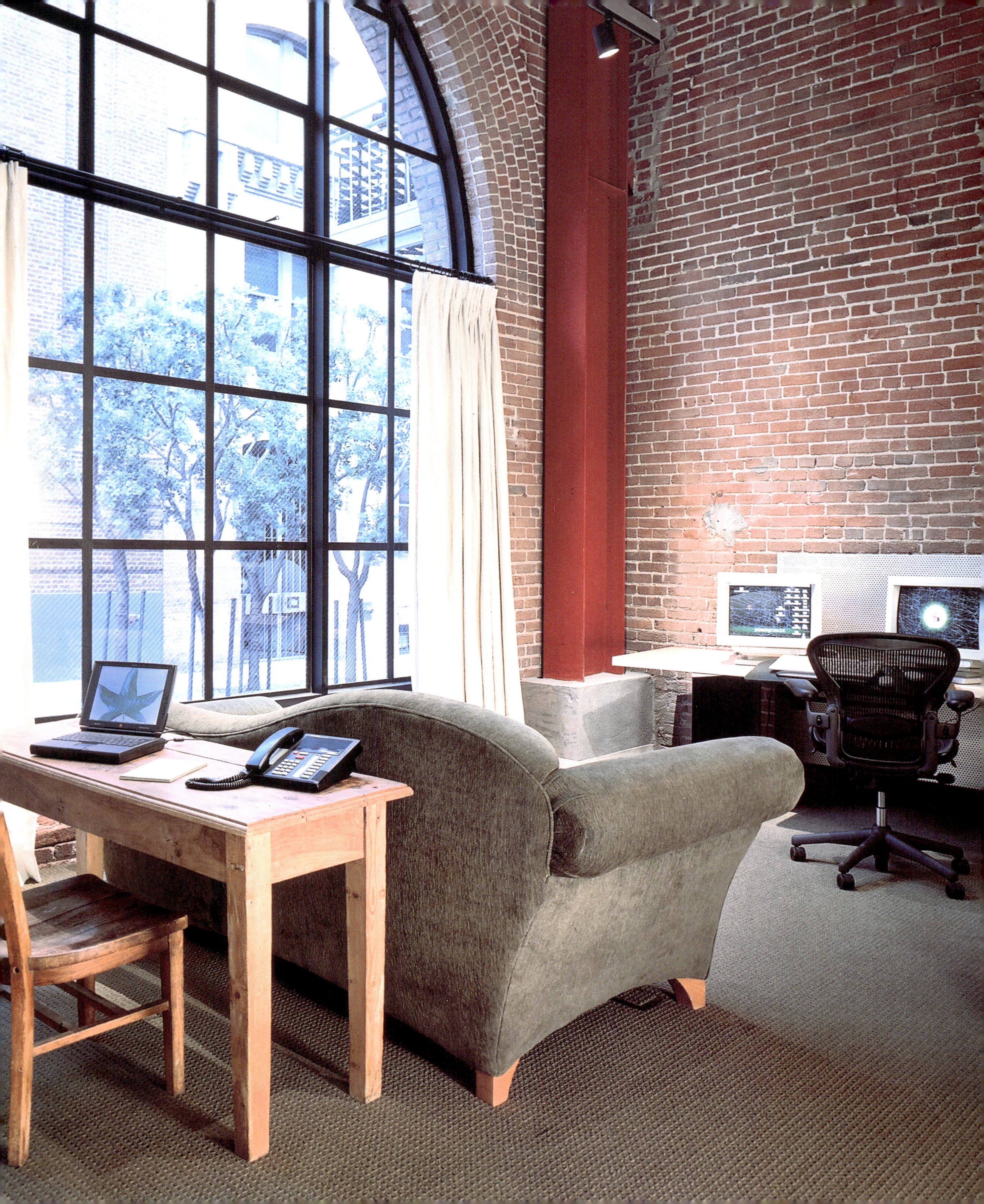

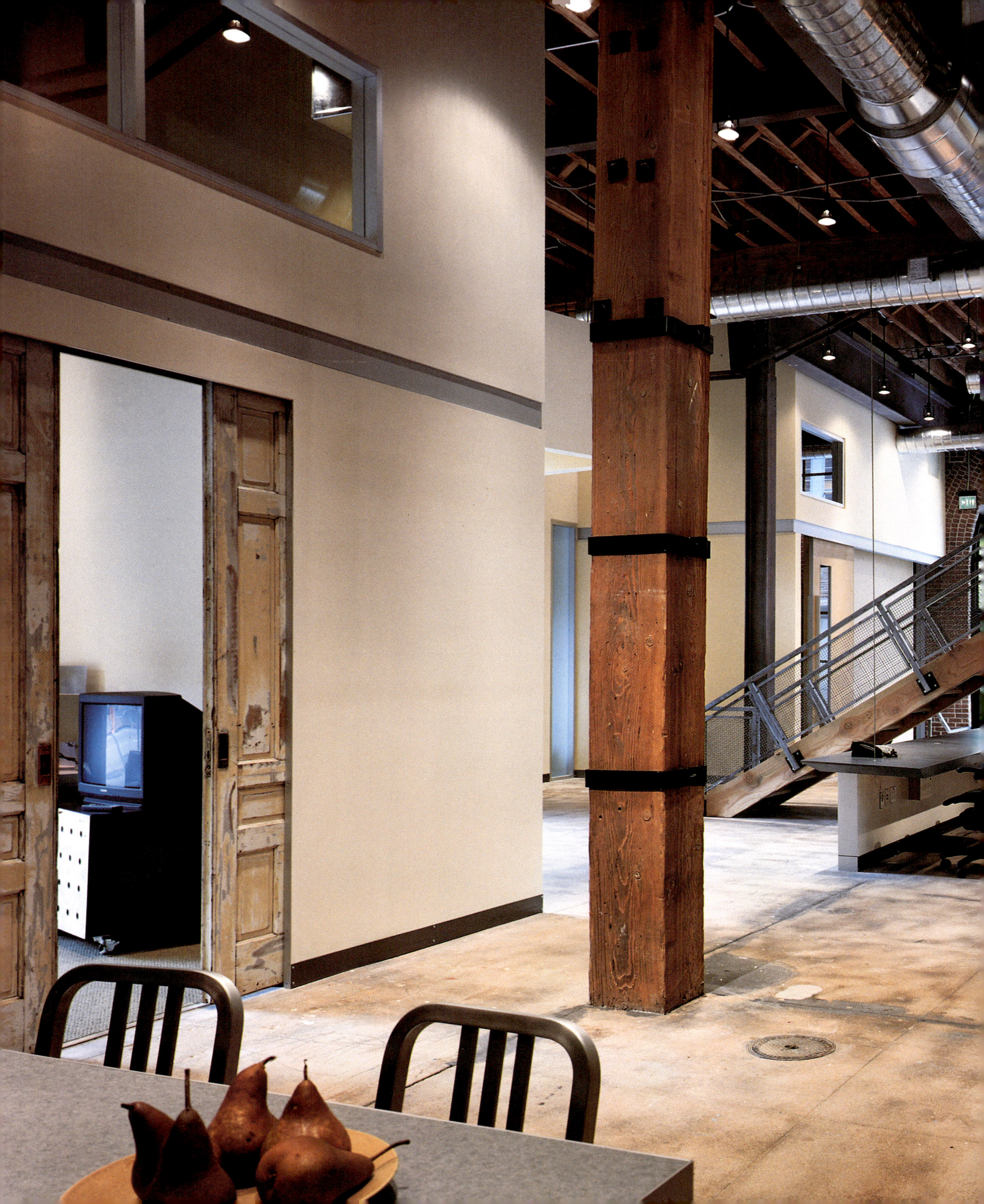

1 Vista desde la cocina hacia el «Great Hall». Esta sobria plaza central, dota de coherencia a la totalidad del esquema.

1

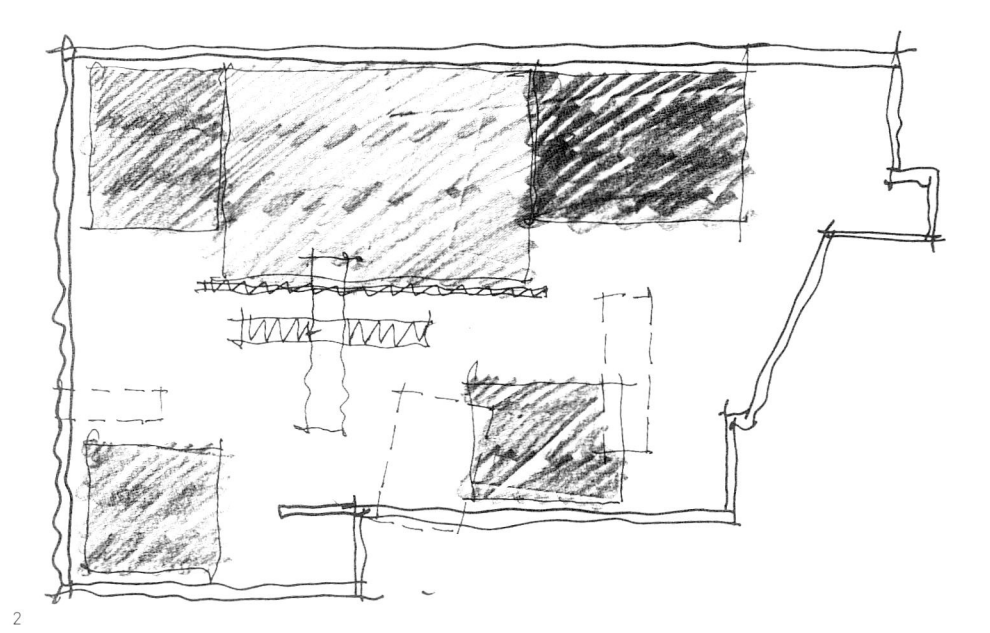

1   Detalle del dosel
    de la entrada /
    recepción de
    Pomegranit.

2   Boceto del proyecto,
    que muestra la
    división de las
    diferentes estancias.

3   Plano de la planta
    baja.

4   Plano del
    entresuelo.

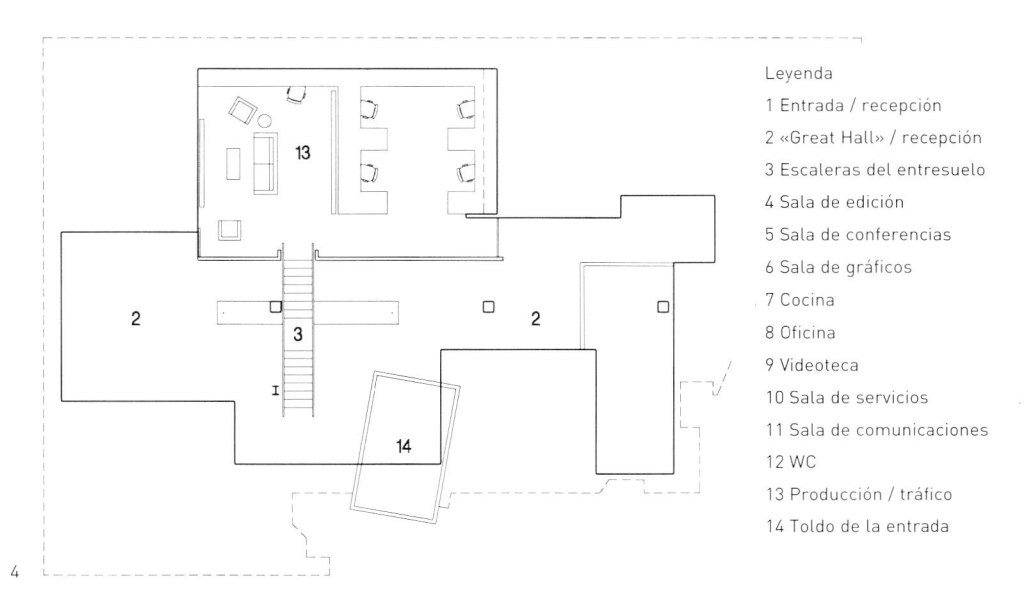

Leyenda
1 Entrada / recepción
2 «Great Hall» / recepción
3 Escaleras del entresuelo
4 Sala de edición
5 Sala de conferencias
6 Sala de gráficos
7 Cocina
8 Oficina
9 Videoteca
10 Sala de servicios
11 Sala de comunicaciones
12 WC
13 Producción / tráfico
14 Toldo de la entrada

# hiratsuka bank  KUNIHIKO HAYAKAWA

COMO entorno laboral, un banco debe aunar las necesidades de seguridad, confidencialidad y privacidad, con el deseo de dotar al espacio de sensación de apertura e intercambio con clientes potenciales. Este proyecto japonés para una sucursal bancaria, en Kanda, supone una solución innovadora, que busca el equilibrio entre las diferentes naturalezas -cerrada y abierta- de este tipo de oficinas.

El arquitecto Kunihiko Hayakawa ha creado un local que, no sólo ofrece los servicios bancarios normales, sino que proporciona – en la central de operaciones bancarias- instalaciones de reunión y conferencias, para pequeños negocios.

El edificio luminoso y ventilado, de cuatro plantas, construido en vidrio y acero, se abre a una arteria principal de la ciudad. En su interior, parece flotar un gran cono de vidrio satinado, que contiene una sala de recepción y un área de reunión. En el nivel superior, una estructura cilíndrica de hormigón funciona como área de descanso.

Existe cierta interacción entre la apertura del edificio, y el «misterioso» cono de vidrio suspendido; característica que atrae la curiosidad de los visitantes, a la vez que se mantiene la armonía entre las funciones públicas y privadas del inmueble. Se trata de un esquema simple que evita, en la medida de lo posible, el uso de mobiliario clásico. El objetivo, tanto del planteamiento general como de los detalles arquitectónicos, es la máxima transparencia y apertura, en beneficio de los trabajadores y los clientes; y con el propósito de favorecer la confidencialidad de las negociaciones y de las transacciones financieras.

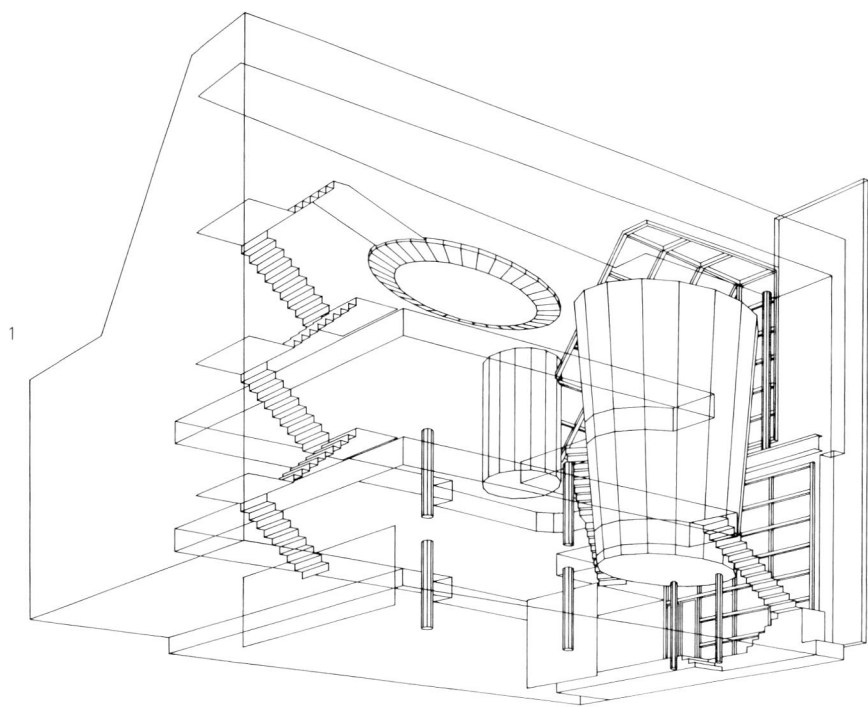

**lugar**
kanda, japón

**cliente**
hiratsuka bank

**terminado**
abril de 1996

**espacio total del suelo**
692 m

**personal**
14 trabajadores

**coste**
1.4 millones de libras

1 Ilustración axonométrica, que muestra cómo se comunican los cuatro niveles con el cono suspendido, en el interior.

2 La apertura arquitectónica del edificio, contrasta con el «misterio» que encierra el elemento de vidrio satinado, creando tensiones entre las estancias públicas y las transacciones privadas.

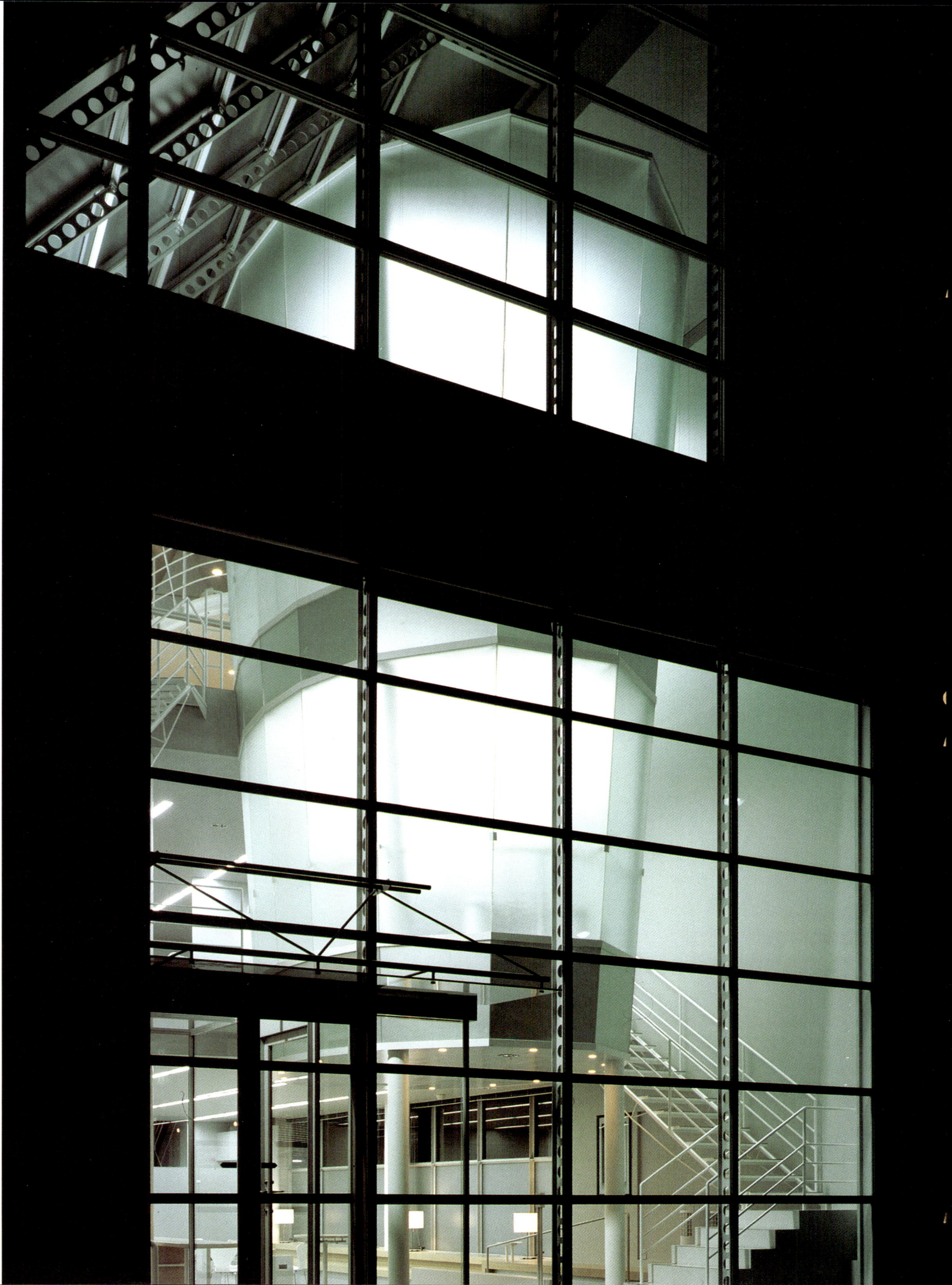

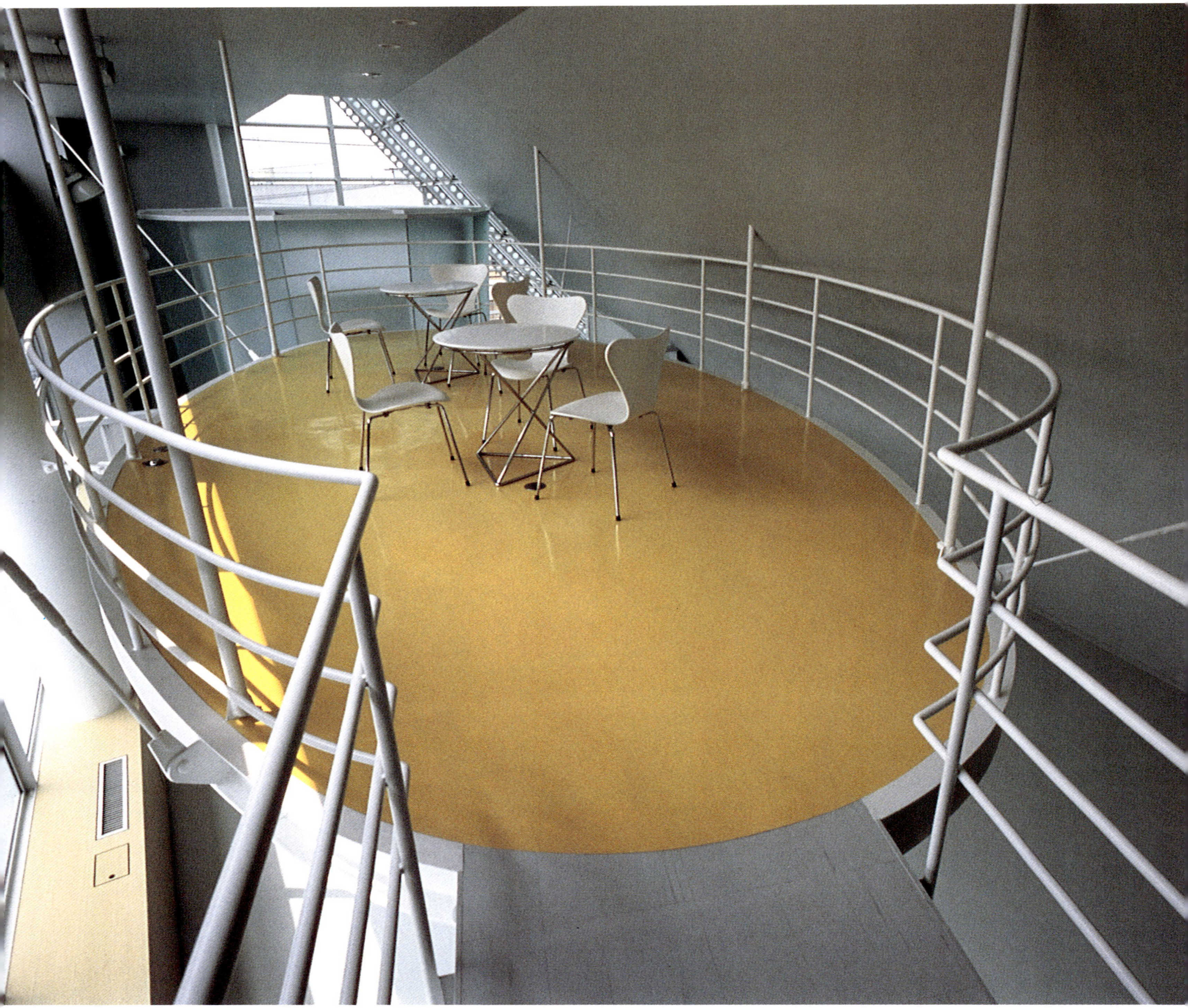

1 Un área de descanso y de reunión tranquila, en el observatorio de hormigón de la cuarta planta.

2 Plano de la primera planta

3 Plano de la segunda planta

4 Plano de la cuarta planta

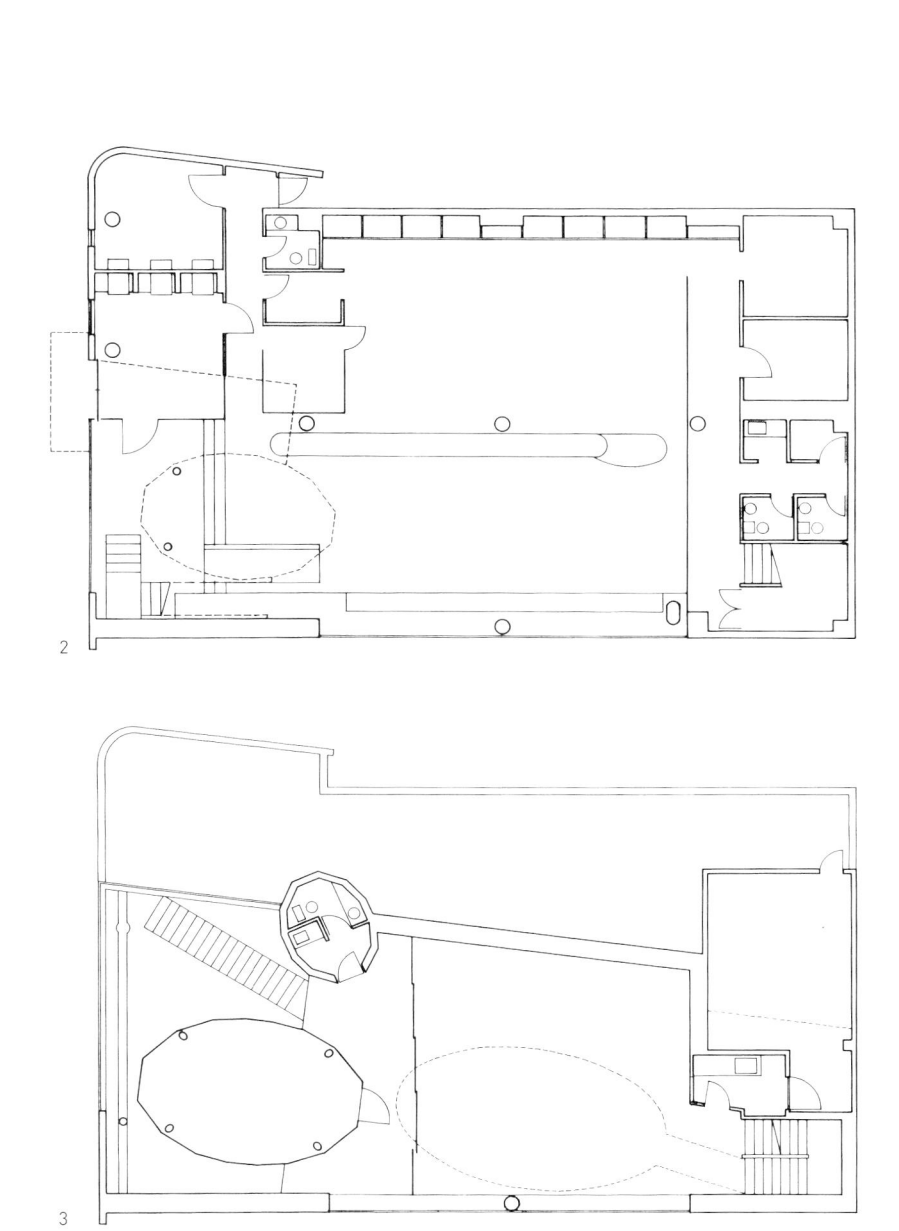

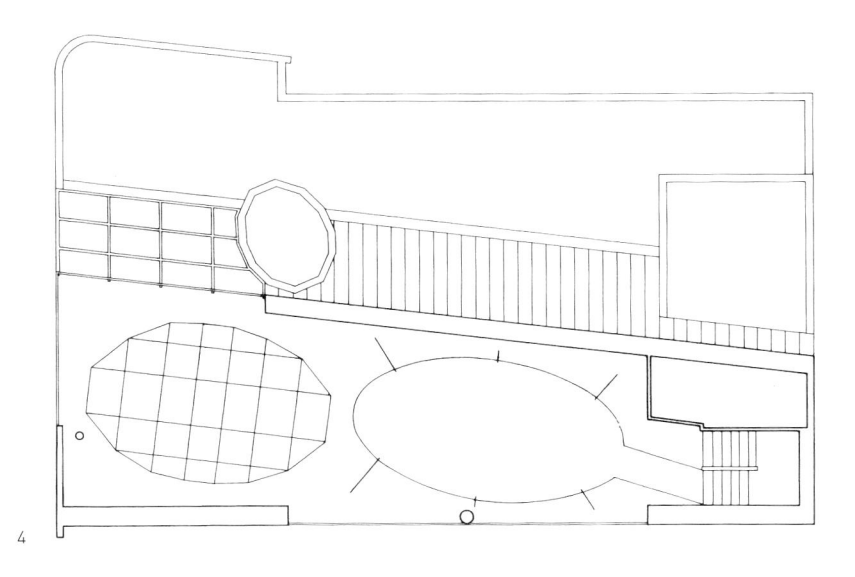

# natuzzi americas

**MARIO BELLINI ASSOCIATI**

EL arquitecto italiano Mario Bellini ha desarrollado para una empresa de muebles, en Carolina del Norte, un edificio de oficinas dotado de una doble funcionalidad; actuar como sede corporativa y como espacio dedicado a la venta. Por esta razón, el inmueble consta de dos áreas claramente diferenciadas, cuya fachada curva de vidrio y aluminio secciona el paisaje urbano, al igual que la proa de un barco corta el mar.

En el piso superior, el departamento administrativo de Natuzzi se agrupa en oficinas celulares que convergen en una terraza central sin tabiques, a través de amplias paredes acristaladas. En la tercera planta, se encuentra «mercado de mobiliario», que combina la sala de exposiciones con el espacio laboral. Dicho "mercado" admite clientes dos veces al año, y en él se muestran las últimas líneas de diseño que ofrece la empresa, además de propiciar un entorno ideal para la negociación comercial. Se trata de un foro donde se puede intercambiar información en un entorno distendido, concebido por Bellini como una galería abierta y un zigzag de pasarelas, dentro de un marco estrictamente geométrico.

Dentro de este trazado, los clientes y el personal de ventas pueden observar los muebles con comodidad. La barra y el restaurante de la tercera planta facilitan la conversación y una serie de salas de reunión adyacentes permiten concluir la negociación con el cliente y firmar los contratos pertinentes.

La idea de Bellini es que los elementos clave, en este intercambio comercial, son como los personajes principales de una representación teatral. La acción se desarrolla en el marco de una galería de pilares y vigas, con paneles de abedul, acero inoxidable y vidrio, que conforman dichas pasarelas. De hecho, existen espacios dedicados a la exposición en las tres plantas del edificio, pero el «mercado» del tercer piso comunica con las oficinas, con lo que el efecto que se crea es impresionante.

Desde la recepción, situada en la planta baja, provista de un suelo de piedra negra de acabado rústico; hasta los pisos de exposición superiores, construidos con abedul no laminado y aluminio; se puede apreciar un esquema en el que el carácter expansivo de Natuzzi se manifiesta en todos los niveles. El cliente jugó un papel esencial en el proceso del diseño, ya que se aceptaron sus propuestas en la planificación de esta nueva sede. Resultó difícil combinar funcionalidad y «glamour» en las salas de exposición dedicadas al mobiliario de oficina; pero, el meticuloso diseño de Bellini -que aplicó sus conocimientos, importados de Treviso, Italia, acerca de construcción y materiales- constituye un excelente ejemplo de su «buen hacer». Giovanna Bonfanti, Giovanni Cappelletti y Matteo Bulli, colaboraron con éste en el diseño.

**lugar**
high point, carolina del norte, estados unidos

**cliente**
natuzzi americas inc.

**terminado**
1998

**espacio total del suelo**
10.000 m²

**personal**
variable (150 como máximo)

**coste**
13 millones de dólares

1 La sede corporativa en forma de barco, de Mario Bellini, para Natuzzi Americas.

2 Telas expuestas en la galería, que sigue un esquema de cuadrícula: este «mercado» combina, de forma novedosa, el espacio de trabajo con las salas de exposición.

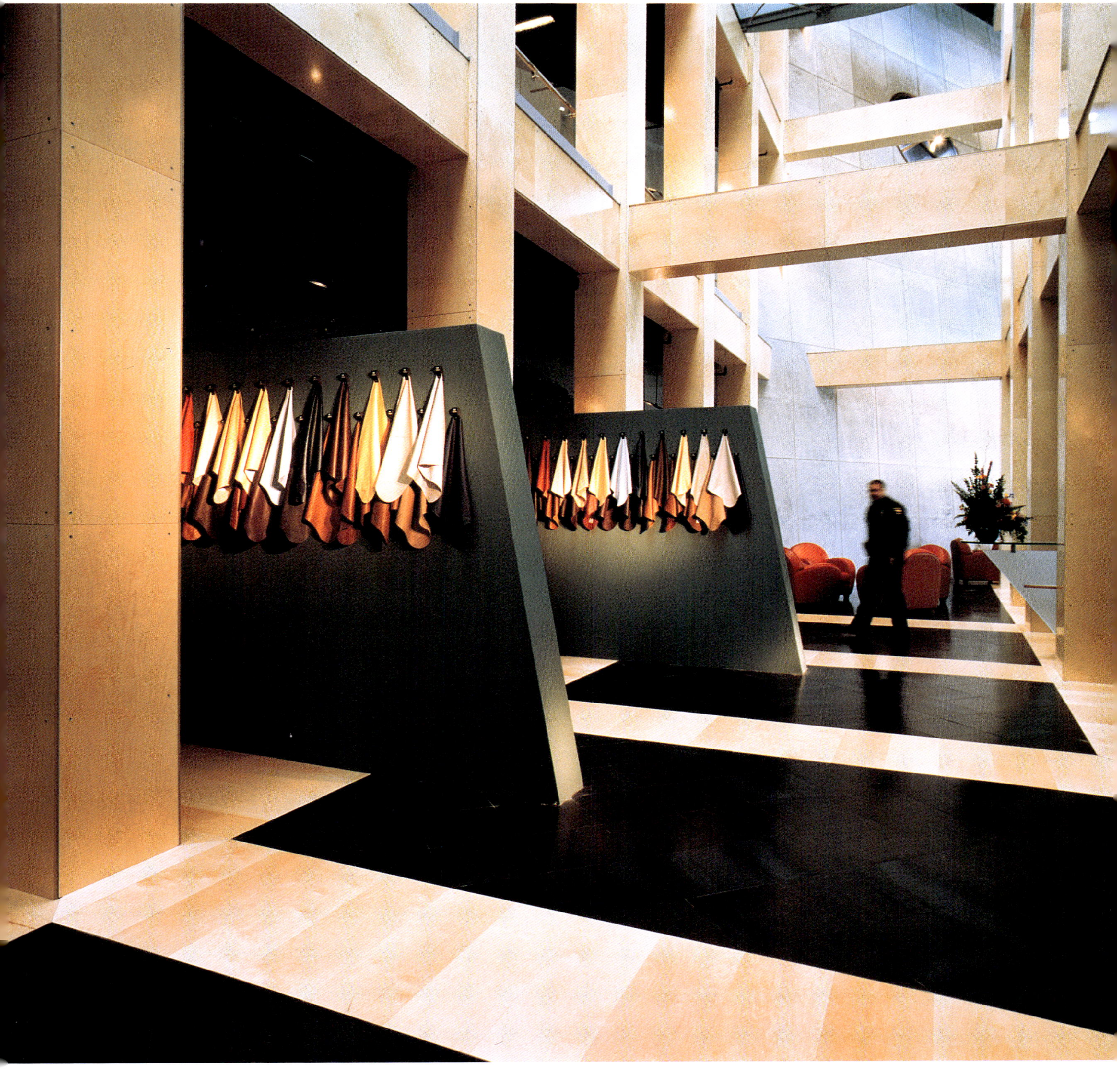

1

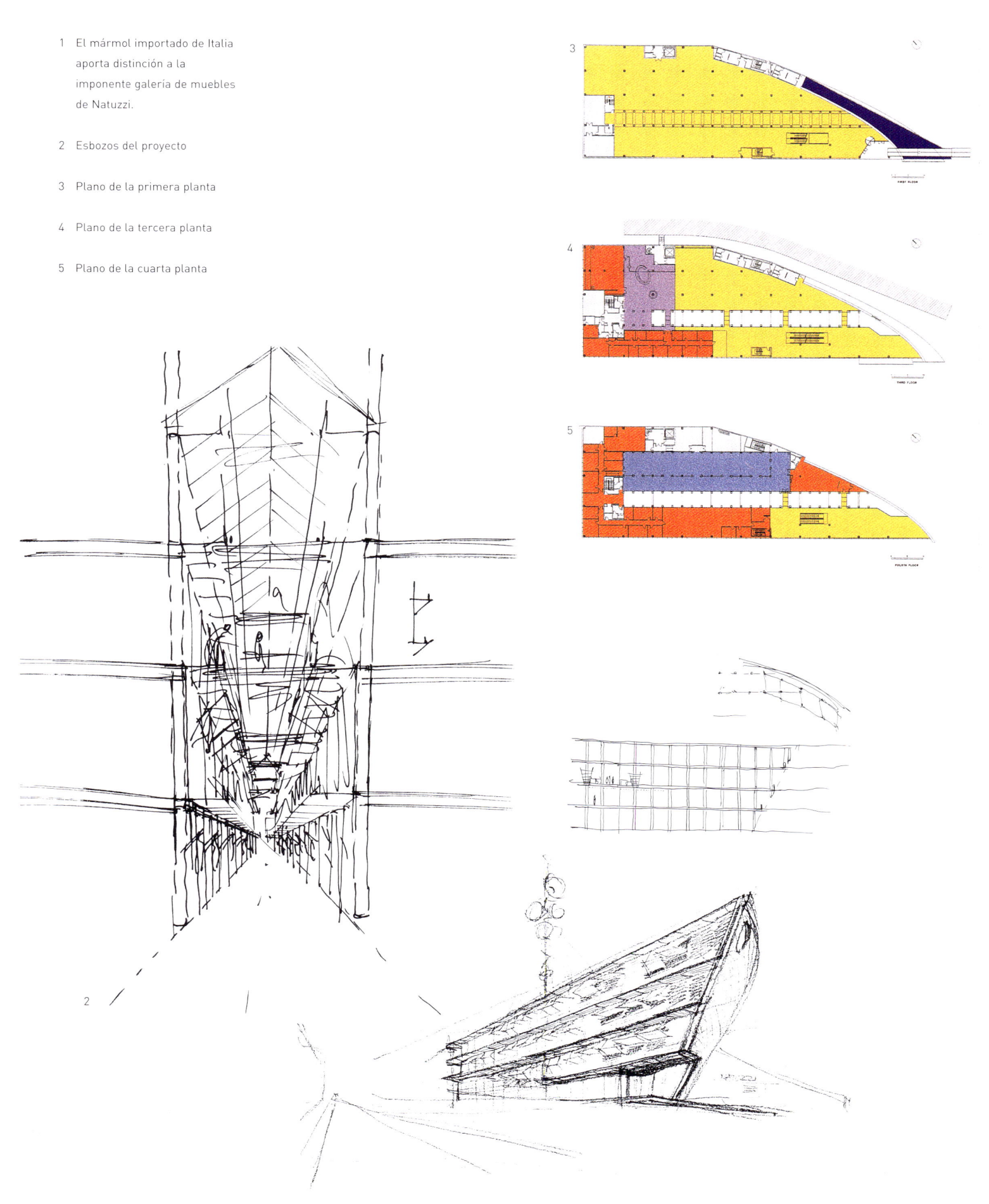

1   El mármol importado de Italia aporta distinción a la imponente galería de muebles de Natuzzi.

2   Esbozos del proyecto

3   Plano de la primera planta

4   Plano de la tercera planta

5   Plano de la cuarta planta

# IBM australia   DARYL JACKSON INTERNATIONAL

LA torre oeste del complejo Southgate, en Melbourne, ha sido desarrollda por una gran cantidad de diseñadores. Su parte exterior fue proyectada por Buchan y Bawden, y las ocho últimas plantas de ésta, ocupada por IBM, fueron equipadas por Geyer Design. Pero, el trabajo de diseño más sorprendente e inusual, corresponde a los pisos 27 y 28, donde se ubica el centro de «marketing», diseñado por Daryl Jackson International. En estas instalaciones, gracias a una planificación inteligente, los clientes pueden aprender a usar los equipos de IBM, en un interior que propicia el intercambio, la instrucción y la interacción.

Daryl Jackson recibió el encargo de la construcción de la torre con suficiente antelación, como para poder intervenir en el diseño de la antesala de la planta baja, ampliando su profundidad, reordenando sus elementos, y destacando la presencia de la entidad, en el entorno urbano; a través de elementos como la sofisticación, con bandas de granito, de la superficie; y la iluminación. Pero, donde, verdaderamente, destaca la calidad es en el centro de «marketing», en los pisos 27 y 28.

Allí, las salas de información, las aulas y el espacio auxiliar, están dispuestos radialmente, siguiendo patrones rectilíneos sencillos; como respuesta a la configuración circular de la varenga del suelo de la torre. Los pasillos forman un pasaje estructurado alrededor de las dos plantas y disponen de espacios exteriores de descanso, situados en el perímetro, para que los trabajadores que desean relajarse, se vean recompensados, de forma inmediata, con las magníficas vistas de la ciudad, el puerto y la bahía.

La sensación de conexión con el mundo exterior, se refuerza con el uso de particiones translúcidas «flotantes», realizadas en papel de arroz, colocado entre dos paneles de vidrio. Éstas, que recuerdan a las pantallas japonesas «shoji», se han dispuesto para definir las salas ubicadas en el perímetro del edificio, que permiten el paso de la luz natural al interior. De este modo, se consigue una gran privacidad acústica y visual, respecto de la actividad desarrollada en las áreas adyacentes. Las pantallas se apoyan en columnas laminadas con madera de peral.

Otros rasgos distintivos del proyecto incluyen puertas de grandes dimensiones, mamparas deslizantes, que pueden articularse, alterando los patrones de movimiento; y una escalera escultural, que comunica el espacio del área principal de recepción del piso 27, con la planta superior. Los toques finales del proyecto, escasos pero muy elegantes, incluyen una bóveda de metal perforado, y paredes curvas de aluminio. El mobiliario, hecho por encargo, con paneles insertados en una estructura modular de aluminio, completa este planteamiento innovador, en el que los visitantes de IBM y el personal de instrucción, comparten un paisaje interior que rezuma inteligencia, equilibrio de medidas y deleite para los sentidos.

**lugar**
melbourne, australia

**cliente**
IBM

**terminado**
1994

**espacio total del suelo**
9.000 m

**personal**
variable

**coste**
25 millones de dólares australianos

1   El área de recepción de IBM, en el piso 27, con una escalera de vidrio y acero, que conecta con el piso superior, destinado al departamento de atención al cliente. Las paredes tienen un acabado en madera de peral.

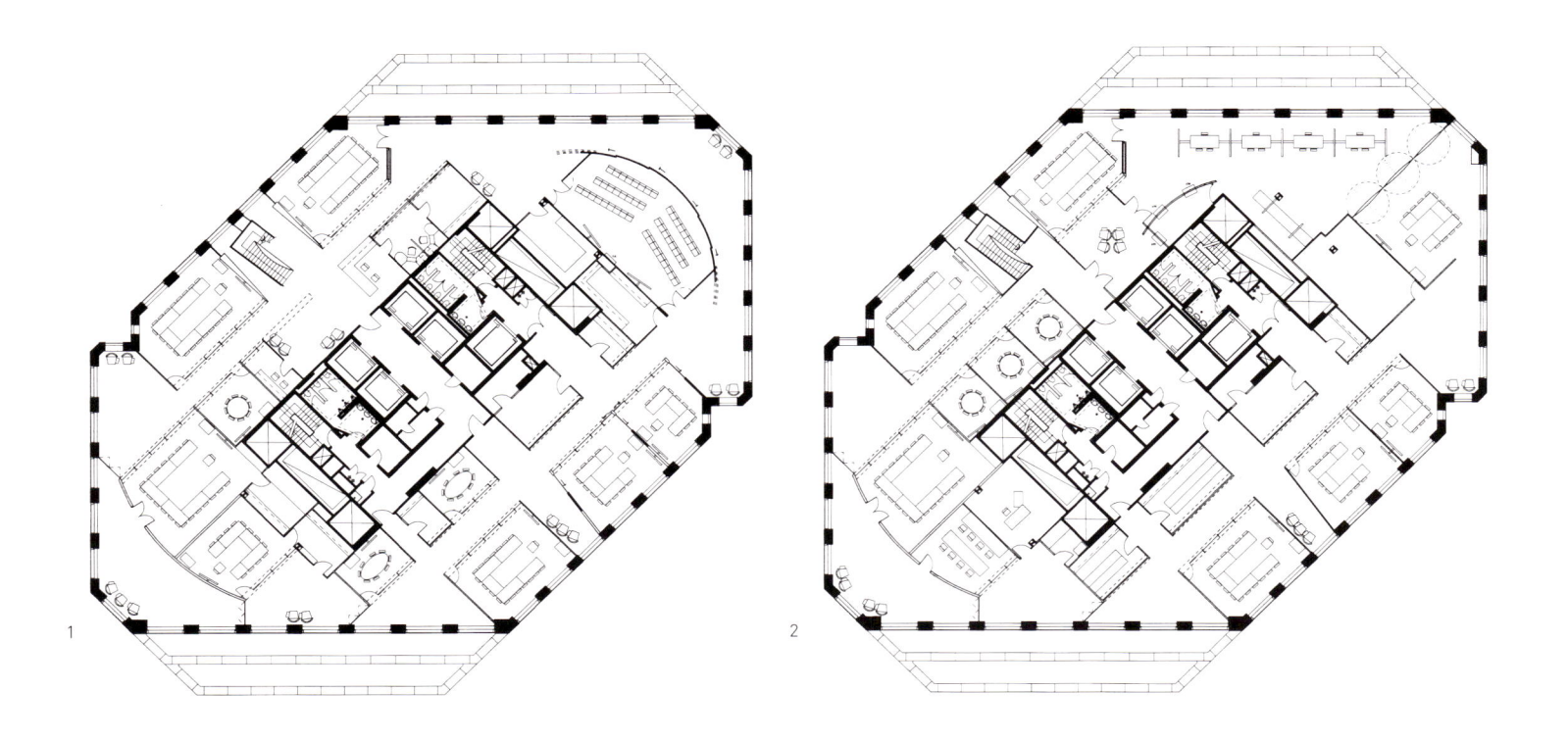

1   Plano de la planta 27

2   Plano de la planta 28

3   Una sala de exposiciones, con sillas diseñadas por Charles Eames.

4   La antesala de la planta baja se ha remodelado mediante una nueva instalación de luces, que añaden un elemento de sofisticación para los visitantes de IBM Australia.

4

# independiente  JESTICO + WHILES

LAS jóvenes e inquietas compañías discográficas pueden acabar siendo muy ruidosas para los vecinos. Cuando Andy MacDonald tomó la valiosa decisión de que Independiente, su discográfica, ocupara un antiguo edificio de instrucción militar, ubicado en un concurrido lugar del oeste de Londres y rodeado de residencias particulares; los diseñadores Jesico+Whiles prestaron gran atención al aislamiento acústico

En un primer momento, la necesidad de una oficina que comprendiese una serie de espacios aislados acústicamente, parecía estar reñida con la presencia del único volumen interior que constituía este valioso, pero abandonado y deteriorado, edificio de ladrillo y terracota. De este modo, se reforzó el interior con vigas arqueadas de madera, cada una fijada con soportes metálicos atornillados. Sólo tres tragaluces del techo y una serie de pequeñas ventanas orientadas hacia la fachada norte, permitían el paso de la luz natural a la nave. Se imponía, pues, la necesidad de mantener la apertura del espacio, para permitir el paso de tanta luz como fuera posible.

Al mismo tiempo que los interioristas pretendían conservar los espacios individuales, MacDonald aspiraba a crear una atmósfera de interacción e intercambio, entre los distintos departamentos -creativo, "marketing", financiero y legal, dirección y recepción- de su nueva empresa, A&R (artistas y repertorio). Se optó por una solución de diseño que pretendía resolver las contradicciones de las diferentes propuestas; mediante un proyecto poderoso y elegante, basado en el uso de componentes industriales de bajo coste, con el fin de conseguir una serie de alteraciones inteligentes en el poderoso espacio interior.

En el centro de la remodelación se halla un hueco de doble altura que alcanza la cubierta, reconstruida y aislada acústicamente. Unas oficinas de aspecto informal se agrupan, de forma asimétrica, en la planta baja y en un nuevo entresuelo, alrededor del perímetro del edificio. Las estancias públicas del inmueble, quedan atravesadas, a la altura del entresuelo, por una pasarela metálica que termina en una barandilla abierta, revestida de ladrillos de vidrio reflectantes.

Los paneles aislantes del sonido, construidos por encargo, y las mamparas de vidrio, apoyadas en tiras de neopreno y enmarcadas en acero soldado, se diseñaron para permitir el paso de la luz, entre los diferentes espacios de los interiores de las oficinas.

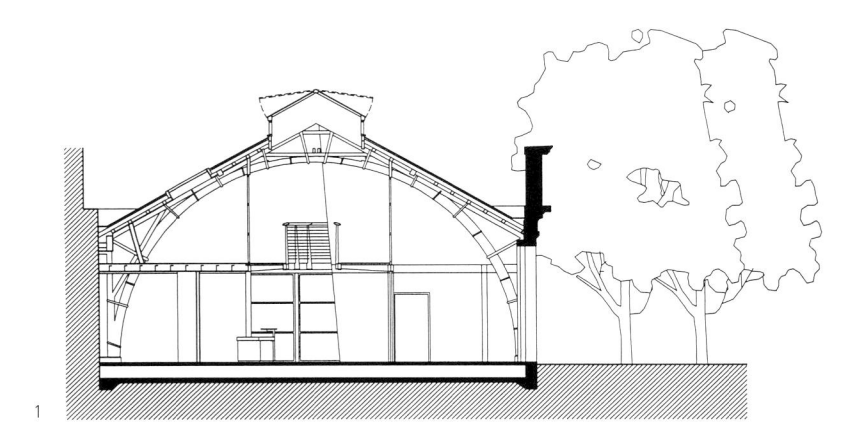

**lugar**
london, UK

**cliente**
independiente record company

**terminado**
december 1997

**espacio total del suelo**
500 m²

**personal**
20 trabajadores

**coste**
variable

1  Alzado que muestra el refuerzo de las vigas de madera arqueadas.

2  Vista de la recepción de Independiente con la pasarela, que hace las veces de balcón.

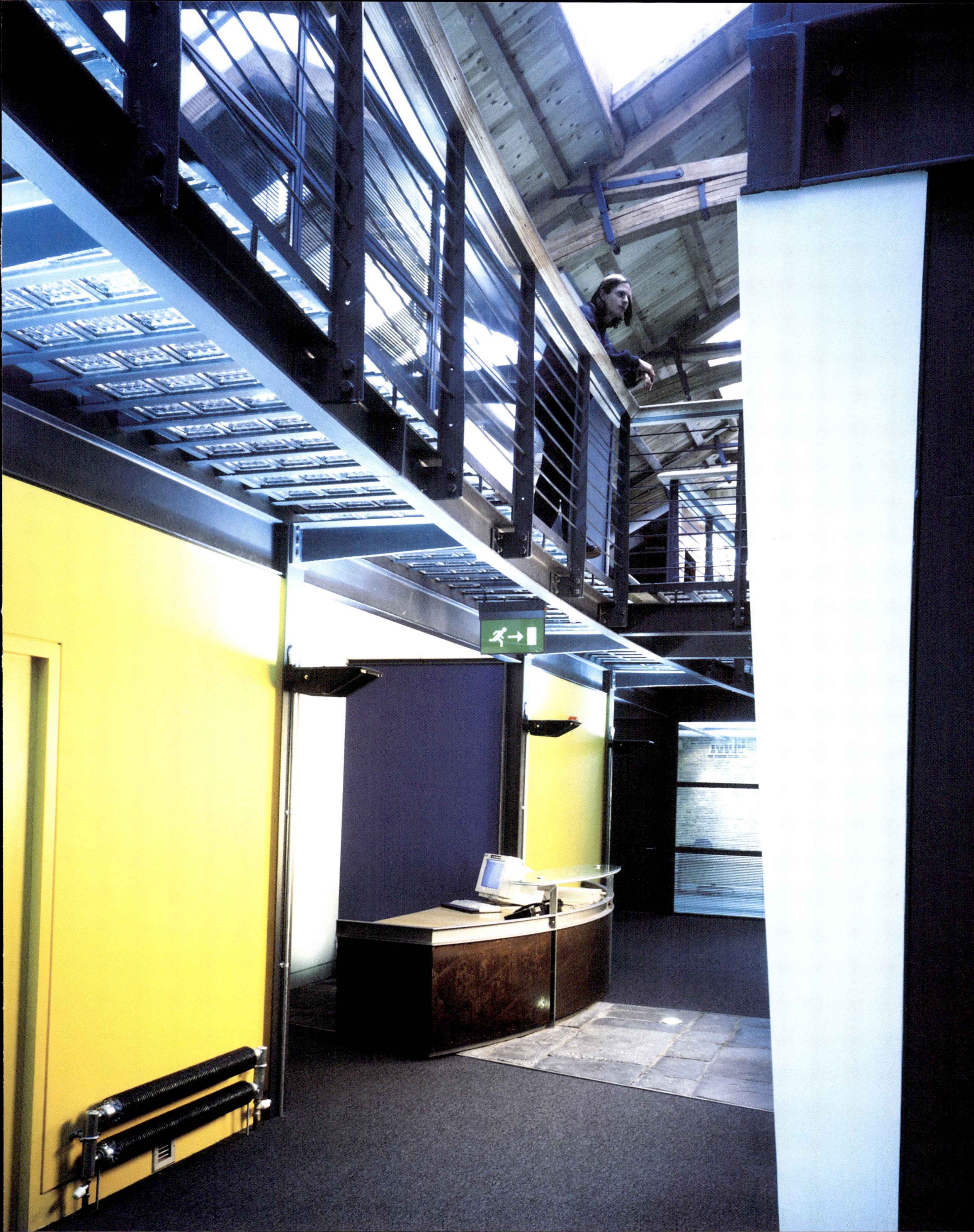

1

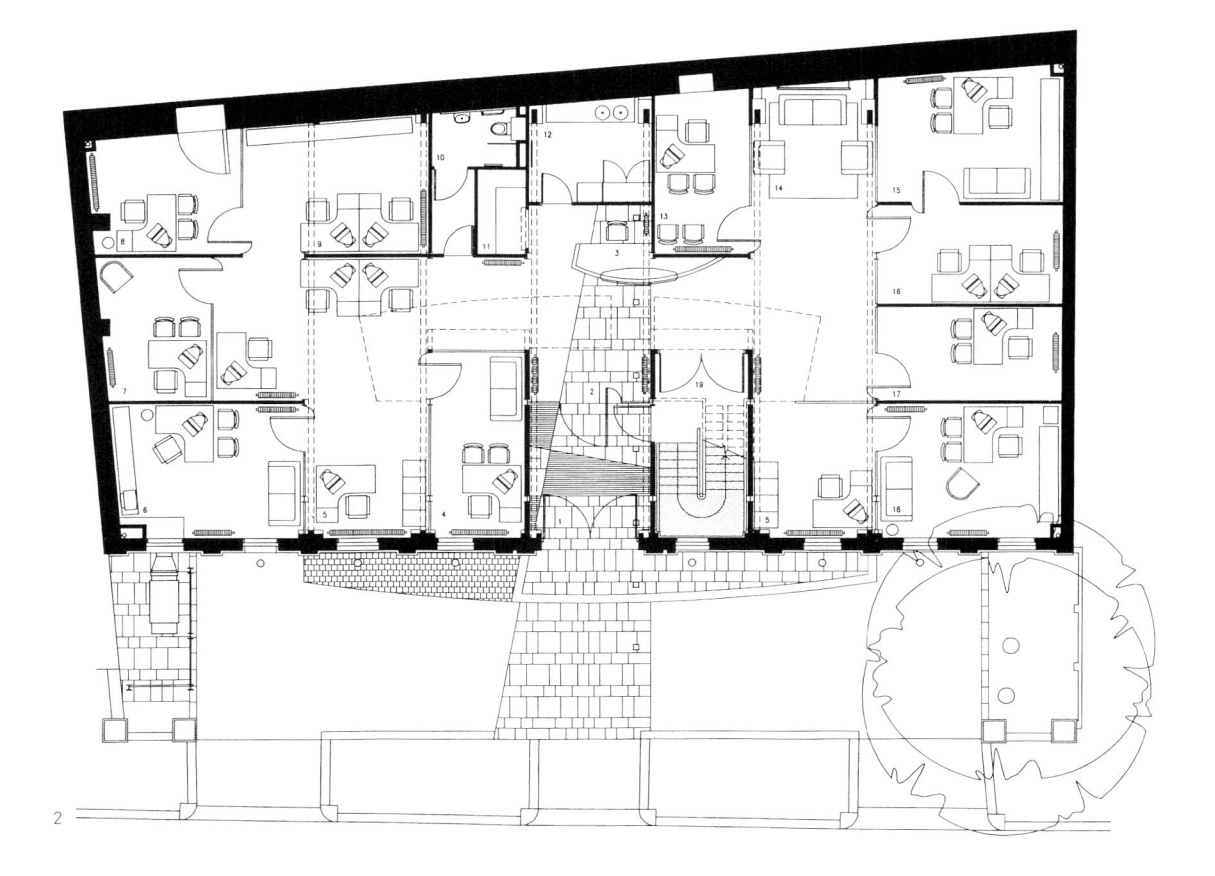

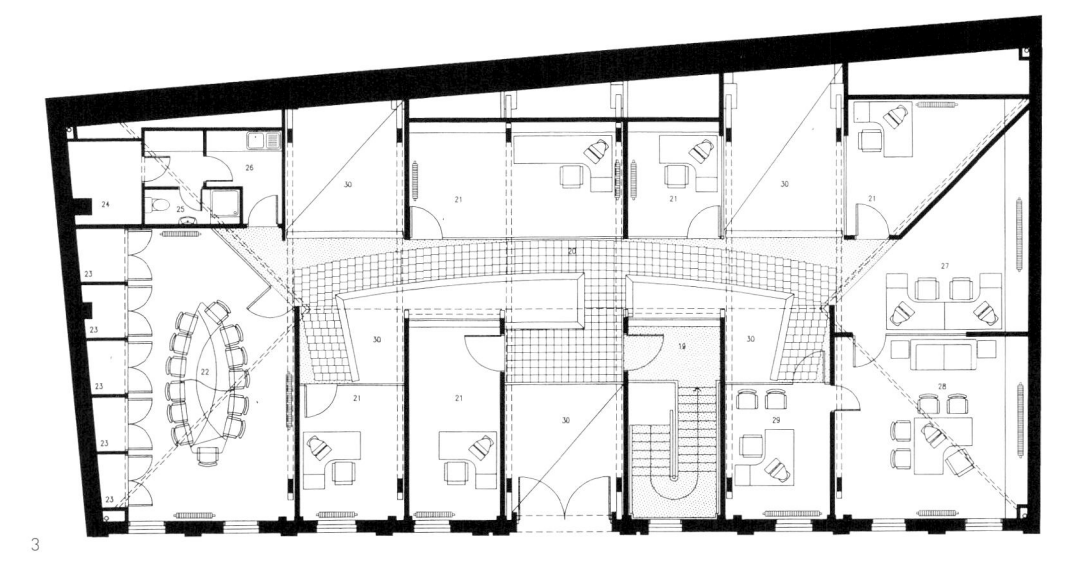

1   La nueva entrada acristalada permite ver la reconversión del interior.

2   Plano de la planta baja

3   Plano del entresuelo

Leyenda
1 Entrada
2 Vestíbulo
3 Recepción
4 Director de «marketing»
5 Asistente de personal
6 Director ejecutivo
7 Director creativo
8 Director de contabilidad
9 Contabilidad
10 WC
11 Sala de correo
12 Cocina
13 Sala de prensa
14 Sala de espera
15 Director internacional
16 Personal de exportaciones
17 Oficina
18 Asesoría Legal
19 Escaleras
20 Puente de vidrio
21 Artistas & Repertorio
22 Sala de reuniones
23 Almacenamiento
24 Maquinaria
25 WC / ducha
26 Cocina
27 Coordinador de A&R
28 Director general
29 Asistente personal
30 Vacío

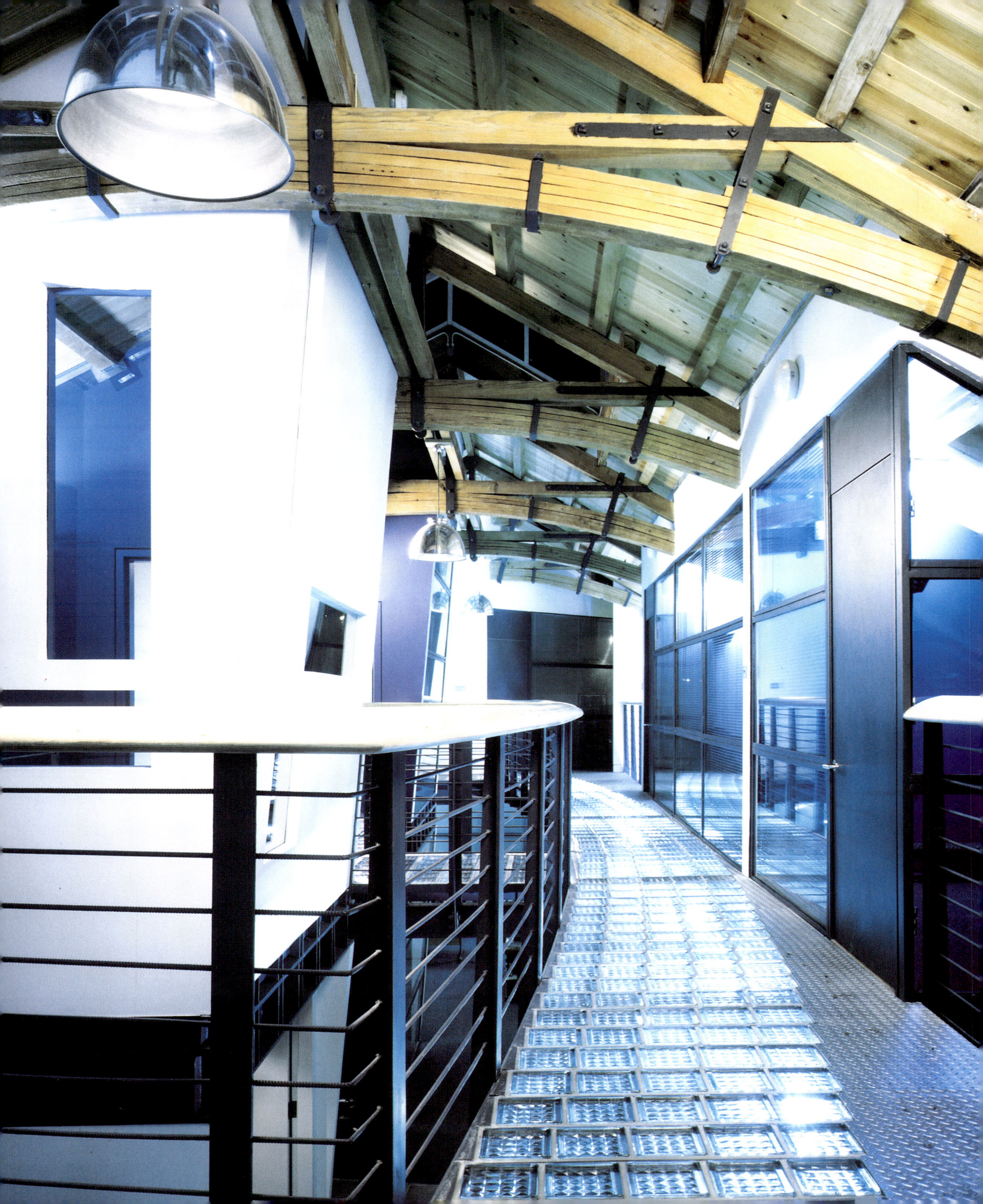

1. Mediante un puente de bloques de vidrio se llega a las oficinas del entresuelo en la sede de esta discográfica independiente.

2. Proyección axonométrica que desgaja los elementos del remodelado edificio de instrucción.

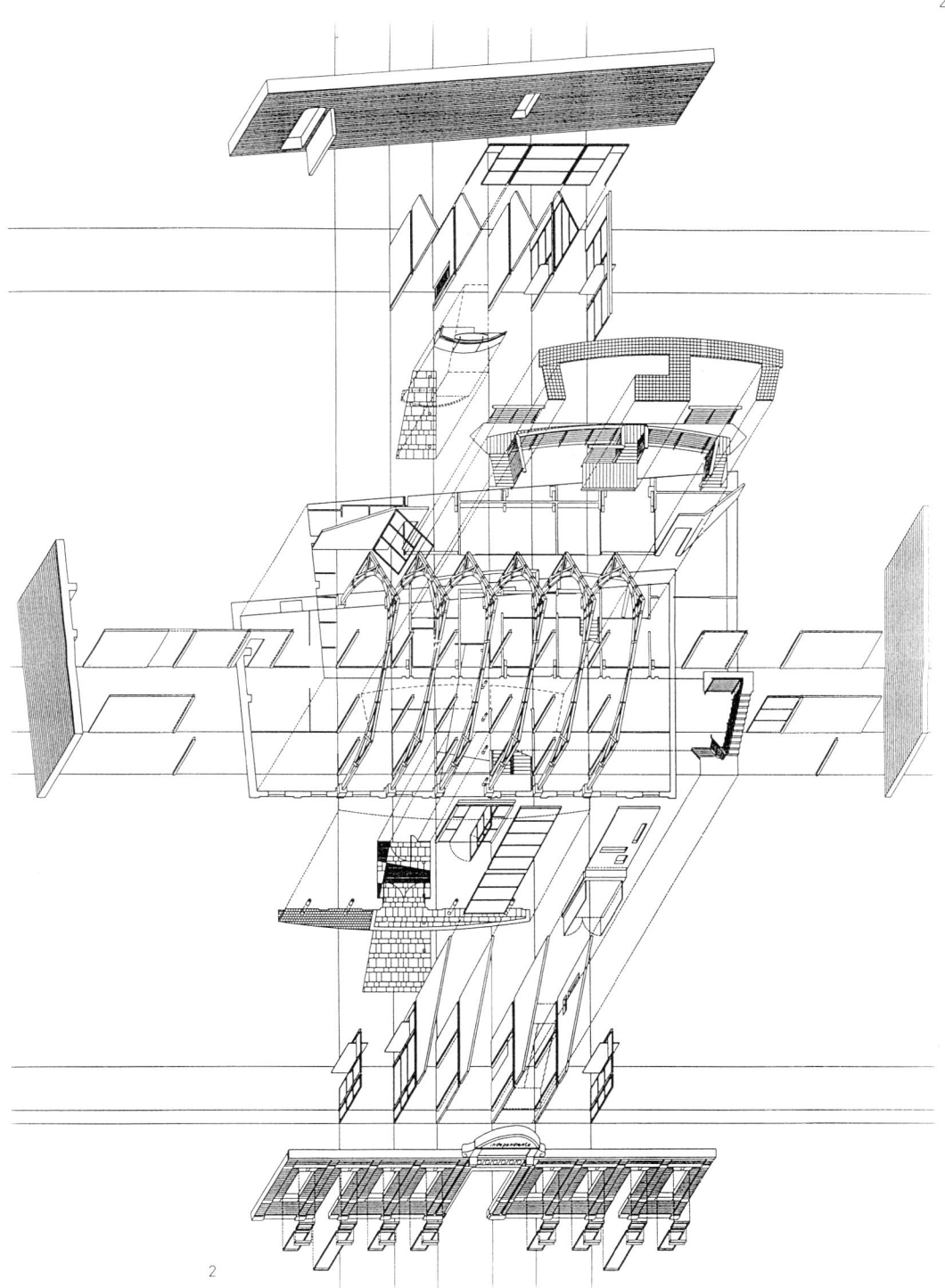

# andersen consulting  EVA JIRICNA ARCHITECTS

EL Edificio Rasin de Praga, un bloque de oficinas situado en una esquina, propiedad de Nationale Nederlanden Bank, fue bautizado como "Fred and Ginger". Su proximidad a una serie de hitos arquitectónicos decimonónicos y sus vistas sobre el Río Vltva, la colina verde de Petrin y el famoso complejo Castle de Praga; animaron a sus diseñadores, Frank Gehry y Vlado Milunic, a abandonar las premisas convencionales arquitectónicas y a construir una controvertida "torre danzante".

El aspecto exterior del Edificio Rasin llama la atención por su pronunciada curva irregular; aspecto que determina la disposición de las diferentes plantas. Pero, para Andersen Consulting, los asesores administrativos conocidos por su innovación en el estilo de trabajo, este reto no supuso ningún impedimento.

Al necesitar una nueva sede en Europa del este, además de un centro para sus instalaciones de formación en la zona, Andersen Consulting decidió ocupar tres de los cinco pisos disponibles. El esquema interior diseñado por Eva Jiricna Architects, en colaboración con Architectural Associates, con sede en Praga; acomoda las necesidades operativas de un cliente exigente, sin disminuir el perfil audaz de la arquitectura típica de Gehry y Milunic.

Este equilibrio se consigue, gracias al uso masivo de particiones de vidrio, que permiten las vistas al interior de la fachada curva del edificio. Este enfoque subraya la apertura de un esquema, en el que se cede, al menos, un tercio del espacio a escritorios móviles. Así mismo, los asesores de proyectos trabajan principalmente fuera de los locales, con lo cual no se les asigna un lugar de trabajo personal; sino que, simplemente, se les reserva un espacio para cuando lo precisen.

La memoria del proyecto especificaba, a partir de una distribución espacial dedicada al intercambio abierto de ideas e información, la necesidad de una serie de salas de conferencias, reuniones y proyección; así como, un centro de formación, en la planta inferior. Para conseguir todo esto, las cubiertas se alinearon a diferentes alturas, se empleó iluminación fluorescente, luminarias de bajo voltaje y aparatos de aire acondicionado.

El mobiliario de conferencias y los escritorios, diseñados por encargo y fabricados en Francia con arce barnizado, metal y vidrio satinado; fomentan, todavía más, la sensación de calma, que impregna el ambiente. Así mismo, el cableado, queda instalado en los despachos, mediante una solapa plegable a la altura del escritorio; y el almacenamiento se organiza en bloques centralizados de armarios.

**lugar**
praga, república checa
**cliente**
andersen consulting
**terminado**
1996
**espacio total del suelo**
1.250 m²
**personal**
55 trabajadores
**coste**
no divulgado

1   El controvertido edificio «Fred y Ginger» de Gehry y Milunic en Praga: un desafío para todos los inquilinos de las oficinas.

2   Una vista interior muestra cómo los paneles de vidrio dejan a la vista la fachada irregular y «danzante» del edificio.

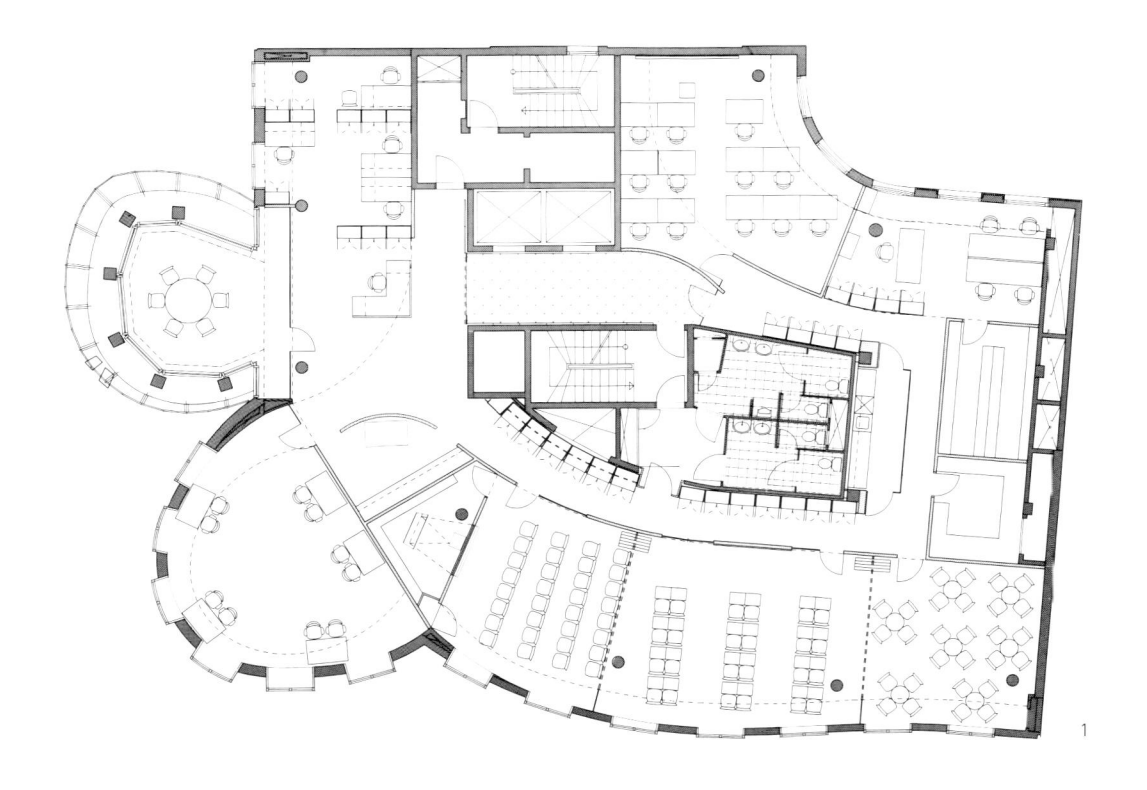

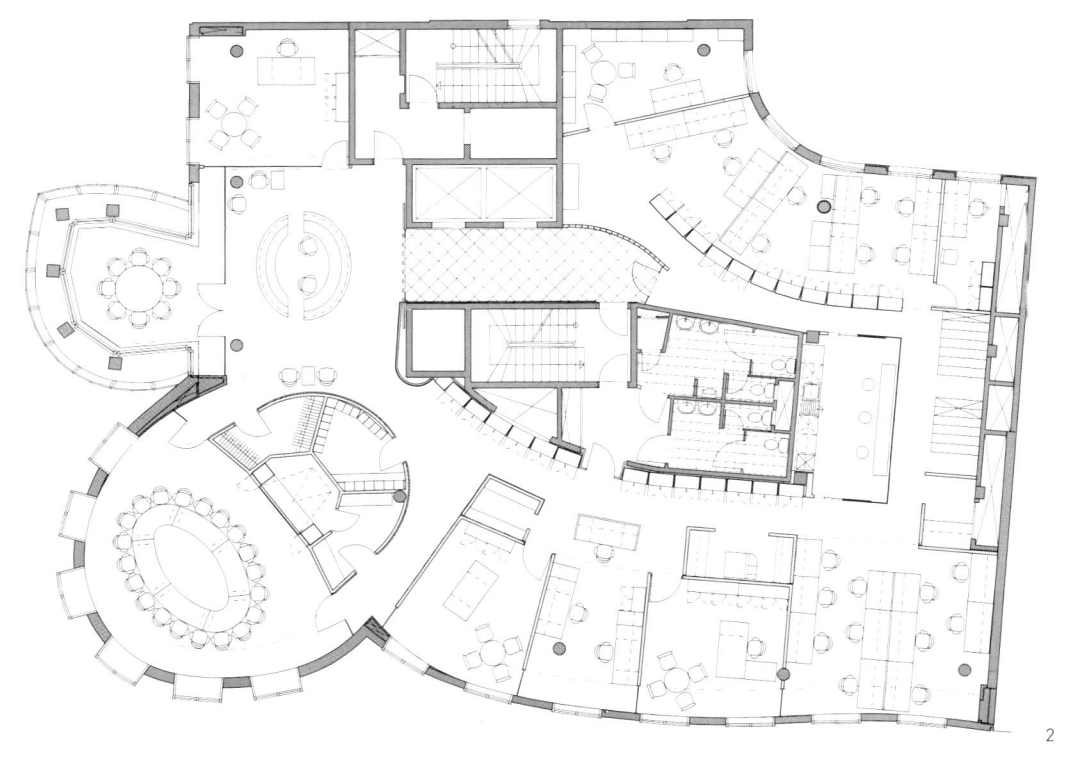

108 OFICINAS

1   Plano de la sexta planta.

2   Plano de la séptima planta.

3   Sala de conferencias que consigue una sensación de ligereza combinando el uso del vidrio con efectos sutiles de iluminación.

# seghers engineering   SAMYN AND PARTNERS

ESTA oficina, sede de una empresa belga de ingeniería, ofrece un entorno de trabajo moderno, minimalista y rigurosamente preciso, dentro de la Destilería Lamot, edificio histórico poco común, construido en 1837 que hasta 1911, sufrió una serie de ampliaciones. Debido a que, desde 1950, permanecía cerrada, la tarea de los arquitectos, Samyn and Partners, fue convertir esta estructura industrial, en un tipo de oficina profesional donde las ideas pudieran intercambiarse con facilidad.

El complejo de la Destilería Lamot consiste en seis bloques de dimensiones variadas, en forma de paralelepípedo, conectados entre sí y agrupados entorno a un patio, que tiene forma de U. El primer bloque consta de cinco alturas, y está enlazado, por el ala oeste, a un segundo edificio de cuatro plantas, de aspecto más irregular.

El edificio central presenta una planta rectangular y está coronado por una magnífica chimenea cilíndrica. La restauración se inició, a finales de 1998, en «la casa del destilador», en el ala norte; que, durante la primera fase del proyecto, permaneció intacta.

Los arquitectos abordaron la reparación estructural del inmueble, colocando cimientos nuevos y pisos de hormigón, allí donde era necesario. Así mismo, reemplazaron, ladrillo a ladrillo, la mampostería agrietada, para preservar el aspecto externo; salvo en el caso de los nuevos marcos de madera insertados en las ventanas. La investigación sobre cómo maximizar el intercambio social en el emplazamiento, fue posterior.

La escalera de caracol, de acero, se proyectó con la intención de permitir que la luz natural llegase a todos los espacios de trabajo. Este propósito determinó, así mismo, la construcción, entre los dos bloques, de un atrio estrecho para ubicar, además de la citada escalera, un ascensor translúcido. Otra escalera principal de hormigón, forrada de madera, prolonga el atrio hasta las terrazas de vidrio de la cubierta; que en sí, suponen un espacio más de trabajo, poco común y de gran encanto. Por otro lado, el atrio permite la distribución regular de los vanos en toda esta zona destinada a oficinas.

El cableado, ubicado entre las losas de hormigón del suelo y el nuevo piso de madera, atraviesa toda el área laboral. Las oficinas privadas se han aislado mediante paneles transparentes de vidrio estratificado, que llegan hasta las puertas y la cubierta. Las puertas de madera maciza proporcionan el acceso a estas áreas. Los arquitectos diseñaron, por encargo, un sistema de mobiliario compacto para el edificio, inspirado en un enfoque modular, que incorpora paneles deslizantes y apliques de luz indirecta fluorescente. Con especial énfasis en el ahorro de energía, se usa fluorescencia en las zonas de trabajo, lavabos y áreas de tránsito. Sólo el atrio está dotado de iluminación halógena.

Este sencillo y práctico esquema ha dado vida, de forma equilibrada, a un complejo de destilerías, cuyo uso se acomoda, perfectamente, a su función de empresa dedicada a la ingeniería.

**lugar**
klein willebroek, bélgica

**cliente**
seghers engineering

**terminado**
febrero 1997

**espacio total del suelo**
2 225 m

**personal**
115 trabajadores

**coste**
no divulgado

1  Vista exterior de la Destilería Lamot.

2  Una vistosa escalera de caracol atraviesa el atrio estrecho acristalado, entre los dos bloques remodelados.

2

1   La luz natural penetra por el área de reunión, sencilla y funcional.

2   El plano muestra los cinco bloques principales remodelados del proyecto, además de un sexto (sombreado a la derecha) –«la casa del destilador»– cuya conversión se inició en una fase posterior.

3   Terraza acristalada del techo: extensión del espacio de trabajo, con una notable economía de medios.

INTERCAMBIO: SEGHERS ENGINEERING **113**

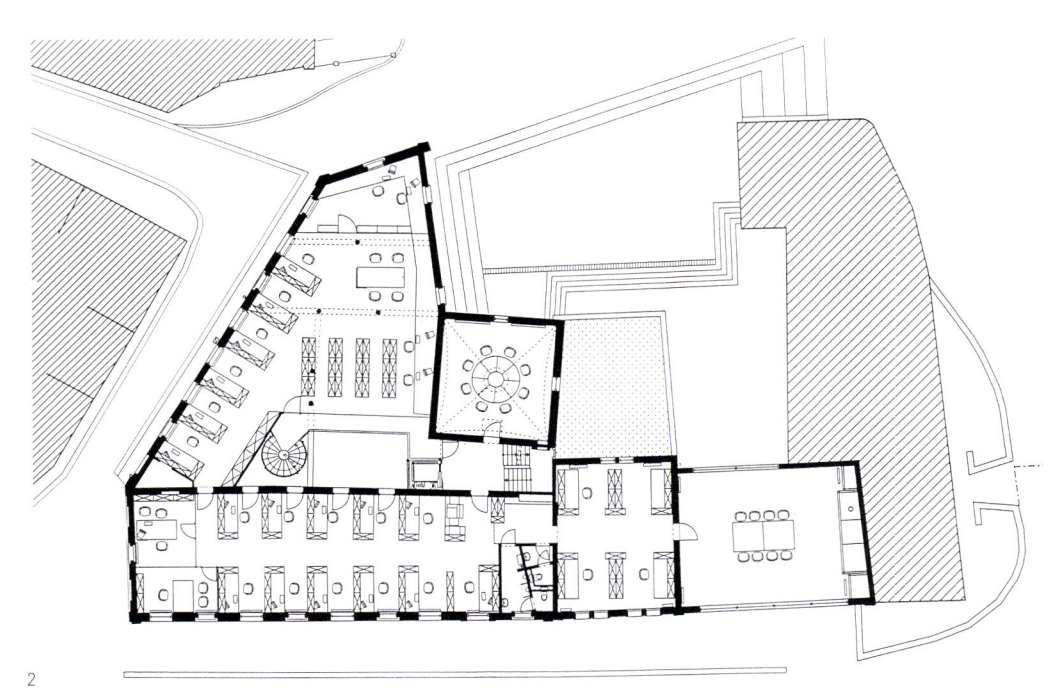

# lowe and partners/sms **SEDLEY PLACE**

LA tensión entre el personal y la organización nunca es tan evidente como en una agencia publicitaria de ámbito mundial, en la que las necesidades de profesionalidad y consistencia corporativa deben equilibrarse con las motivaciones y exigencias personales del departamento de producción, los directores artísticos y los creativos de la empresa.

Este esquema de los diseñadores londinenses, Sedley Place, está ideado para una agencia de Nueva York, propiedad de Interpublic Group. Ocupa cinco plantas de un rascacielos de la década de los años setenta, WR Grace, ubicado en la Sexta Avenida de Manhattan. Presenta un entorno de matices «Art-Decó», en el cual el personal de la agencia puede crear espacios de trabajo que respondan a los gustos y necesidades personales, dentro de un diseño global que permanece constante.

Para lograr este objetivo tan difícil, los diseñadores emplearon en el proyecto las innovaciones técnicas más punteras. En el centro del edificio se encuentra una escalera magnífica de metal y teca, insertada en un hueco que perfora las plantas 19, 20 y 21 del inmueble, característica que mejora la comunicación horizontal y vertical; creando, así, el corazón colectivo de la agencia. Mediante una vidriera iluminada, enorme y artística, de Brian Clarke, conocida como «Chelsea Window», se alumbra el vano de la escalera.

Aunque el desarrollo de la planta emplea esquemas convencionales que agrupan en hileras las oficinas celulares, la mayor parte de la superficie se dedica a zonas comunes, más que a espacio de oficina. Por otro lado, el suelo muestra un ensamblaje espectacular de materiales importados, de la categoría de la pizarra inglesa, el mármol italiano y la piedra caliza de Israel. Además, en ciertos puntos estratégicos de los trayectos de paso, una serie de monitores de televisión, encajados en el suelo, emiten luz y sensación de movimiento. Este proyecto, en consecuencia, presenta muestras constantes de inteligencia y detallismo; incluso, en los cuartos de baño que ofrecen una atrevida interacción entre los materiales.

En el interior de las oficinas celulares, una serie de elementos personalizados proporcionan flexibilidad total al individuo: se incorpora un sistema de iluminación de bajo consumo, basado en sensores que responden al calor o al movimiento del usuario. Cada oficina tiene un sistema de zócalos y marcos de puertas, hechos a medida, para ocultar los cables. Los tabiques de aluminio de las oficinas, también diseñados por encargo, permiten adherir mediante imanes los papeles de trabajo.

Un sistema especial de mesas y escritorios, diseñado por Sedley Place, compuesto de unidades triangulares, cuadradas y trapezoidales, que encajan entre sí, y provistos de diferentes acabados; permiten a los ocupantes crear su propia combinación de muebles, sin ayuda externa. Este tipo de personalización implica una respuesta del proyecto hacia el individuo; aunque, sin olvidar la imagen corporativa global.

**lugar**
nueva york, estados unidos
**cliente**
lowe and partners/sms
**terminado**
marzo 1998
**espacio total del suelo**
15.000 m²
**personal**
500 trabajadores
**coste**
no divulgado

1 Vista interior que refleja la inspiración «Art Decó» de esta oficina ubicada en Manhattan. Los umbrales de las puertas consisten en capas interiores chapadas; mármol, pizarra, e, incluso, pantallas de televisión incrustadas en los pisos de piedra caliza.

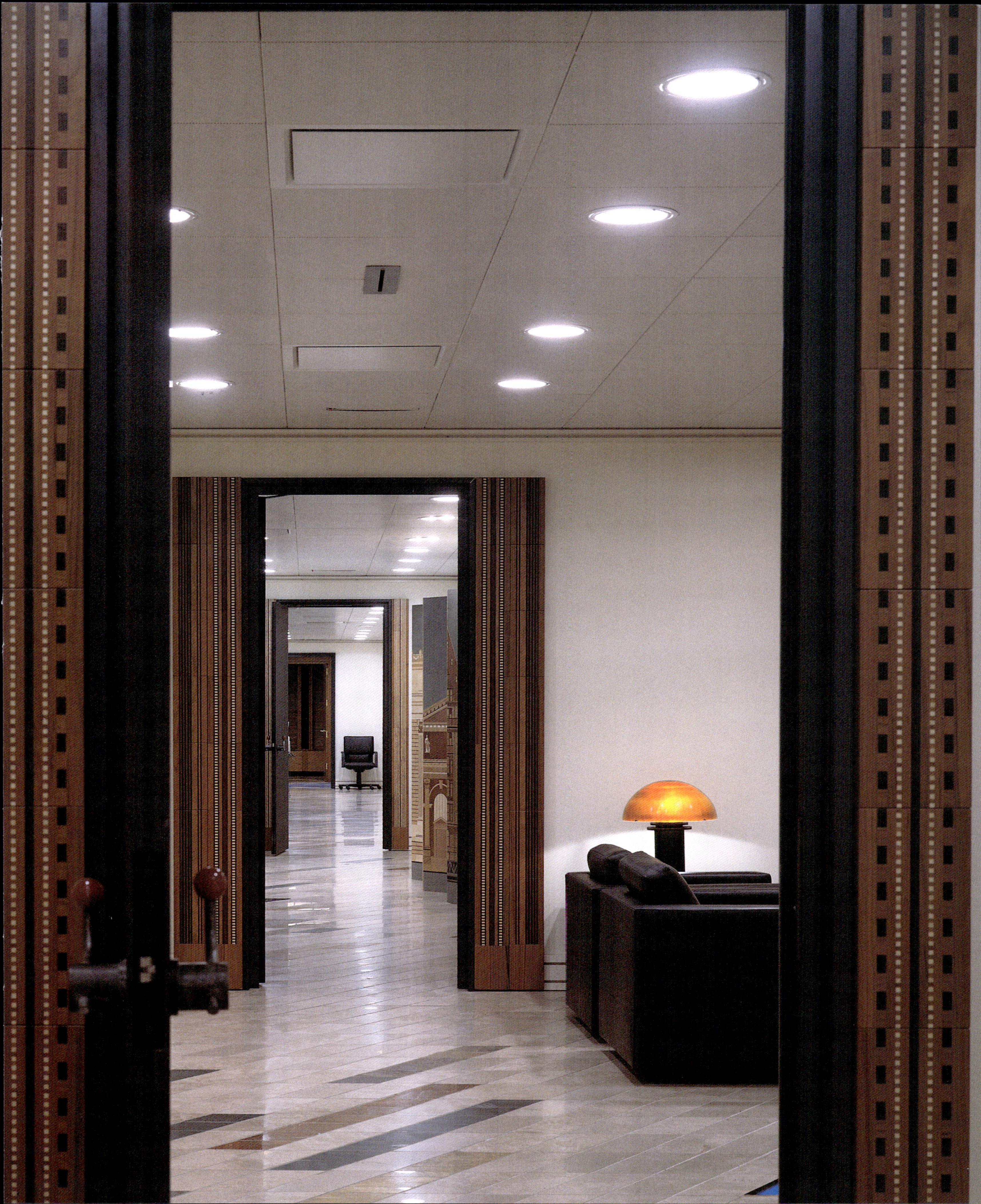

1 Escalera con magnífica decoración que une las tres plantas de la agencia y mejora la movimiento del personal, tanto vertical como horizontal.

2 Peldaños de la escalera de teca, con incrustaciones de maderas variadas.

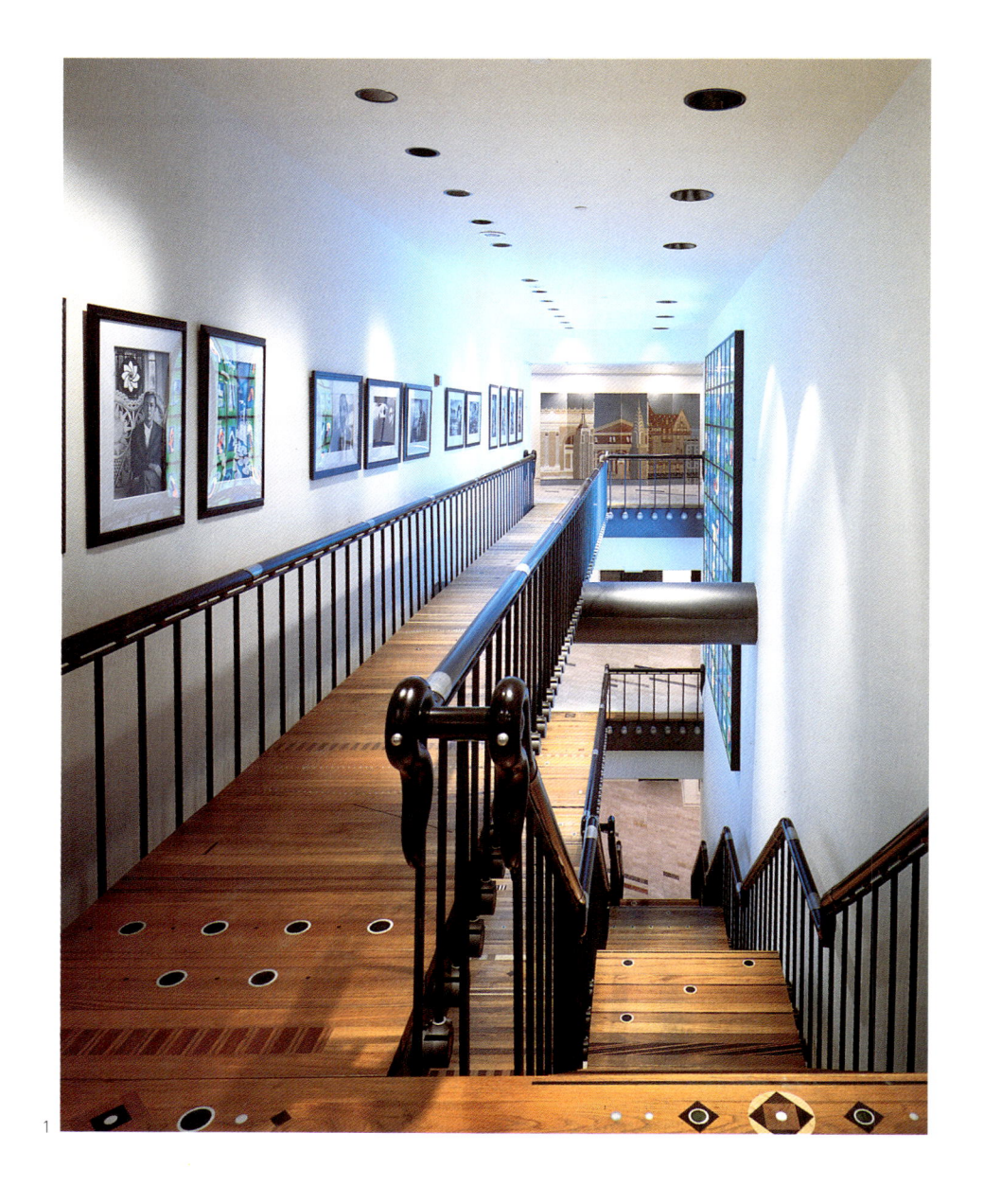

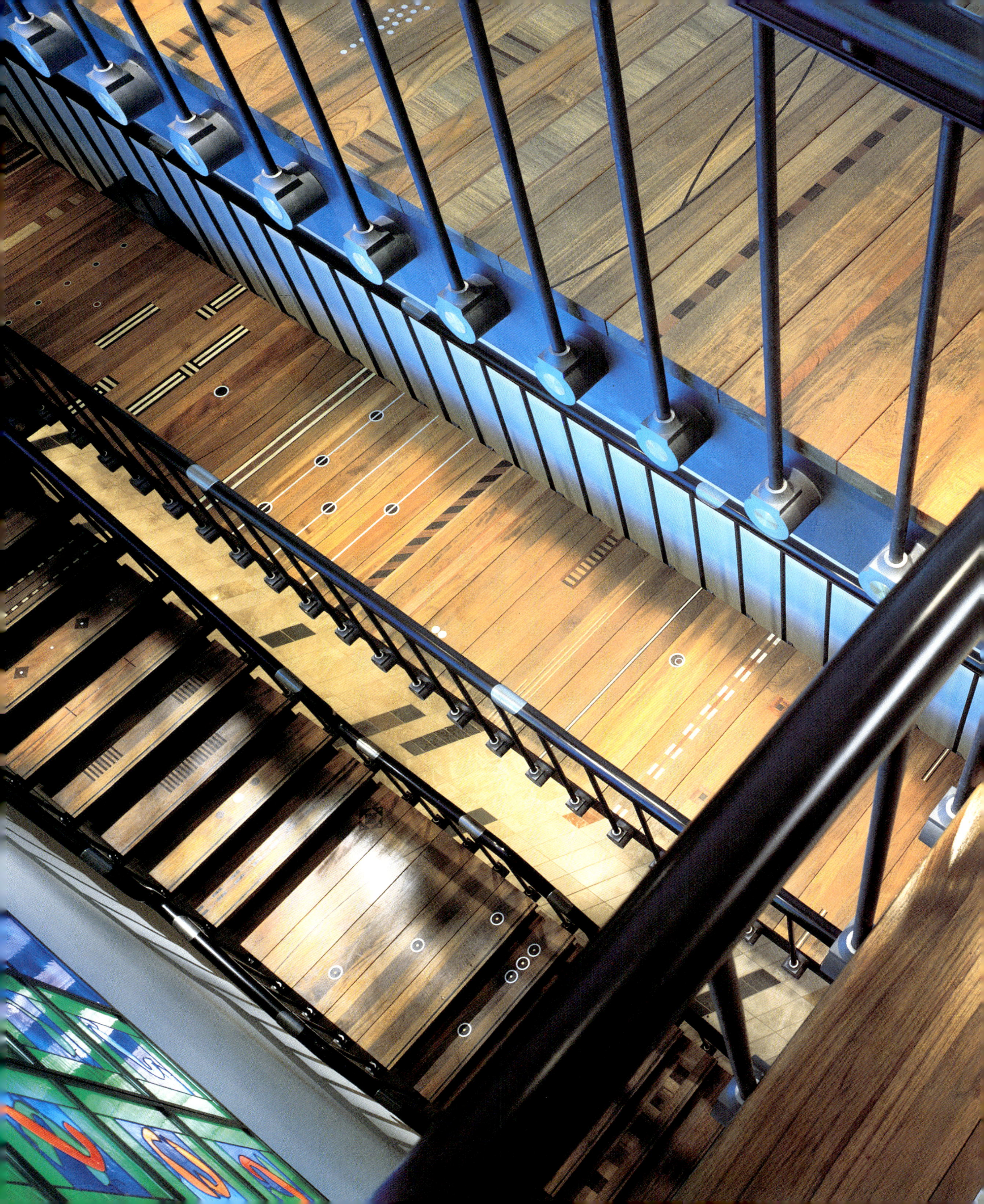

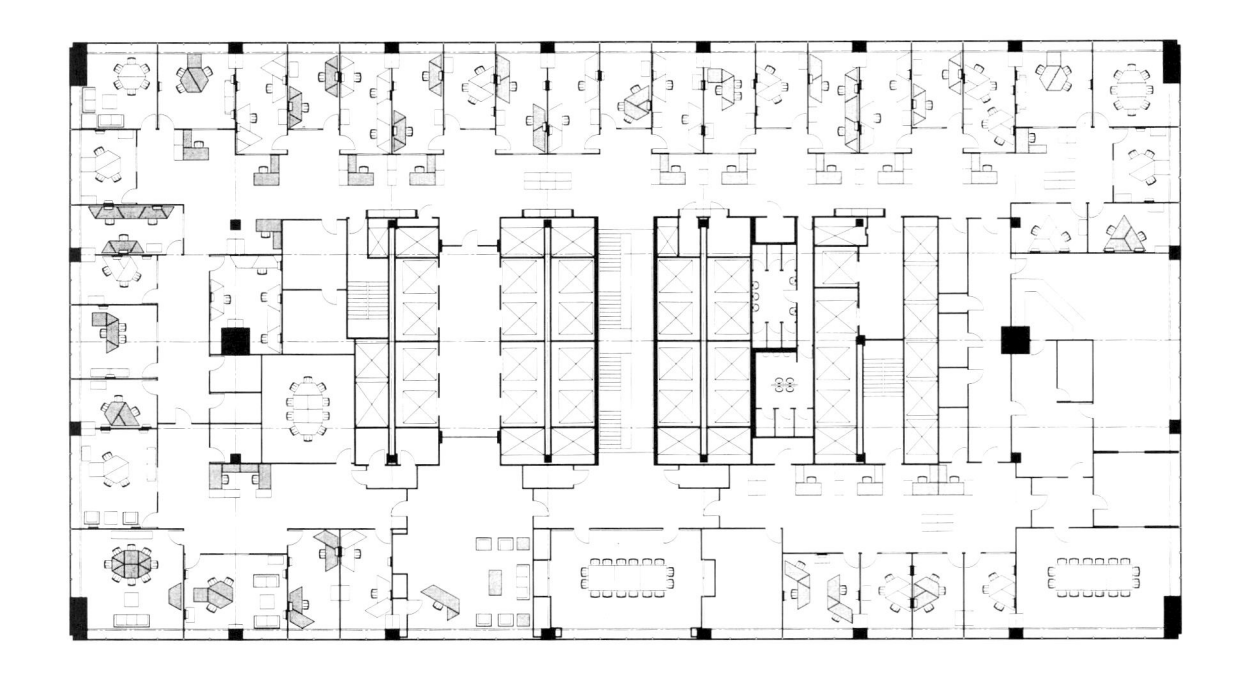

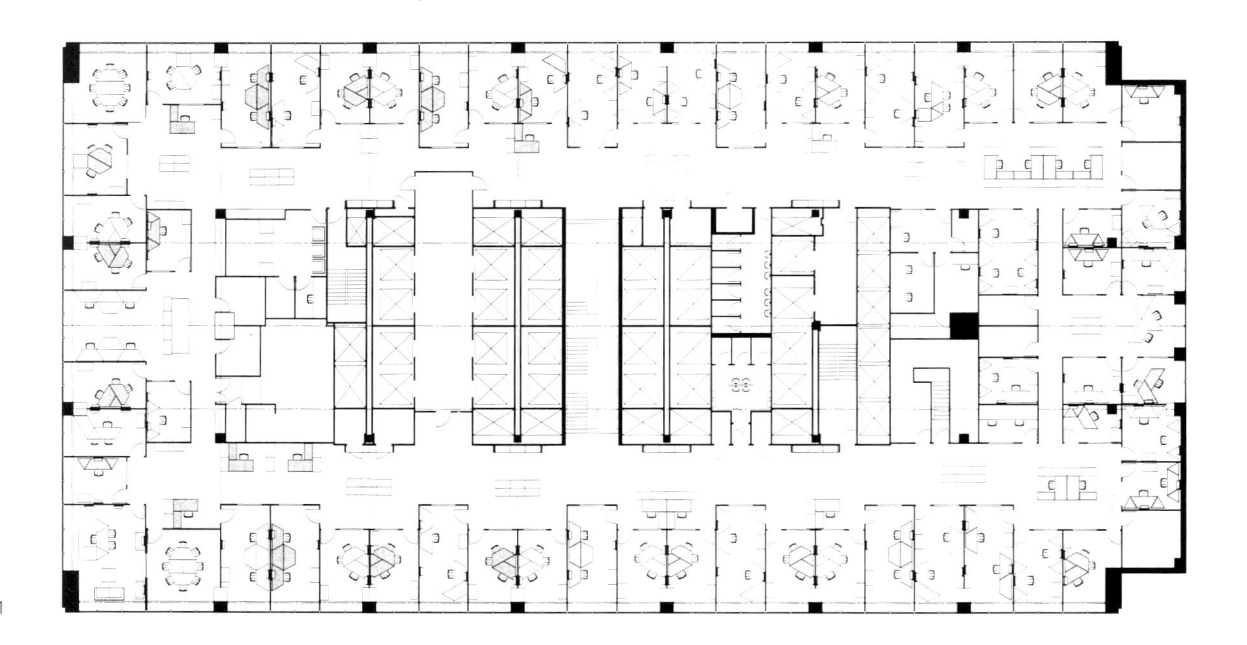

118  OFICINAS

1

2

1. Planos de las plantas 20 y 21
2. Los cuartos de baño muestran la inspiración «Art Decó», con pisos de pizarra y armarios de espejo, ribeteados en madera de cerezo.
3. Oficina privada que permite una gran personalización individual. El mobiliario con unidades triangulares, puede reorganizarse fácilmente. Las luminarias son móviles y los paneles metálicos de la pared permiten la sujeción de notas mediante imanes.

# centro de diseño e ingeniería de rover

**WEEDON PARTNERSHIP**

COMO respuesta a la feroz competitividad que se da en la industria del automóvil, el fabricante británico Rover, centralizó en un solo edificio todas sus instalaciones dedicadas al diseño y la ingeniería. El nuevo centro pretende reducir, considerablemente, el tiempo comprendido desde el concepto a la fabricación de nuevos modelos. El arquitecto Terry Lee, de la Weedon Partnership, estudió las pautas de trabajo de los diseñadores e ingenieros de Rover, con el fin de acercarse a la manera en que querrían compartir el conocimiento y la información. El edificio de pruebas y ensayos de ingeniería resultante, de 364 hectáreas, en Warwickwhire, es un testimonio espectacular de este enfoque cooperativo: no sólo reúne bajo un mismo techo a todo el personal de Rover; sino que también, sirve de expositor comercial de la empresa, compuesta por las marcas Rover, Land Rover y MG. El núcleo, elegante y aireado, se extiende alrededor de una calle interna, que discurre de este a oeste. La amplitud de esta vía es crucial, debido a la necesidad de mover vehículos grandes sin motor, desde los talleres hasta otras partes del complejo. En el extremo oeste de la calle, donde se ubica una cafetería y diversas áreas informales de reunión, se hallan las instalaciones de diseño de alta seguridad, donde se encuentra el estudio principal y los estudios destinados a la aplicación del color. Al norte de la espectacular área de recepción, existe un bloque de cuatro plantas, compuesto por las oficinas de los directivos y la sala de dirección, en la altura superior; dos pisos para los 650 ingenieros; y una red de salas de reunión, en la planta baja, usadas por todas las divisiones del Grupo Rover. También existe una sala de exposiciones, que da hacia un patio interior. Las principales áreas de oficina no tienen tabiques, son espaciosas y claras, y poseen vistas sobre el campo de los alrededores. Allí encontramos piezas de vehículos o vehículos completos, que reflejan la relación entre las personas, el proceso y el producto. Una parte fundamental del proyecto consistió en el desarrollo de una gama de mobiliario personalizado -valorado en un millón de libras-, específico para su uso en el edificio; que fue diseñado y fabricado por la empresa británica Project. Consta de una serie de partes encajables, que ofrecen al equipo la flexibilidad de planificación necesaria. En el edificio, todos trabajan en un espacio diáfano, excepto el director general y el director de arte; lo que supone un tributo al ambiente interdisciplinario que existe en este centro.

Permite, además, que el proceso de desarrollo de automóviles, que requiere altos niveles de seguridad y privacidad, pueda llevarse a cabo en un entorno tan abierto y atractivo.

**lugar**
gaydon, warwickshire, reino unido

**cliente**
rover group

**terminado**
octubre de 1996

**espacio total del suelo**
30.380 m²

**personal**
1500 trabajadores

**coste**
29,3 millones de libras

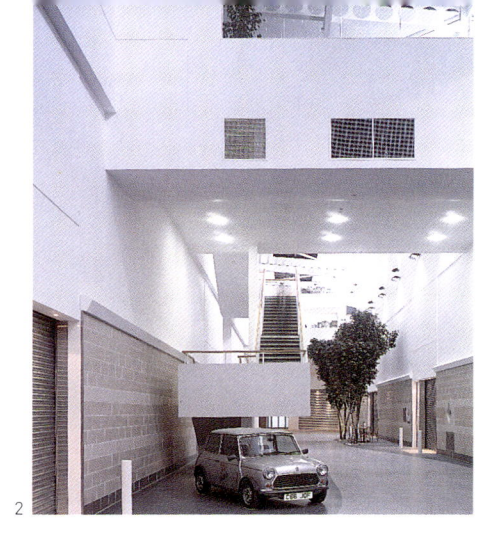

1   Dos hileras sin tabiques del emplazamiento destinado a los ingenieros de Rover: el mobiliario es un diseño exclusivo para la empresa.

2   Vista del pasaje central interior, diseñado para promover la interacción entre el personal.

INTERCAMBIO CENTRO DE DISEÑO E INGENIERÍA DE ROVER

1  Plano de la planta baja

2  Sección

3  La calle interior, suficientemente ancha como para introducir vehículos sin motor, desde y hasta los talleres, dispone de una cafetería y diversos espacios de reunión. Constituye, en sí, el corazón creativo de las instalaciones.

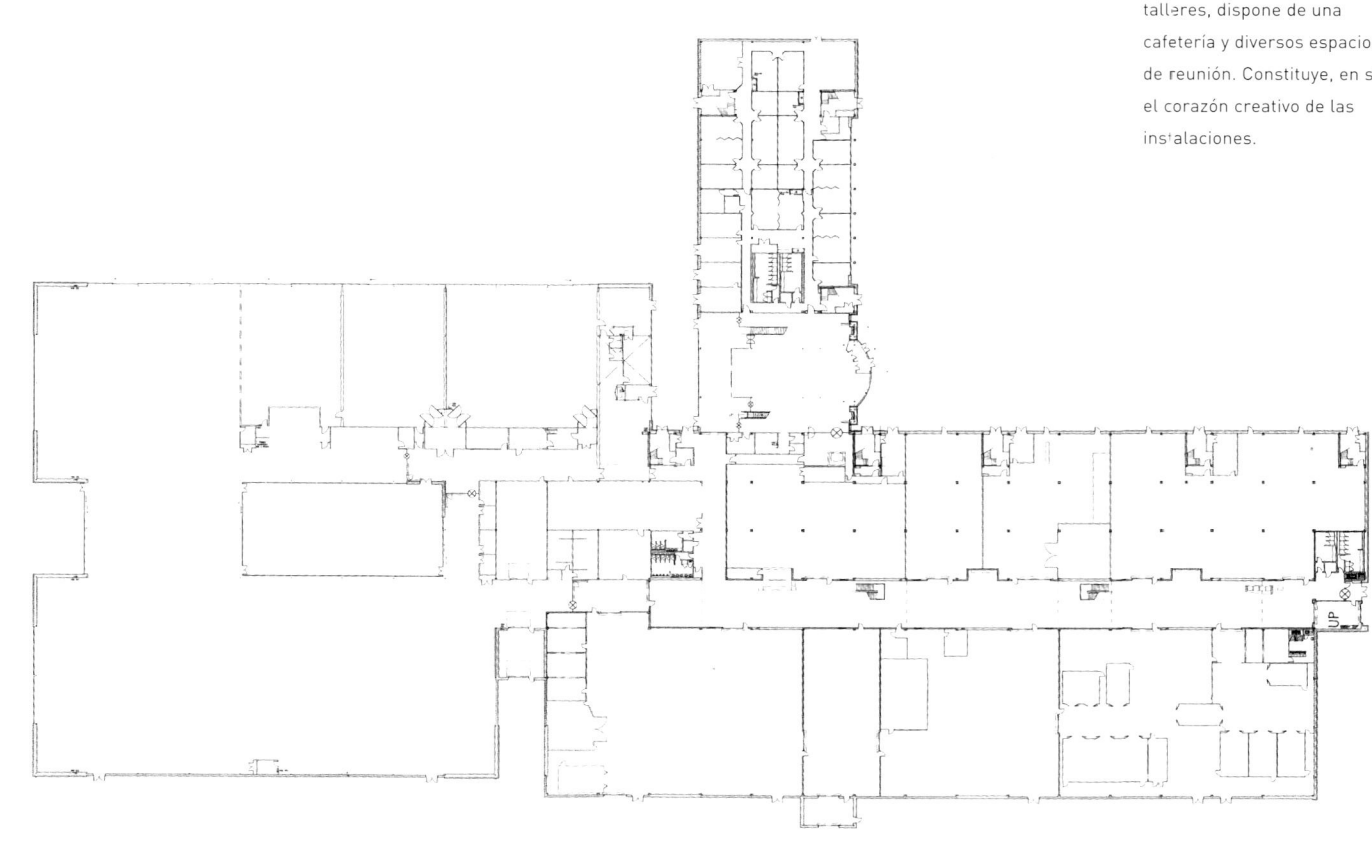

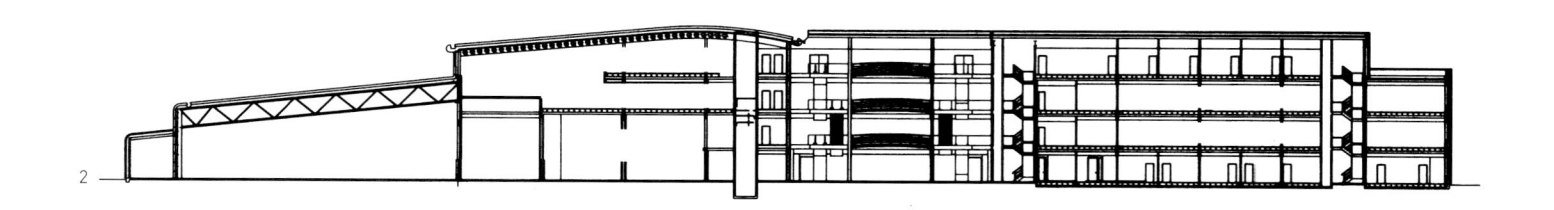

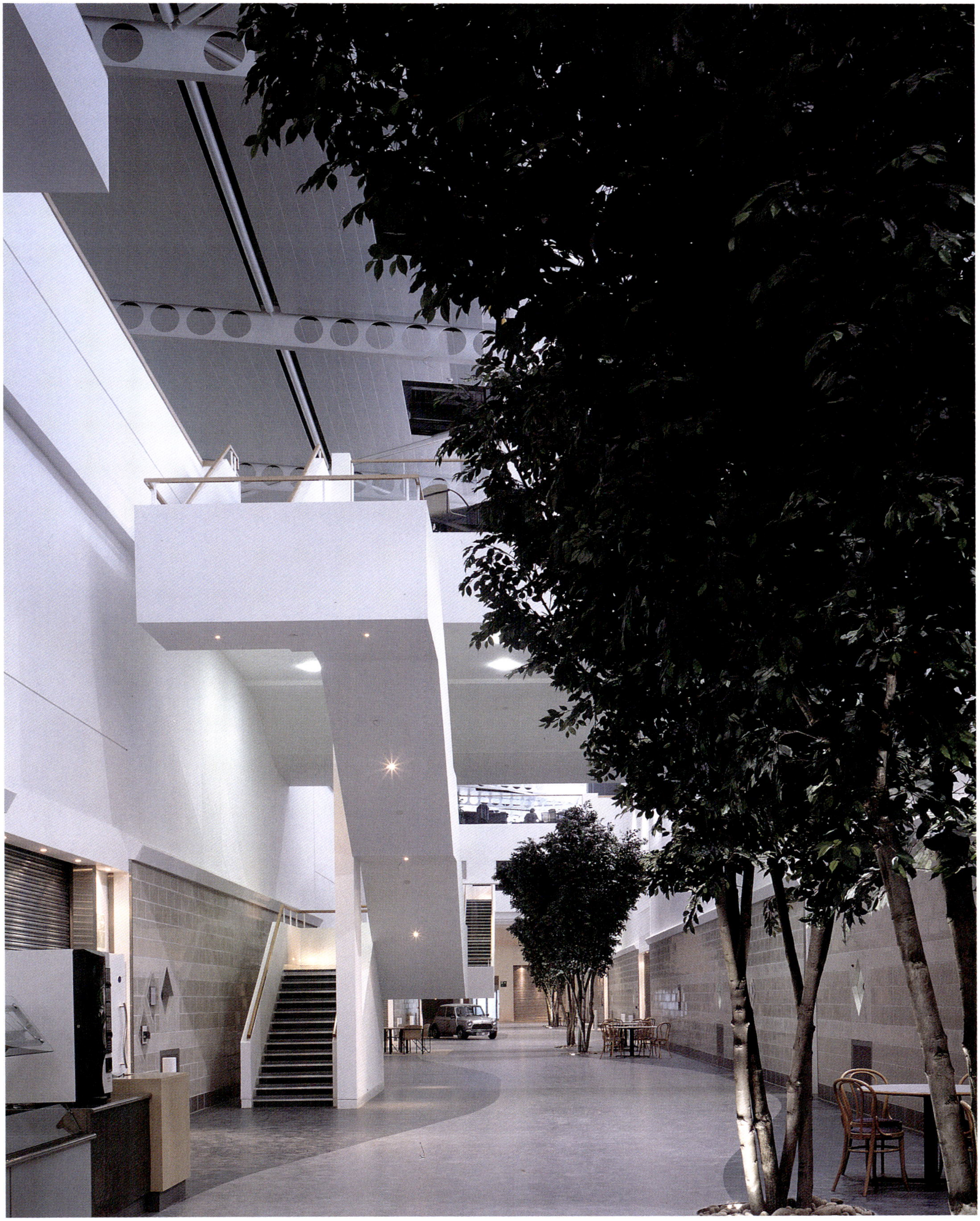

3

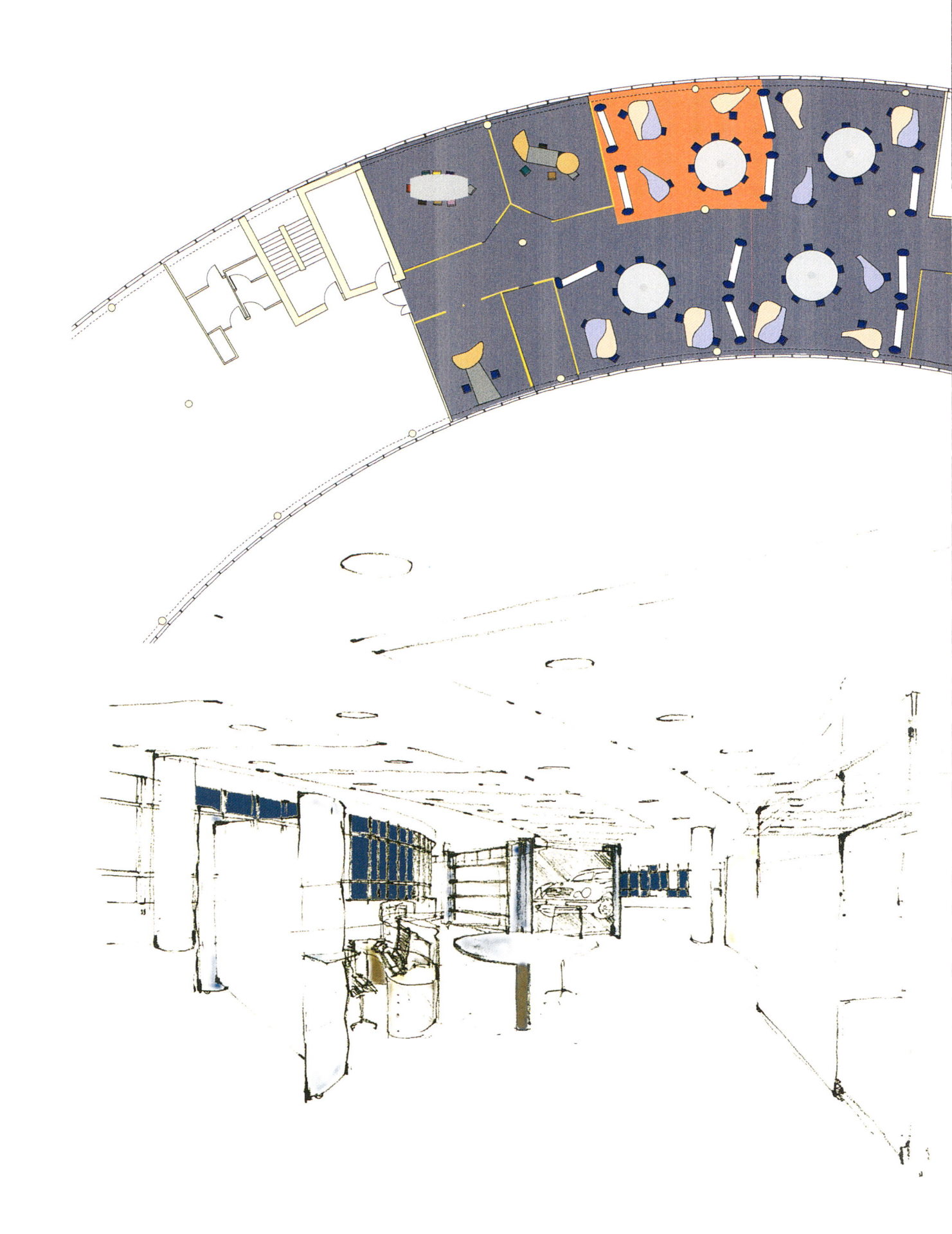

intercambio **concepto**

124 OFICINAS

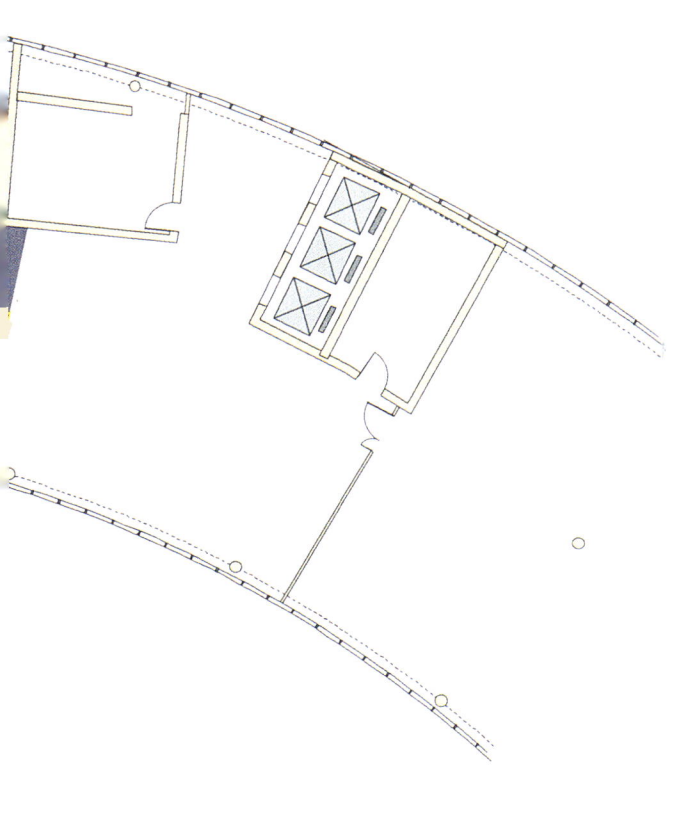

# oficina para el sector automovilístico
**MAHMOUDIEH DESIGN**

EL concepto de «oficina de intercambio» fue desarrollado por Mahnoudieh Design, para las oficinas de un destacado fabricante alemán de automóviles.

El diseño prescinde de las oficinas celulares y crea un espacio abierto, con capacidad para seis u ocho personas, ideal para el trabajo en equipo. Dentro de cada área, los usuarios pueden elegir entre un entorno que les permita trabajar de pie o sentados, con escritorios ajustables o en una mesa redonda central compartida.

Los trabajadores obtienen privacidad suficiente gracias a un ropero situado en cada extremo de los habitáculos, además de un mueble flexible que cuenta, por un lado, con una zona de almacenamiento; y, por el otro, con una versátil superficie que sirve, tanto para proyectar como para escribir. En este espacio, todos los trabajadores cuentan con teléfonos inalámbricos de uso interno, que les permiten una flexibilidad total. Para mayor privacidad, los usuarios pueden ocupar una de las «células de pensamiento», donde pueden telefonear o simplemente trabajar.

Aquí se muestra un plano y una vista del interior, con bocetos que dan cuenta de la flexibilidad del mobiliario (abajo).

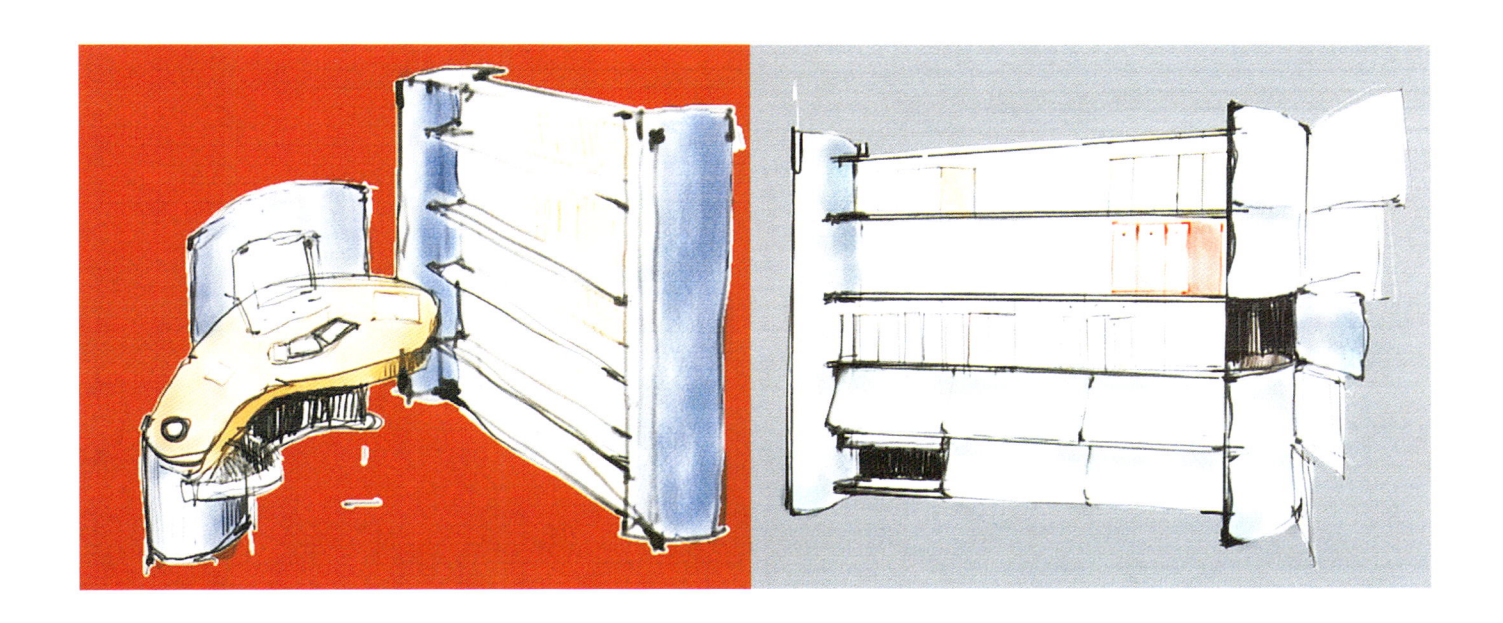

ANTIGUAMENTE, las oficinas se situaban en emplazamientos en los que no había cabida para la sociabilidad y la comodidad. Los ámbitos laborales, donde el contacto social no estaba bien visto, eran funcionales e impersonales. Sin embargo, en la llamada oficina creativa se reconoce, cada vez más, el hecho de que el trabajo implica una dinámica social productiva y valiosa. Existe un nuevo enfoque de la actividad realizada en el interior de las oficinas, en el que se

comu

recrea la chispa y el color de la vida real en la ciudad, mediante el diseño de barrios y plazas, cafés y bulevares, como espacios de trabajo. Las comunidades de trabajadores y las relaciones sociales que surgen de esta forma de pensar, a menudo producen estilos de trabajo más creativos y cooperativos. La siguiente selección de proyectos de oficinas sirve de claro ejemplo de este concepto de comunidad.

# nidad

# nortel brampton centre

**HELLMUTH, OBATA + KASSABAUM**

TRAS haber reconvertido una antigua fábrica de conmutadores digitales, construida en 1963, en su nueva sede de ámbito mundial; la empresa de comunicaciones Nortel ha creado un entorno poco común y muy apropiado. La amplitud del solar requería que el arquitecto tuviera en cuenta tanto el espacio, como con su orientación, y adoptase, para descomponer la antigua fábrica, un enfoque similar al de la planificación urbana; creando, así, un sentido nuevo de comunidad.

El espacio se dividió en áreas distribuidas por «barrios»: cada uno posee sus propias instalaciones de conferencias, módulos privados, y un espacio conocido como la «sala de guerra», en el que se planean estrategias competitivas. Dichos barrios ofrecen a los trabajadores posibilidad de elegir el lugar de trabajo y, en efecto, los «ciudadanos» son libres de diseñar su propio entorno laboral local. Algunos eligen el «cubo» y otros crean espacios más caóticos. Este enfoque adaptable, ha creado un entorno variado y dinámico, que responde a las necesidades cambiantes de la comunidad que alberga.

Cuando una oficina se asemeja a otra, parece una simple coincidencia. De hecho, este entorno diseñado para unir a las personas fomenta el movimiento continuo y la interacción. Las banderolas y la señalización de las calles, clasificadas por colores -como el llamado «corto circuito»-, facilitan la orientación y definen los recorridos por el interior del edificio. El entorno anima al personal a aceptar riesgos y a aprender continuamente.

Los materiales se han usado de manera muy efectiva, para separar distintas áreas: las «calles de acceso» se han cubierto de hormigón y piedra, y las «calles secundarias y callejones», de vinilo. Esta demarcación se extiende a otros elementos de la instalación, donde las paredes de los «edificios públicos», como, por ejemplo, las de conferencias y el comedor, se han construido con hormigón; mientras que, las paredes de las áreas de oficina son de tablero de yeso convencional.

No se ha ocultado el origen industrial del edificio y se ha superpuesto una pared curva de vidrio sobre la antigua fachada de la fábrica. El arquitecto aprovechó los elementos visuales más importantes del inmueble y el interior refleja su herencia industrial. Debido a la ausencia de los habituales espacios vacíos donde se oculta el material destinado a la tecnología y los diferentes servicios, todos los cables han quedado a la vista, y son conducidos a las áreas de trabajo, gracias a unas estructuras de enrejado que recorren las calles principales.

Evidentemente, en Brampton, el arquitecto ha creado un entorno en el que la comunidad de trabajadores, no sólo es dueña del espacio, sino que lo ha adaptado y mejorado.

**lugar**
toronto, canadá

**cliente**
northern telecom

**terminado**
diciembre de 1996

**espacio total del suelo**
55.740 m

**personal**
3000 trabajadores

**coste**
50 millones de dólares

1  La calle principal en la sede de Nortel refleja el enfoque de «planificación urbana», a través de las fachadas de los edificios y la señalización.

COMUNIDAD: NORTEL BRAMPTON CENTRE **129**

1 El personal puede adaptar su propio entorno y crear un espacio acomodado a su ritmo de trabajo, como demuestra la zona habilitada para equipos, en la ilustración, dotada de gran flexibilidad.

2 La entrada principal muestra la nueva fachada de vidrio, colocada sobre la entrada original de la antigua fábrica.

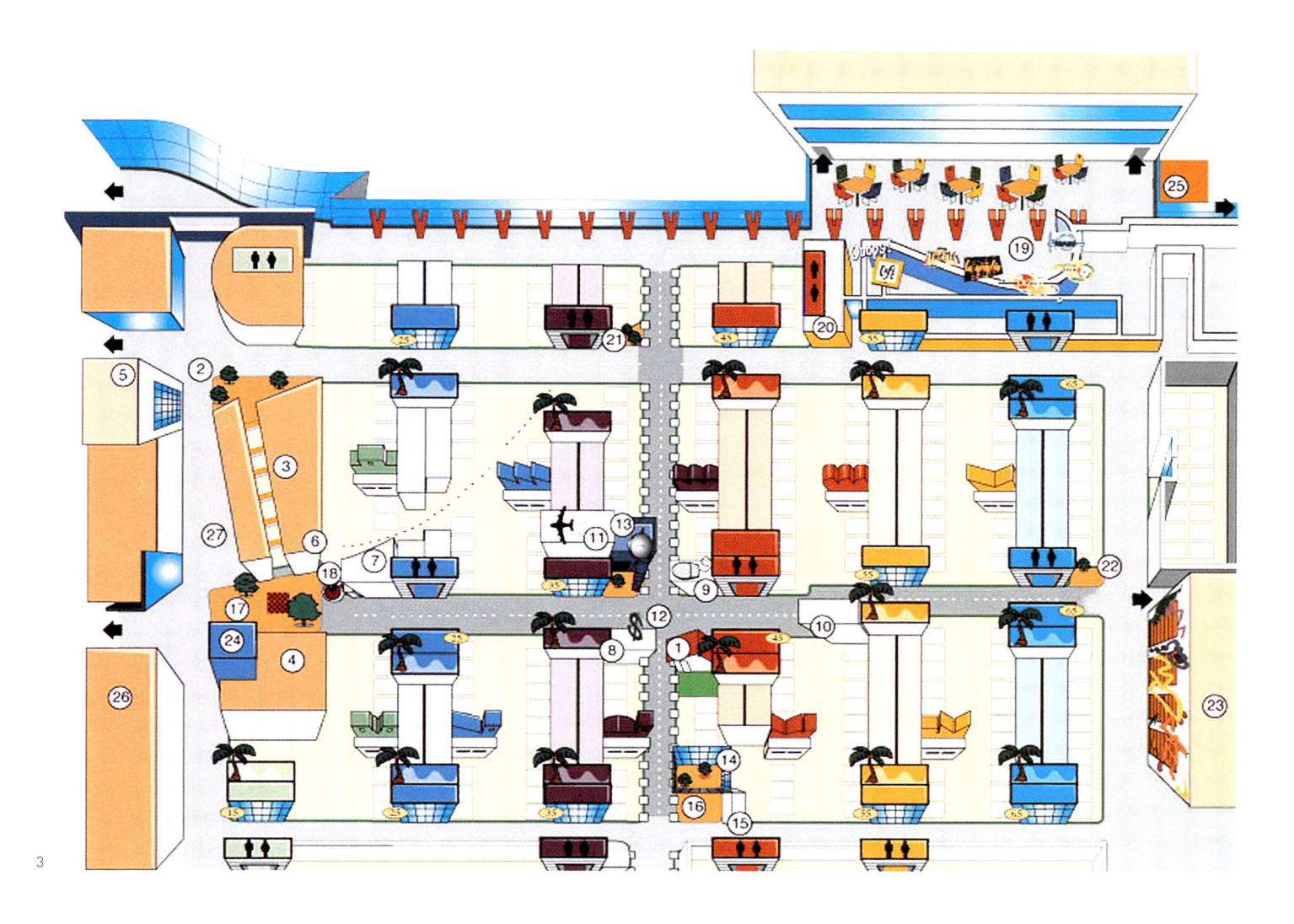

3 Plano que muestra los «barrios» y la metáfora de la planificación urbana.

1 Punto de información
2 Sala de Socios
3 El Intercambio
4 Centro de salud
5 Centro de negocios
6 «Cibercafé»
7 Biblioteca
8 Centro financiero
9 «Cibertienda»
10 Tienda
11 Agencia de viajes
12 Plaza de las redes
13 Satélite digital
14 Lugar de Reflexión (jardín zen)
15 Café popular
16 Rincón popular
17 Parque del emprendedor
18 @java.cup (cafetería)
19 Patio
20 Caja de ahorros Nortel
21 Punto de percepción
22 Esquinas de la creatividad
23 Los muelles
24 Centro de gestión de emergencias
25 Terraza
26 Cantera de ideas
27 Plaza del comercio

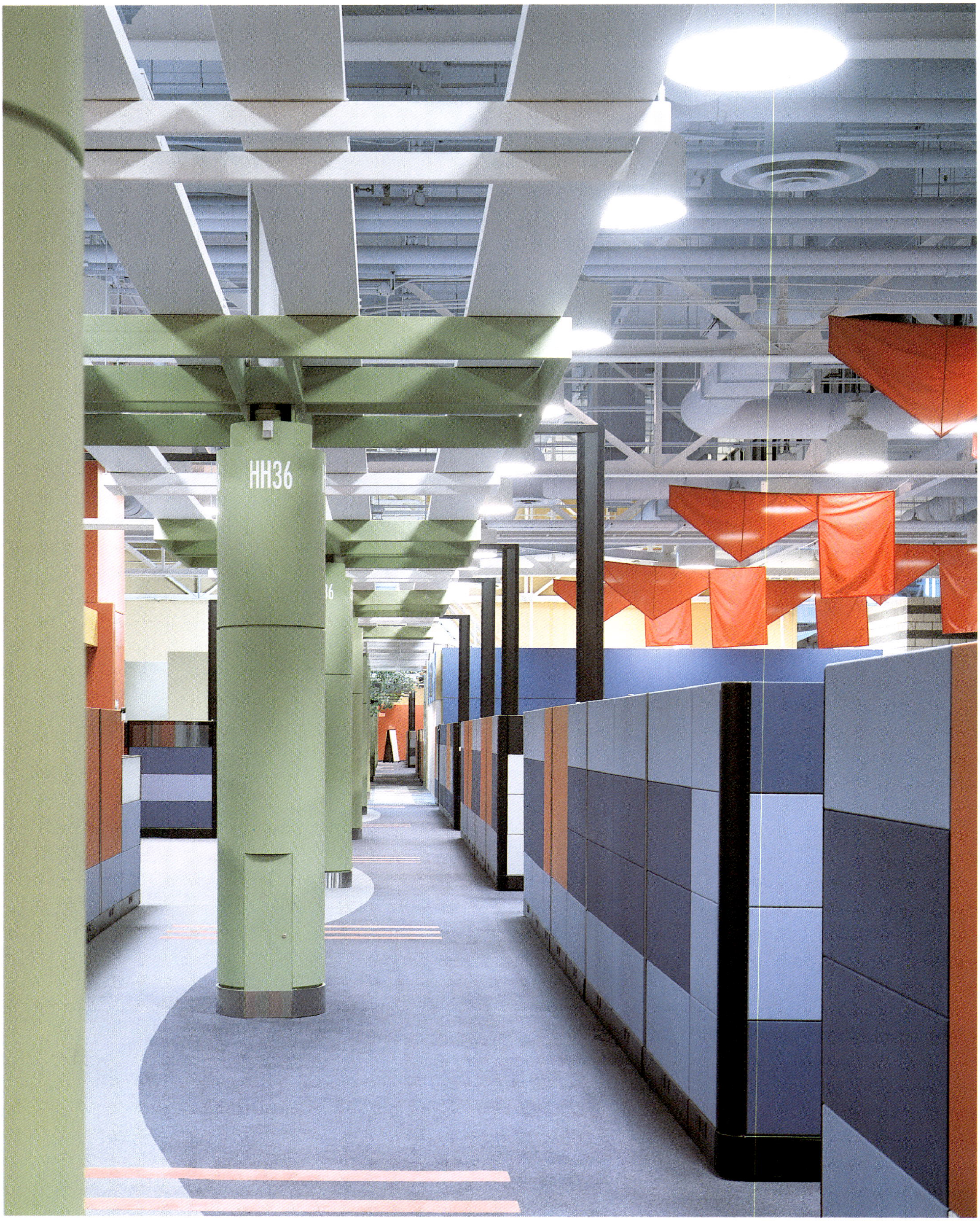


1

2

1   La distribución superior del cableado conserva el ambiente industrial. Las banderolas de colores se usan para dividir espacios y facilitar la orientación.

2   El Internet café es una de las numerosas instalaciones comunitarias de descanso que se reparten por todo este creativo lugar de trabajo.

# ministerio de defensa  **PERCY THOMAS PARTNERSHIP**

LOS empleados de la Ejecutiva de la Procuraduría del Ministerio de Defensa británico, son los responsables, entre otras cosas, de la adquisición de equipamiento -desde radios de campaña, hasta aviones de combate- para las Fuerzas Armadas. Tradicionalmente, los diferentes departamentos que forman esta institución, han estado dispersos en distintos emplazamientos. Sin embargo, el nuevo campo de trabajo de Abbey Wood representa un espectacular ejemplo de ingeniería social, ya que une a una plantilla de 4400 empleados -procedentes de 15 oficinas distintas de Londres, Bath, Portland y Portsmouth- en un único emplazamiento de 39 hectáreas, justo en las afueras de Bristol. Esta previsto que, en el futuro, el número de trabajadores de las oficinas de Abbey Wood, sobrepase los 6000 trabajadores.

El principal temor de los vecinos del área consistía en que el nuevo emplazamiento se convirtiera en una monstruosa base de defensa, un "Pentágono del Oeste"; pero, los arquitectos Percy Thomas Partnership han diseñado el terreno, basándose en el concepto de "pueblo verde". De hecho, el complejo está situado en un bosque y se encuentra rodeado, no de alambre de espino, sino de un lago artificial, que actúa a modo de foso de seguridad. Abbey Wood posee, en total, 13 edificios, de cuatro alturas como máximo, que funcionan con energía de bajo consumo. Dichas construcciones se agrupan en cuatro barrios que cuentan con una "calle cubierta", salas de reunión y sus propios servicios de "catering".

Dentro del complejo ajardinado, agradable y diáfano, encontramos plazas, cafés, calles interiores acristaladas, esculturas acuáticas, un gimnasio, una guardería, un centro internacional de conferencias, y una biblioteca en forma de tambor, en la línea de Asplund o Aalto. De hecho, gran parte del diseño de Abbey Wood se inspira en los edificios escandinavos, especialmente en la obra de Niels Torp. Cabe destacar, además, que el edificio dispone de un aparcamiento con capacidad para 3500 automóviles y de enlaces con una ruta local de ciclismo.

En total, Abbey Wood posee un área de oficinas de 120.770 m2, diseñado para mejorar la integración de los diferentes departamentos del ministerio, donde muchos trabajadores fueron trasladados por primera vez, con ciertas reticencias, a un plano de trabajo abierto.

**lugar**
abbey wood, bristol, reino unido

**cliente**
ejecutiva de procuraduría del ministerio de defensa británico

**terminado**
junio de 1996

**espacio total del suelo**
120.770 m²

**personal**
4400 trabajadores

**coste**
254 millones de libras

1   El paisajismo tratado con inteligencia juega un papel esencial en el diseño de los edificios de oficinas de Abbey Wood, a los que se accede mediante puentes que atraviesan un lago de seguridad.

2   Plano de situación que muestra el modo de agrupar los "cuatro barrios" en un solar donde se han plantado más de 5000 árboles. El terreno se encuentra en un área libre de vehículos, con aparcamientos especiales alejados, situados al norte y al sur.

3   Un área de reunión de uno de los barrios que refleja la particular estética de diseño, de inspiración escandinava.

1 Plano de la oficina sin tabiques, usando las mismas estaciones de trabajo diseñadas por Herman Miller, para todos los niveles de la organización.

2 Plano de la planta de un barrio estándar. La distribución se ajustó a un grupo típico de cincuenta personas, en un espacio sin compartimentar. Tres grupos forman una planta característica de ciento cincuenta personas, y cuatro pisos constituyen un edificio típico. Un grupo de tres edificios forma, por tanto, un barrio comunicado por una «calle interior».

3 El nivel superior de la calle interior crea un lugar idóneo para encuentros casuales y reuniones informales.

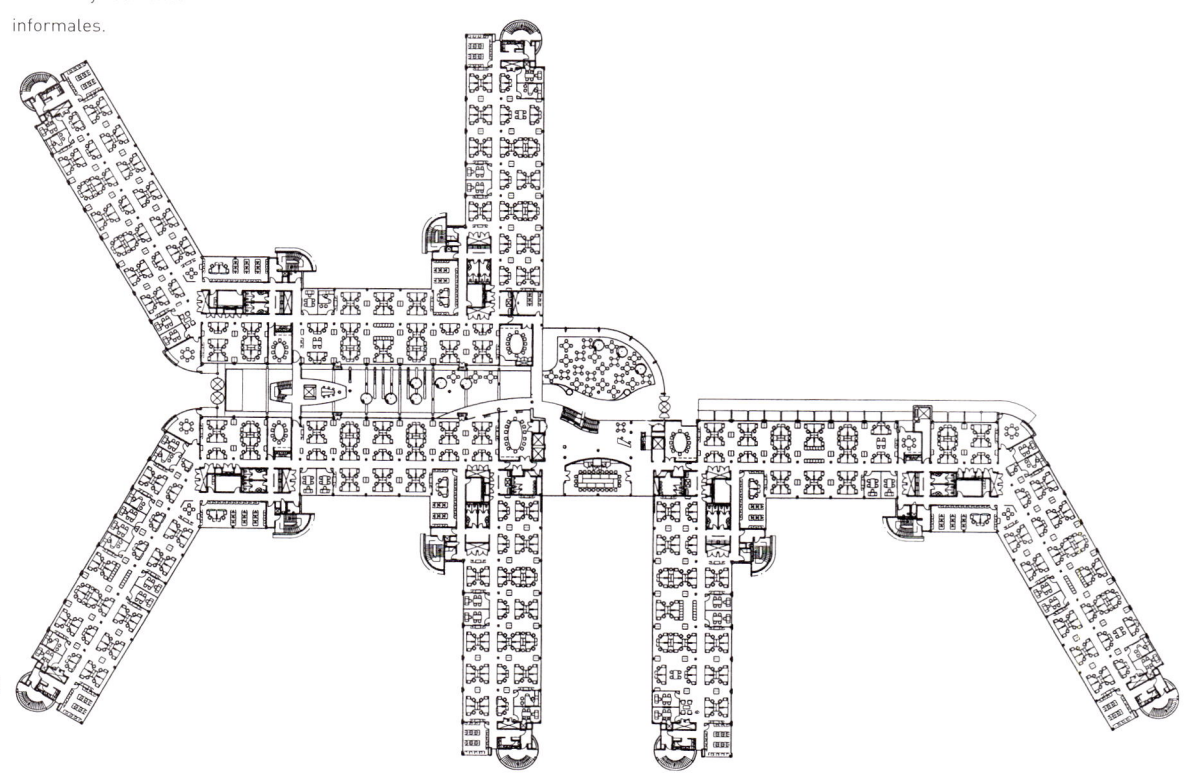

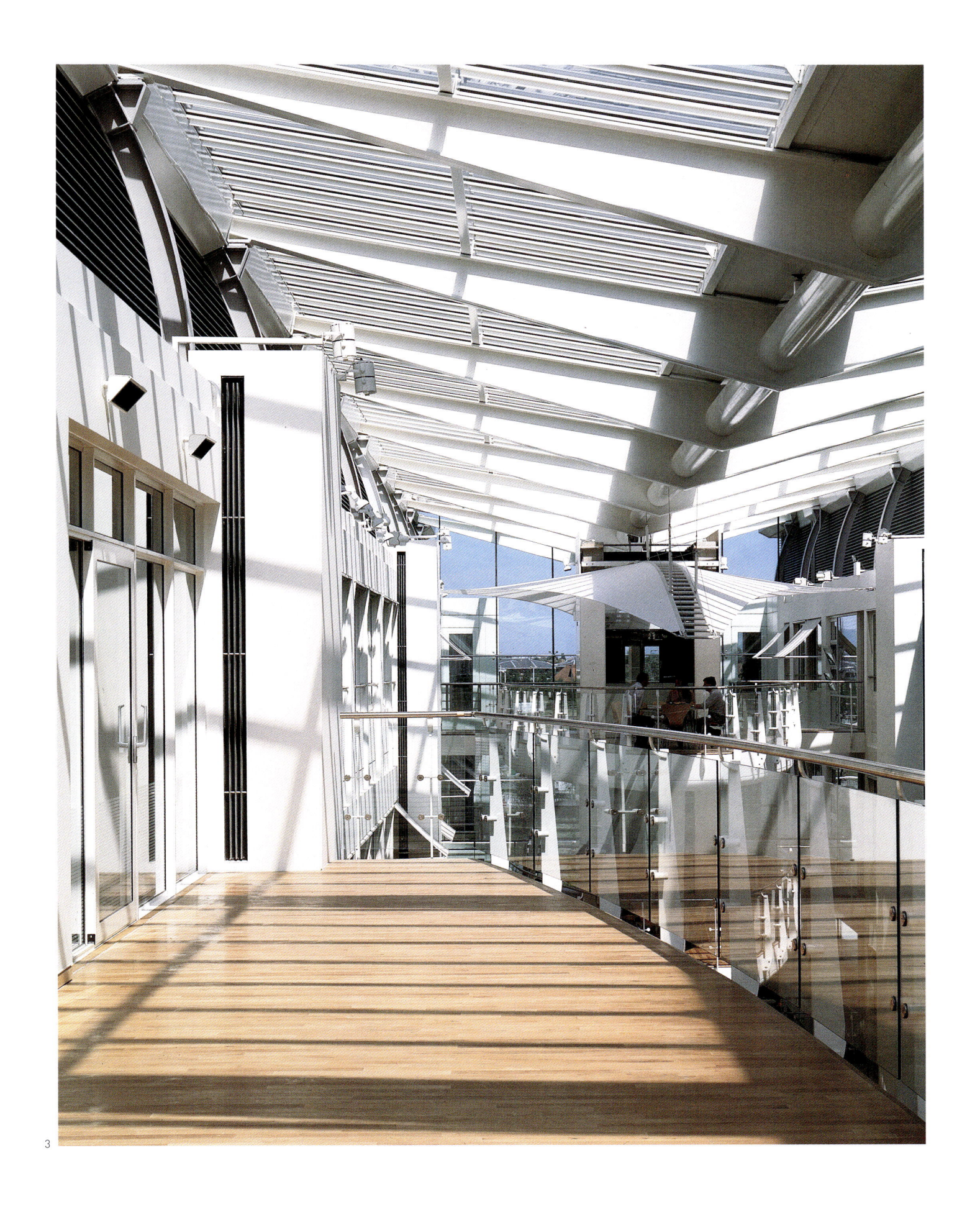

3

# 3com  STUDIOS ARCHITECTURE

3Com es un fabricante estadounidense de productos para redes informáticas. Su nueva sede se concibió con el objetivo de mejorar la comercialización del nuevo género, y de resolver una serie de problemas de calidad y fabricación. Por tanto, la finalidad del proyecto fue desarrollar un espacio laboral en el que, de manera espontánea, surgiese una mayor interacción y un sentido de comunidad, entre los empleados de la oficina y los de la fábrica.

Con el objetivo de aportar sensación de espacio, esencial en una planta de producción, los diseñadores concibieron un emplazamiento abierto, conocido como "centro de la ciudad", en el que -entre los edificios que acogen la fabricación- se ubica una plaza central que aloja el departamento de investigación y desarrollo, el de formación, el de atención al cliente y un centro de comunicación interna. Se anima al personal a utilizar esta área común, donde se halla un restaurante y asientos al aire libre, situados junto a espacios públicos de gran belleza paisajística.

Se han difuminado, intencionadamente, los límites espaciales entre la fábrica y las oficinas, con el fin crear un ambiente de colaboración. Esto se refuerza con espacios físicos como el "ayuntamiento", donde se encuentran las instalaciones compartidas, destinadas, entre otras cosas, a reuniones. Dentro del espacio laboral, se han introducido diseños que favorecen el trabajo en equipo, distribuidos por barrios, sin separaciones de tabiques. Este entorno dispone, además, de una combinación de cubículos y áreas informales de reunión.

En un complejo de esta magnitud, es importante potenciar el lado humano. Esto se consiguió ubicando en el perímetro espacios de descanso, en lugar de encerrarlos en el interior de los edificios. La idea de los diseñadores Studios Architecture, fue "tapar o camuflar la fábrica", con elementos humanos. Esta yuxtaposición se refleja en la estética del diseño, donde la transición a las áreas de oficina cuenta con unas instalaciones visibles, dentro de un espacio abiertamente industrial, con techos altos y despejados.

Se ha dado tanta importancia a la ubicación del equipo administrativo, como al de fabricación; ambos emplazados en un espacio abierto, sin interacciones entre las distintas plantas. Aunque, por otro lado, las instalaciones y lugares de descanso para el personal, situadas en el perímetro de los edificios, favorecen los encuentros informales.

**lugar**
santa clara, estados unidos

**cliente**
3Com corporation

**terminado**
1997

**espacio total del suelo**
38.270 m²

**personal**
1400 trabajadores

**coste**
no divulgado

1 El "centro de la ciudad" está formado por un espacio abierto que conecta los diversos edificios y proporciona un espacio para reuniones informales, cuando el clima lo permite.

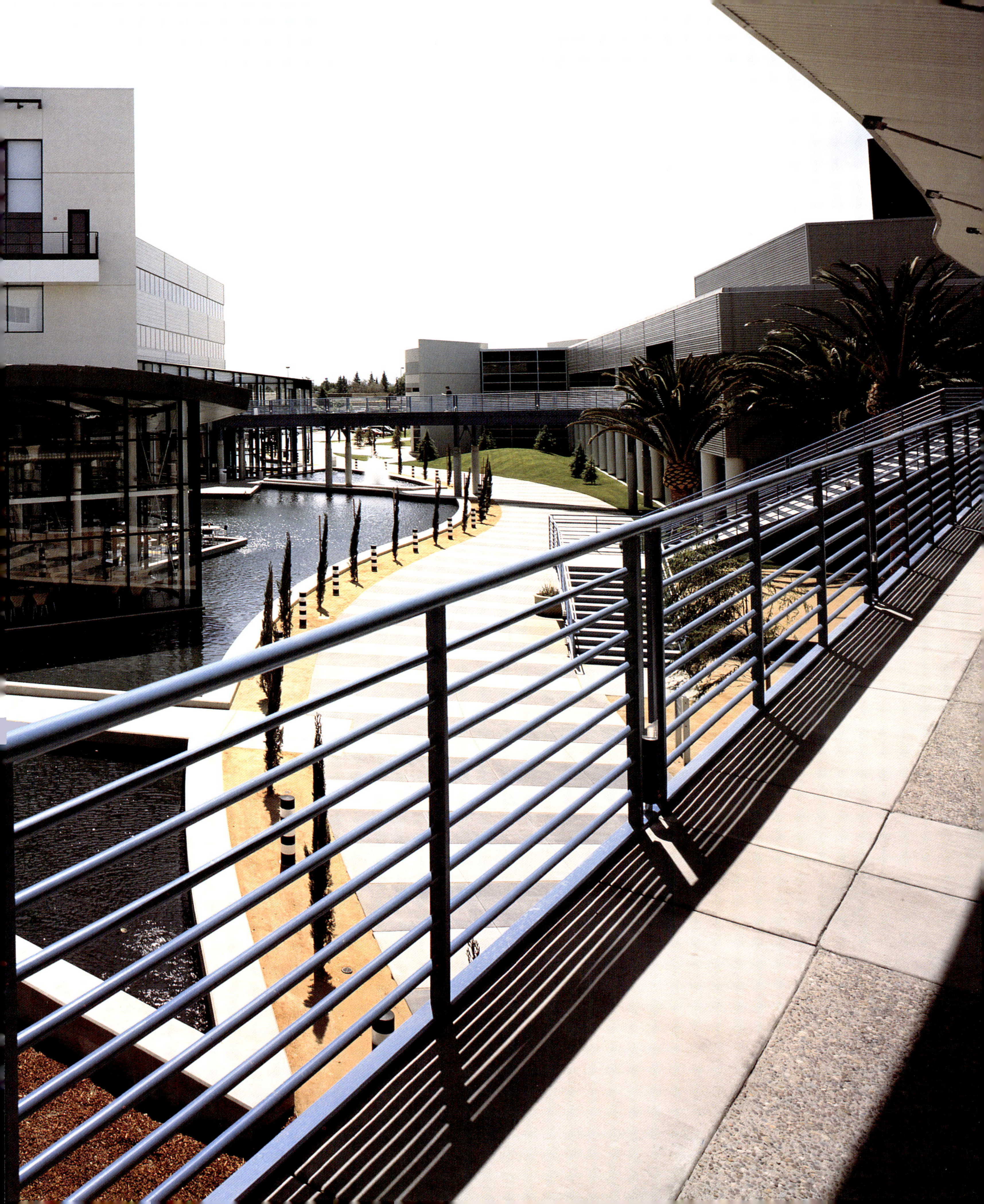

140 OFICINAS

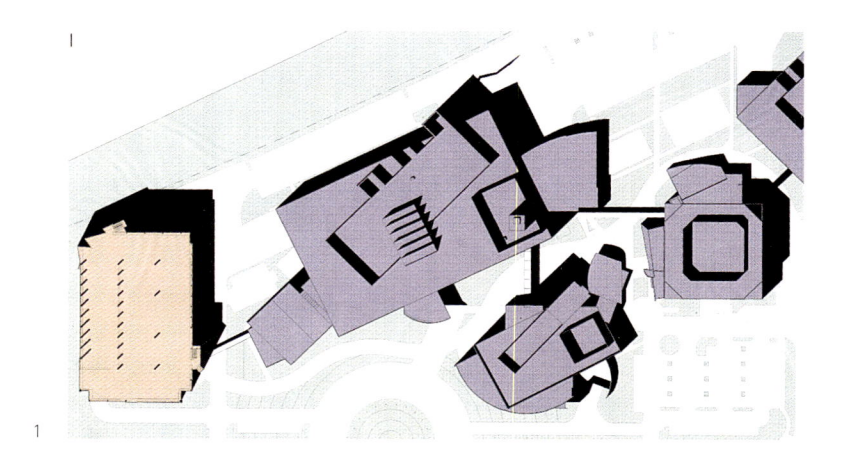

1 Plano del solar, que muestra los cinco edificios de la comunidad de trabajo de 3Com.

2 Cafetería y restaurante principales, orientados hacia una plaza. Este entorno estimula la colaboración entre el personal de la fábrica y el de las oficinas, proporcionando un espacio para que todos se unan durante los almuerzos o para tomar café.

3 El entorno abierto promueve la comunicación y permite que todos puedan contemplar los productos y servicios que se ofrecen, como la sala de control de redes, vista a través de particiones totalmente acristaladas.

1 Dibujo axonométrico de la primera planta.
2 Plano de la primera planta:
   1 Sala de conferencias
   2 Laboratorio
   3 Centro de control de redes
   4 Oficina abierta
   5 Área de descanso
   6 Restaurante
   7 Centro de informaciones

Plano de la segunda planta
1 Centro de formación
2 Patio de luces
3 Áreas de café
4 Apoyo de la fabricación
5 Oficina abierta
6 Laboratorio R&D
7 Salas de Conferencia
8 Vestíbulo / Recepción

4 Área informal común diseñada para estimular la interacción entre las personas, y fomentar el concepto de "equipo" que se ha desarrollado para animar al personal a trabajar en grupo.

# commerzbank  SIR NORMAN FOSTER AND PARTNERS

PODRÍAMOS usar la expresión "edificio jardín" para describir esta insólita oficina que, mediante la repetición vertical, se ha diseñado con el objetivo de proporcionar un entorno flexible a las 60 plantas del edificio de mayor altura de Europa. El espacio laboral, con acceso directo a los jardines, donde la brisa fresca y las vistas de la ciudad ofrecen un agradable contraste, resulta sorprendente; especialmente, a 210 m de altura sobre las calles de Frankfurt.

Diseñado por Sir Norman Foster and Partners, el edificio del Commerzbank -una de las instituciones financieras líderes en Alemania- no sólo ha proporcionado nuevos planteamientos en arquitectura, sino que ha reinventado el rascacielos como ámbito laboral. En lugar de tener un número interminable de plantas de oficinas, este edificio rompe todas las expectativas debido a su trazado triangular y al protagonismo que adquieren los rincones, el espacio hueco central y sus nueve jardines.

Dichos jardines, distribuidos a lo largo de cuatro pisos en cada vértice de la torre, llaman la atención inmediatamente, puesto que da la impresión de que forman una espiral. Su orientación determina su diversidad botánica, ya que los espacios que dan al sur contienen árboles mediterráneos; los que miran al oeste, arbustos de origen estadounidense; y los del este, bambú y magnolias. Cada jardín es un foco social, que recrea una sensación de comunidad, para las aproximadamente 150 personas que trabajan en las distintas plantas, y proporciona un entorno familiar para reuniones informales y encuentros desenfadados, en los que es posible compartir un café, el almuerzo, o reflexionar con tranquilidad.

Las condiciones medioambientales del edificio son impresionantes e innovadoras. La ventilación natural se alterna con el aire acondicionado, mediante un sofisticado sistema informático que cierra automáticamente las ventanas de toda la torre y controla los microclimas de cada jardín.

Las áreas de trabajo se vieron modificadas durante el proceso de planificación, pasando de un concepto "kombi-Büro", a una realidad más convencional. Sin embargo, incluso estos espacios ofrecen vistas sin trabas y todas las oficinas disfrutan de luz natural directa. El vidrio que va del techo al suelo conforma un espacio de trabajo transparente.

**lugar**
frankfurt, germany

**cliente**
commerzbank ag

**terminado**
1997

**espacio total del suelo**
100.000 m

**personal**
2300 trabajadores

**coste**
no divulgado

1  El jardín proporciona un ambiente de comunidad a los cuatro pisos de oficinas adyacentes; concentrando a la gente en este espacio para las reuniones, almuerzos o encuentros informales.

2  Al anochecer, el edificio muestra los jardines que enmarcan el espacio.

3  Todos los puestos de trabajo se han planeado de forma que tengan amplias vistas sobre Frankfurt o sobre alguno de los numerosos jardines, para maximizar las líneas de visión.

COMUNIDAD COMMERZBANK **145**

146 OFICINAS

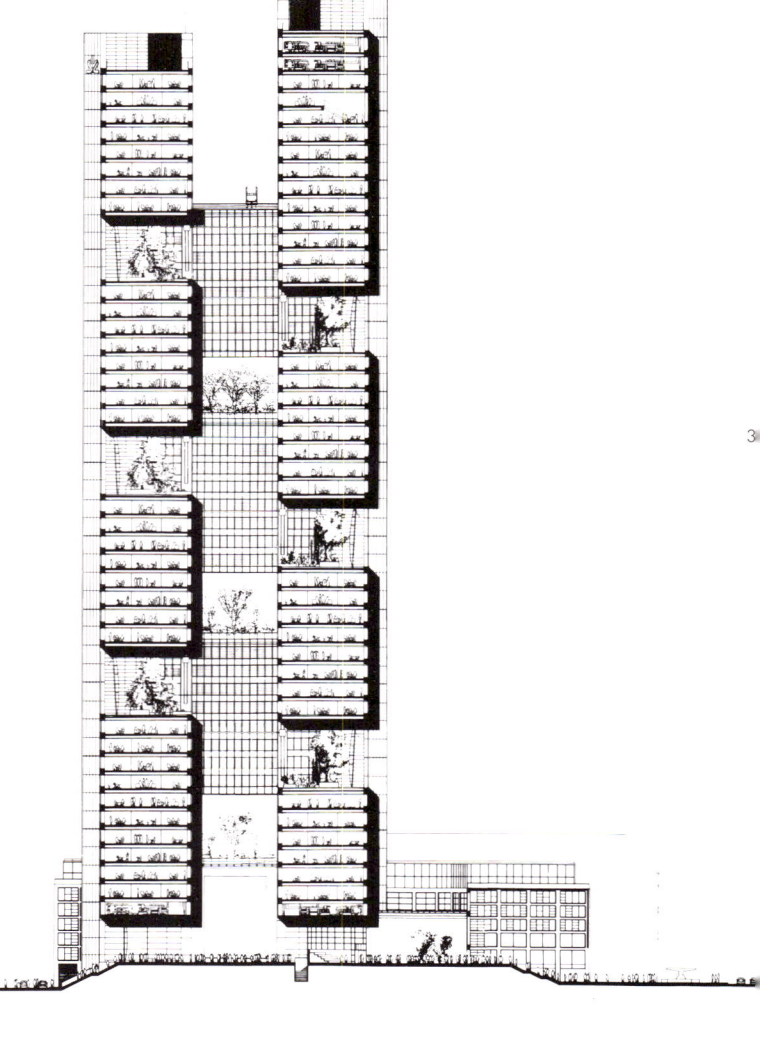

1   Cada jardín del edificio se ha planteado, de acuerdo a su orientación, ofreciendo paisajes distintos.

2   Sección del edificio de Commerzbank.

3   El impresionante restaurante de la planta baja, diseñado por Alfredo Arribas, permite al público y a los turistas mezclarse con el personal, creando un ambiente cosmopolita que refuerza la noción de comunidad.

1 Plano que muestra la yuxtaposición del jardín con las oficinas, que combinan espacios privados y estancias comunes de plano abierto; inspirados por el concepto «kombi-Büro».

2 El atrio se ha dejado como vacío central que proporciona ventilación natural, en lugar de ser utilizado como espacio central de servicios.

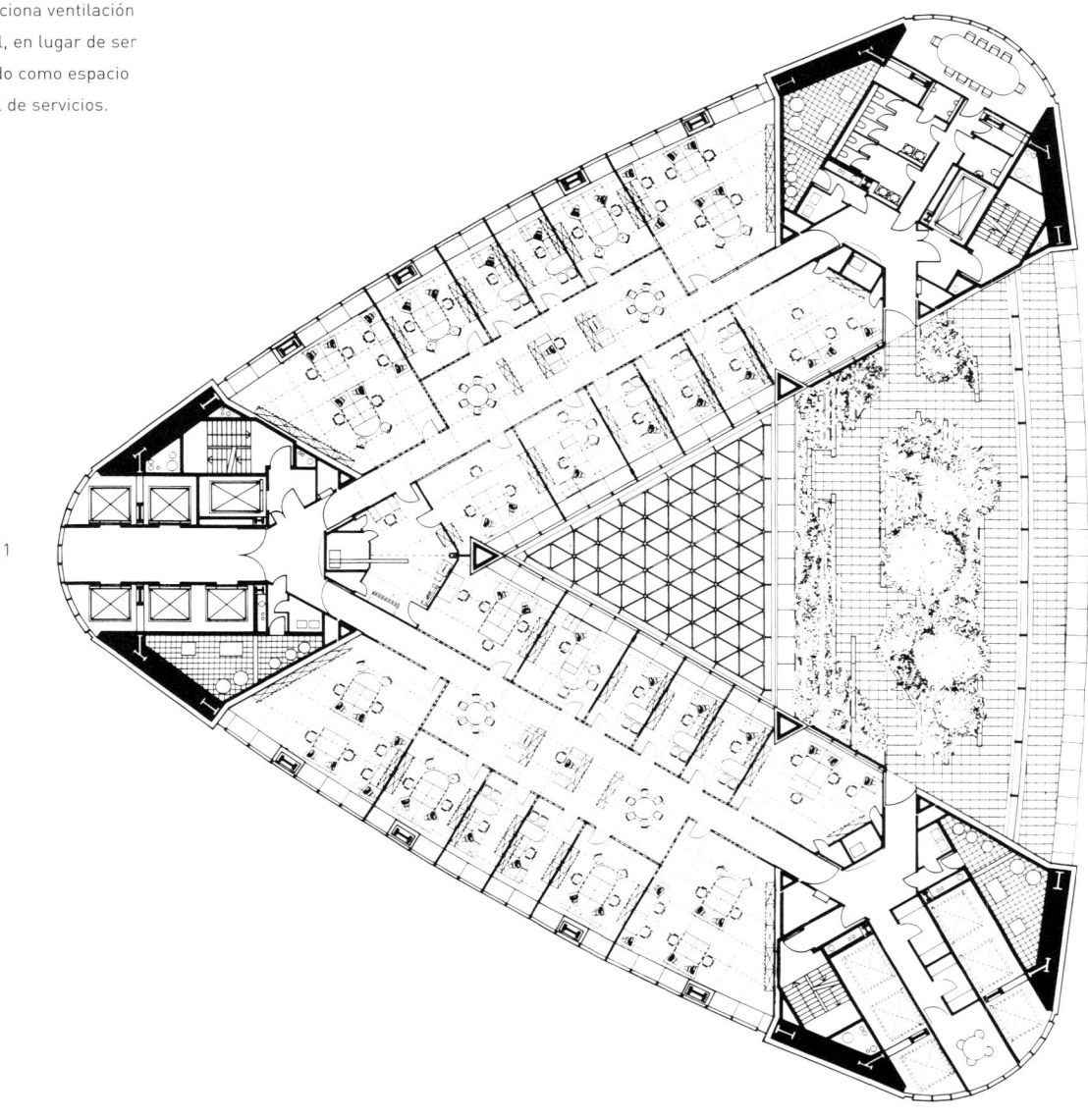

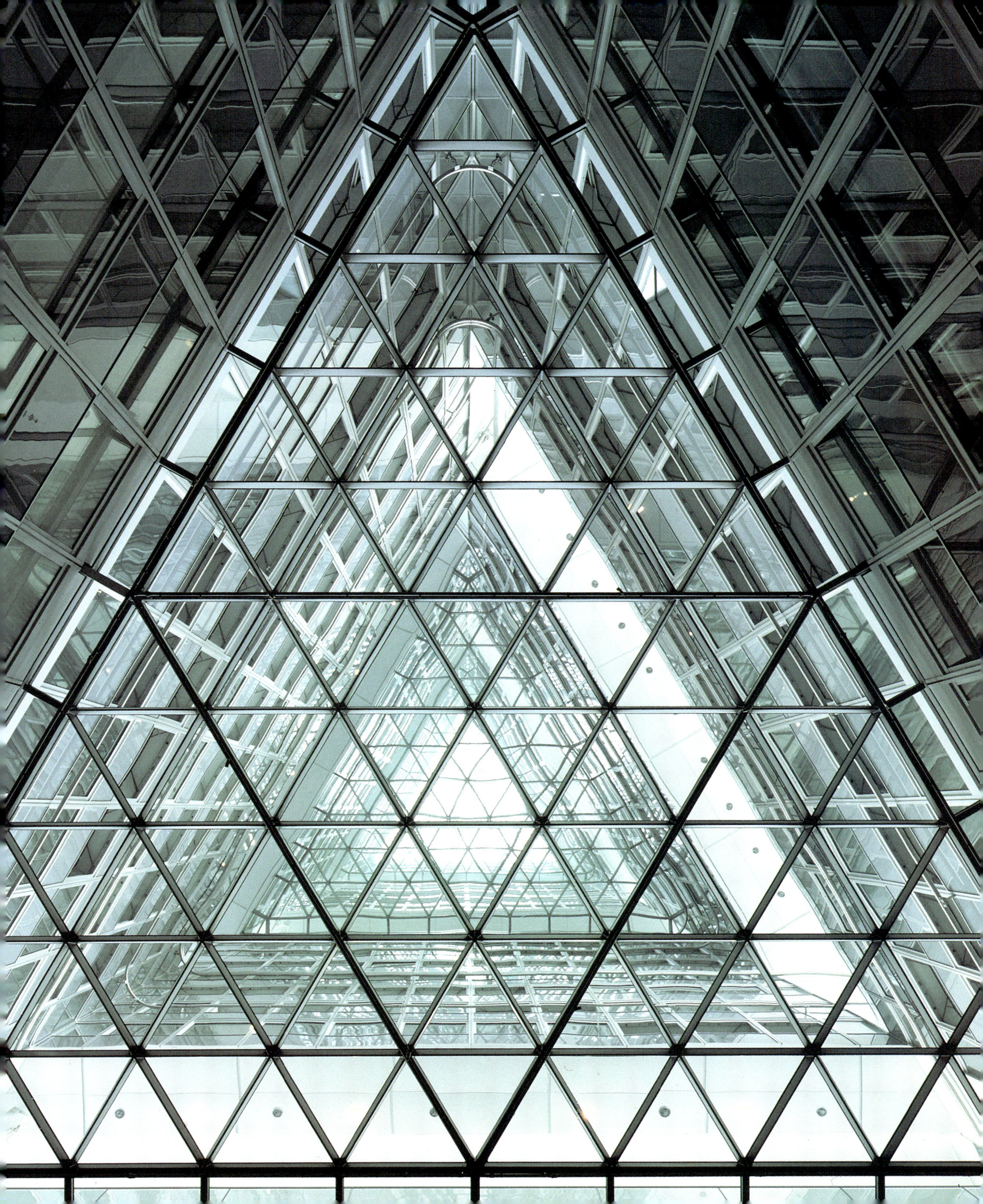

# mcdonald's helsinki

**HEIKKINEN-KOMONEN ARCHITECTS**

CUANDO se compara con la banalidad arquitectónica de la mayoría de las sedes de McDonald's, este edificio, construido en Finlandia, destaca como una obra de diseño que recuerda a los primeros emplazamientos diseñados para esta cadena -sinónimo mundial de la comida rápida-, por Stanley Meston, en la década de los cincuenta. Este proyecto fue diseñado con el objeto de proporcionar un centro de formación y oficinas, además del restaurante. Por tanto, debía combinar la necesidad de una alta representación corporativa exterior, con un ámbito laboral efectivo para su personal.

Su diseño cilíndrico evoca, obviamente, una hamburguesería; pero, aún así, los arquitectos Heikkinen-Komonen, afirman que intentaron construir un edificio que pareciese «una torre en la esquina de una muralla imaginaria»; expresión que se concreta, también, en la ubicación del edificio, en el borde sudoeste del centro urbano de Helsinki.

La sorprendente fachada se define a través de un complejo surtido de materiales y capas, entre los que se encuentran el vidrio verdoso y las planchas de aluminio de acabado mate. La parte sur del inmueble está perfectamente revestida por un enrejado de madera sujeto a la estructura de acero. La preocupación por el medio ambiente ha provocado que la cubierta plana sea de vidrio reciclado, en lugar de otro material más convencional.

Aunque el aspecto exterior presente la forma de un cilindro, el interior está formado por un trazado rectangular; ofreciendo ambientes abiertos y luminosos, que aprovechan al máximo la transparencia del edificio. Las particiones completas de vidrio, con puertas corredizas, proporcionan una demarcación delimitada, entre las áreas de circulación y los ámbitos semi cerrados para los equipos. Se encargó el diseño del mobiliario para cada ámbito, usando acero y madera, para reflejar la estructura exterior.

Los arquitectos han logrado el efecto translúcido, vibrante, y panorámico deseado; dotando de vistas exteriores a todas las partes del edificio.

Con sus inevitables arcos dorados, McDonald's es, desde hace tiempo, un experto en transmitir la imagen de marca a la arquitectura. Este edificio, en concreto, aunque se adapta a esta idiosincrasia, lo hace de una forma fresca e innovadora, proporcionando un espacio de trabajo de calidad.

**lugar**
helsinki, finlandia

**cliente**
mcdonald's

**terminado**
octubre de 1997

**espacio total del suelo**
3.580 m²

**personal**
95 trabajadores

**coste**
5.7 millones de libras

1 El impresionante logotipo amarillo perforado de los «arcos dorados», se erige sobre un tabique de insonorización azul que supone tanto un aislamiento acústico, como una estupenda entrada.

2 El restaurante principal, con la notable escultura de Kari Caven: «El vuelo de un murciélago».

COMUNIDAD: MCDONALD'S HELSINKI  **151**

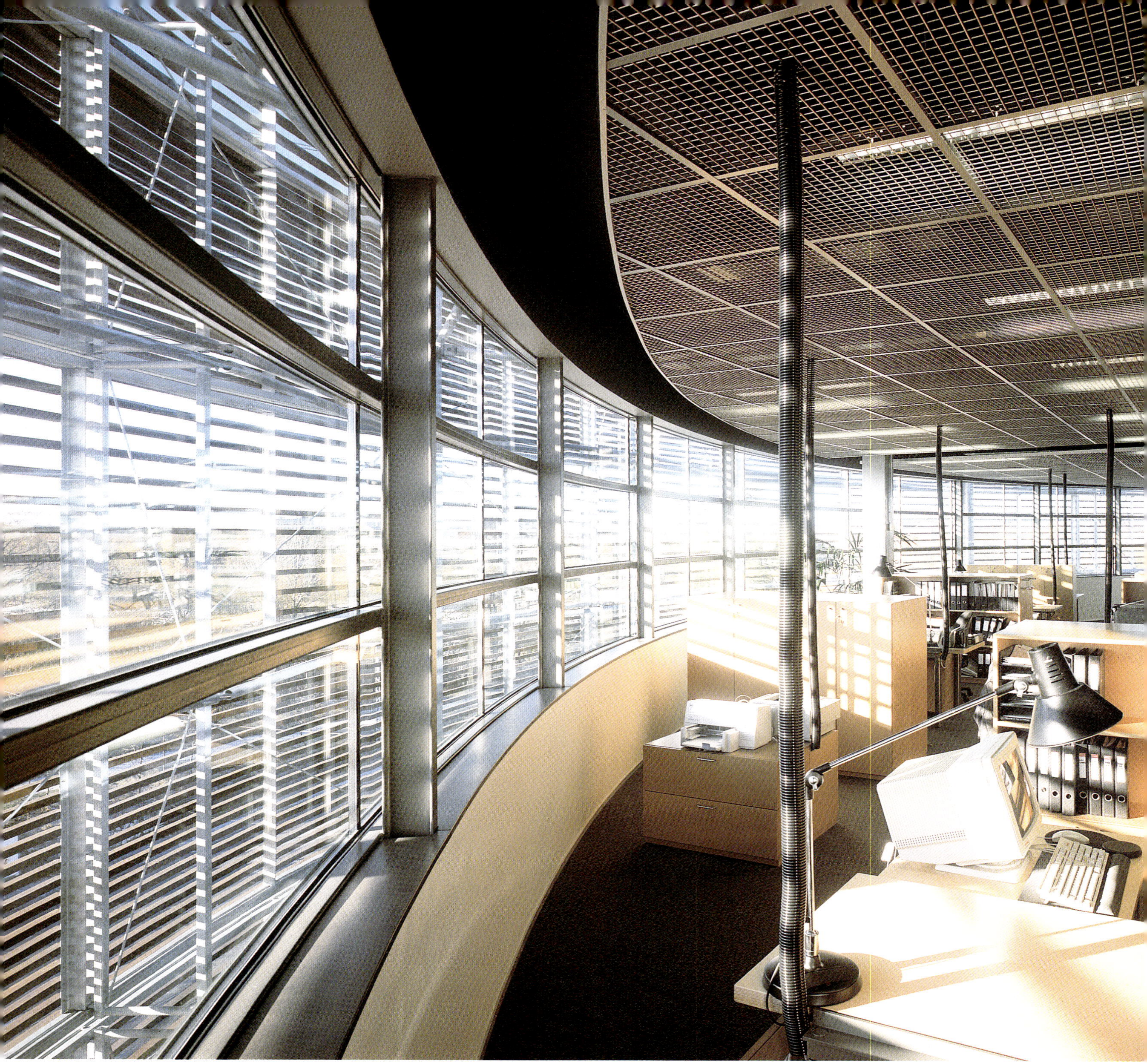

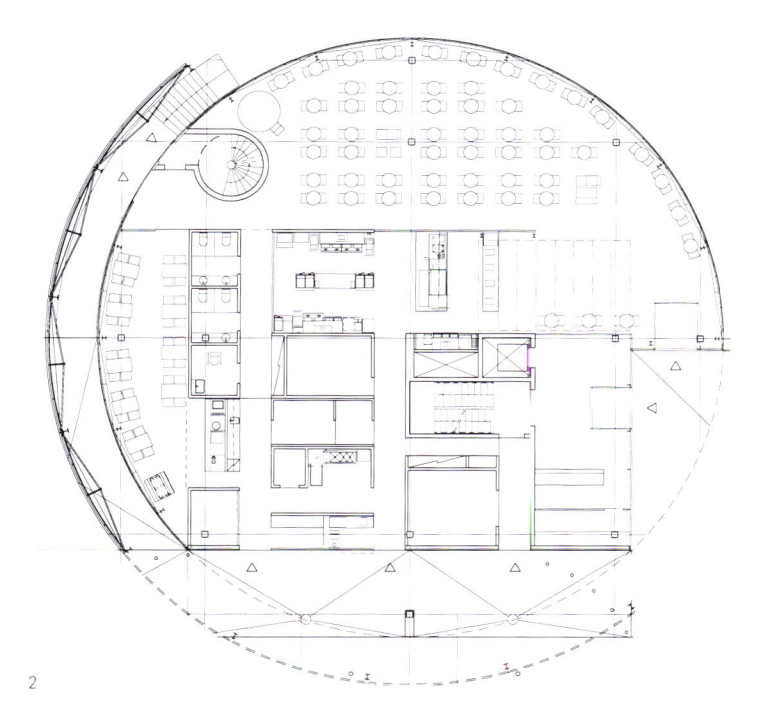

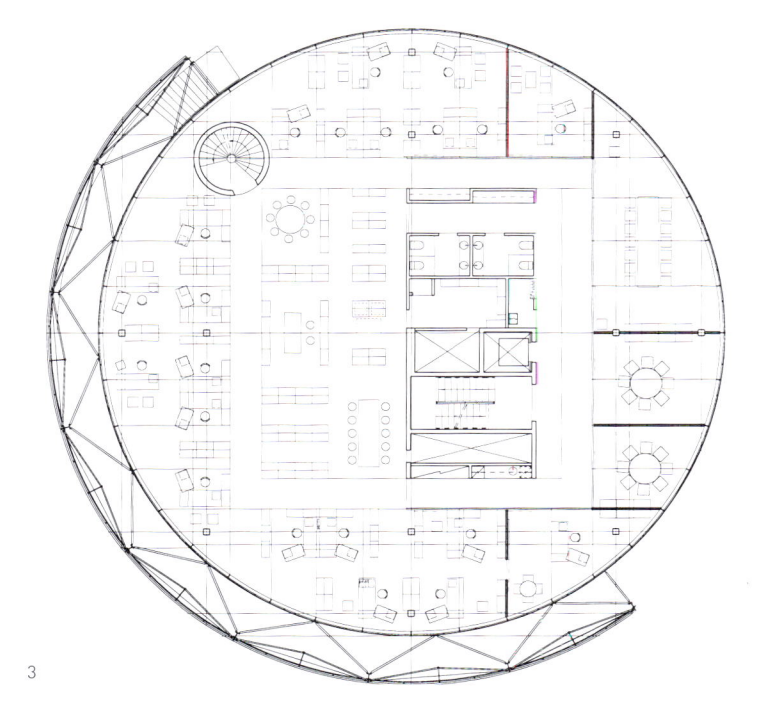

1. Las oficinas sin tabiques se ubican en el perímetro de este edificio circular.

2. Plano de la planta baja, que muestra el restaurante y el centro de formación.

3. Plano de una oficina característica.

# mcdonald's milan  ATELIER MENDINI

LAS oficinas centrales de McDonald's Italia, en Milán, podrían confundirse con un escenario. El diseñador, Atelier Mendini, ha creado un vibrante telón de fondo para trabajar dentro de este entorno creativo. Las primeras impresiones combinan una mezcla de marca corporativa e iconografía «pop art». Así, el visitante se ve bombardeado por imágenes que crean una sensación de dinamismo, energía y cultura juvenil.

La figura de «Ronald McDonald», sentada frente a un escritorio de recepción amarillo, recuerda a la gente que se trata de una empresa de productos de consumo, poseedora de una de las más poderosas imágenes de marca, en términos de color, forma, y simbolismo. Dicho corporativismo se ha empleado dentro del espacio de trabajo; como, por ejemplo, en la sala principal, donde un atrevido motivo decorativo juega con el logotipo de la «gran M».

El entorno de la oficina parece alejado del impacto inicial de la entrada. Pero, de hecho, no es menos notable, debido a sus colores vibrantes y a una planta inusual, constituida por columna curva central que, formada por espacios celulares, divide la oficina en dos. El piso de resina de PVC, y unos atrevidos bloques coloreados con tonalidades primarias, ayudan a mantener una sensación de diversión y sorpresa; al mismo tiempo que los reflejos de los originales azulejos de aluminio de la cubierta, crean un telón de fondo neutro para el colorido de la planta.

Dentro del propio lugar de trabajo, se hallan grupos de cuatro oficinas, a cada lado de la sinuosa espina central de las salas; donde se ha conservado la sensación de apertura, mediante particiones de vidrio provistas de bandas horizontales satinadas. El mobiliario clásico de Charles Eames, junto con los colores más sobrios de estas áreas centrales, conforman una atmósfera de eficiencia; que, como contraste al dinamismo de las otras áreas, presenta un entorno relajante.

Esta oficina trata de ser original y romper los moldes de uniformidad que caracterizan la mayoría de los diseños arquitectónicos de los restaurantes de comida rápida. De hecho, el arquitecto ha usado, deliberadamente, referencias de la cultura popular y del vocabulario de la historieta; creando con ello, un lugar de trabajo cálido y familiar.

**lugar**
milan, italia

**cliente**
mcdonald's italia company

**terminado**
1997

**espacio total del suelo**
2.000 m

**personal**
130 personas

**coste**
460.000 libras

3

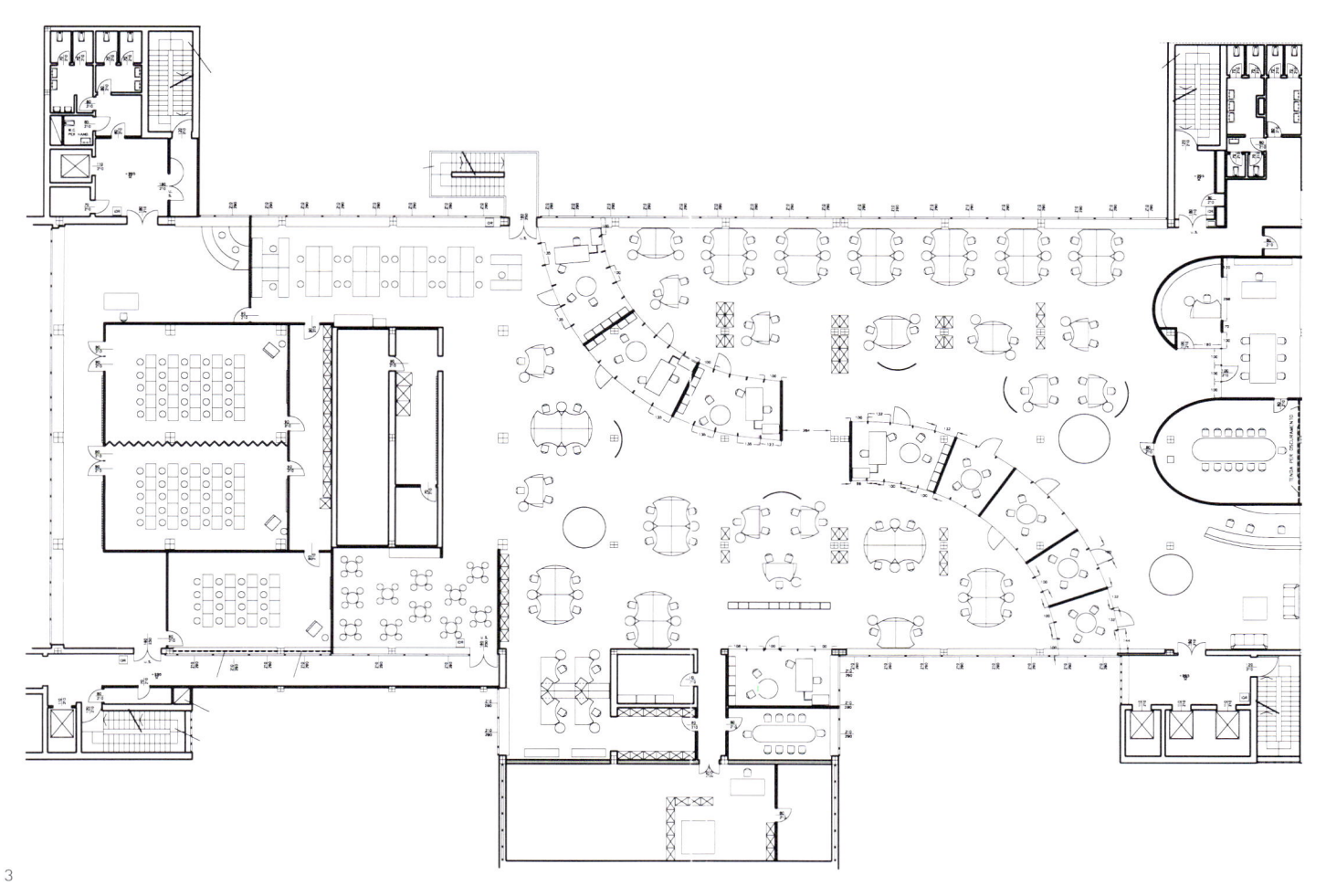

4

1. Oficinas privadas acristaladas, con bandas horizontales satinadas.

2. Las particiones hasta la bóveda de cristal proporcionan cierto grado de privacidad, pero conservan las líneas de visión.

3. El plano del piso muestra la espina central de las oficinas que divide el espacio.

4. Estaciones de trabajo sin tabiques, con decoración «pop art» como telón de fondo.

# british airways  NIELS TORP

CUANDO British Airways encargó al estudio de arquitectos Niels Torp, el diseño su sede, cercana al Aeropuerto de Heathrow, el objetivo fue el de crear una comunidad basada en la apertura y el trabajo en equipo; que, además, reflejase la nueva identidad corporativa basada en el estilo «ciudadano del mundo» de la aerolínea. Así mismo, debía reunir, en un solo espacio de trabajo, a 2500 personas procedentes de 14 ubicaciones distintas.

El resultado es un grupo de seis edificios o «casas», conocidos como Waterside. Cada uno de estos aborda un tema diferente tomado de la geografía mundial y se emplaza en una calle central, de 175 metros. La calle cubierta, un desarrollo del famoso edificio de Torp, de 1988, para el Servicio Aéreo Escandinavo de Estocolmo; no es sólo el punto central de todo el edificio; sino que, también, constituye un entorno de trabajo activo, hacia el cual gravita la gente para colaborar, reunirse, saludarse y comer. Mediante fuentes, árboles cultivados especialmente y una escultura de Andy Goldsworthy, la calle ha sido diseñada para facilitar un cambio en el comportamiento laboral de la gente.

Hacia este espacio se extiende una biblioteca con una enorme terraza y balcón orientado a un «olivar», proporcionando un ámbito para la contemplación. Cerca está la plaza, un área que ofrece lugares de reunión y conferencias, donde el personal puede reunirse en un ambiente de «forum». La calle posee, también, una cafetería, una barra de café exprés, un supermercado, una floristería, y termina en un restaurante circular con vistas a los jardines, lagos y puentes japoneses.

El edificio anuncia una nueva era para la dinámica laboral de British Airways. La gente trabaja donde lo necesita, usando las áreas comunes como parte de su ámbito laboral, y no sentada en departamentos rígidos. Esta concepción trata de proporcionar un «espacio transparente», agrupando a equipos de seis a ocho personas en áreas definidas que simulan habitaciones, aunque no poseen paredes.

La tecnología avanzada es fundamental en Waterside y se ha integrado en el diseño del edificio. Los teléfonos inalámbricos internos permiten que los trabajadores hagan y reciban llamadas desde cualquier parte del edificio, mientras que los enlaces radiofónicos para ordenadores portátiles, les permiten conectarse desde la mesa de un café de la calle central.

El diseño de Niels Torp ha marcado estándares nuevos en la arquitectura de oficinas de British Airways, al tiempo que ha facilitado el pensamiento innovador, sobre cómo debe funcionar la comunidad de una sede. Con Waterside, quizás British Airways haya creado el «edificio de oficinas preferido en el mundo».

**lugar**
londres, reino unido
**cliente**
british airways
**terminado**
junio de 1998
**espacio total del suelo**
3 250 m
**personal**
2500 trabajadores
**coste**
200 millones de libras

1  Impresionante entrada a la nueva sede de British Airways.

2  La calle principal, con una escultura de Andy Goldsworthy, crea un sentido de comunidad, facilitando la interacción, al mismo tiempo que proporciona áreas para la privacidad y la contemplación.

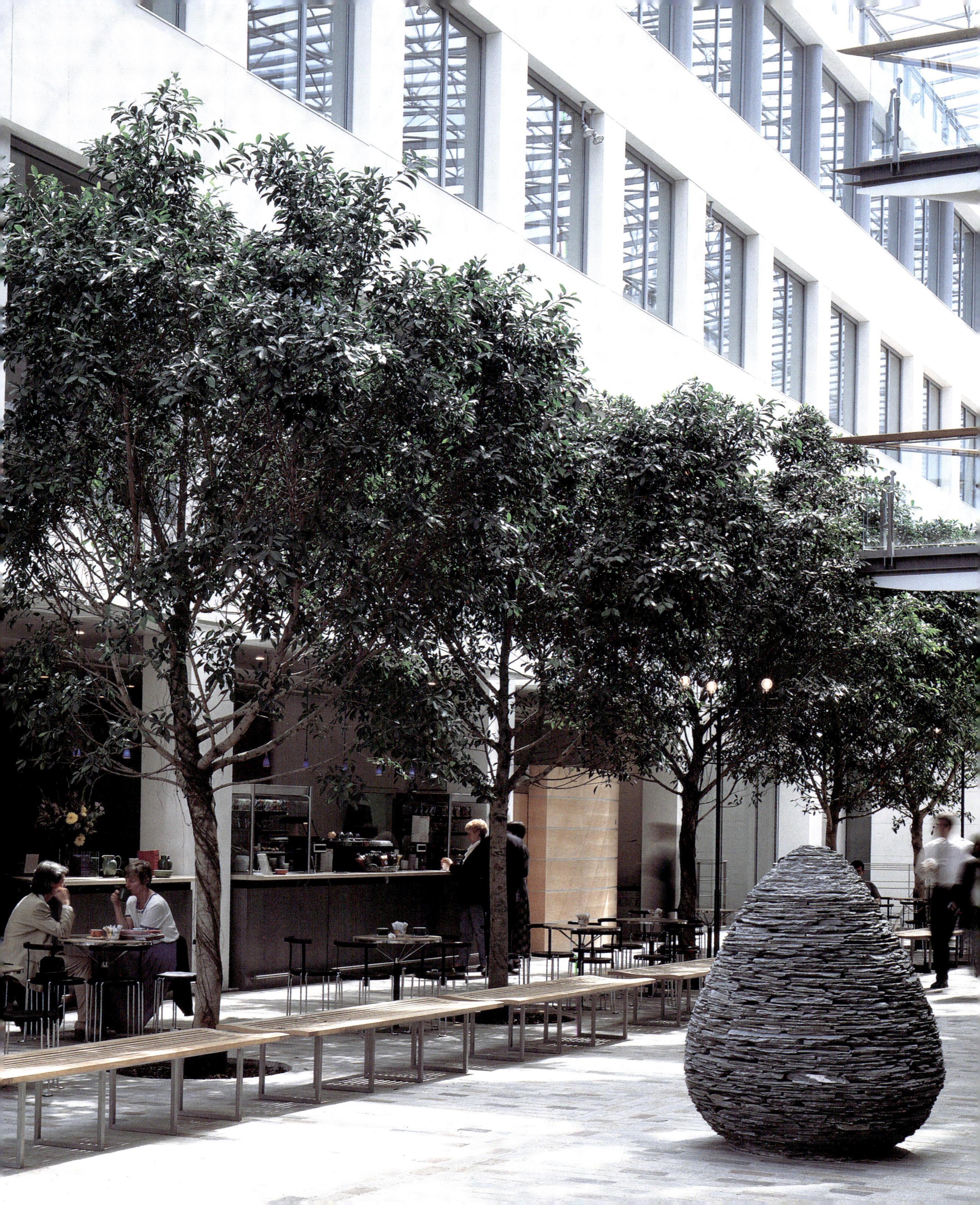

1   Todas las áreas de oficina carecen de tabiques y se han diseñado para constituir «bases y espacios para el equipo».

2   Una vista del centro Quest de la calle principal, que actúa como centro de intercambio de conocimientos y fuente de información.

2

1, 2  Secciones del edificio

3  La sede consiste en seis edificios en forma de herradura, o «casas», situados alrededor de la calle central.

4  Puentes o «carriles» que atraviesan la calle y se combinan con balcones, escaleras y ascensores transparentes para crear rutas de circulación abiertas que animan a la gente a relacionarse.

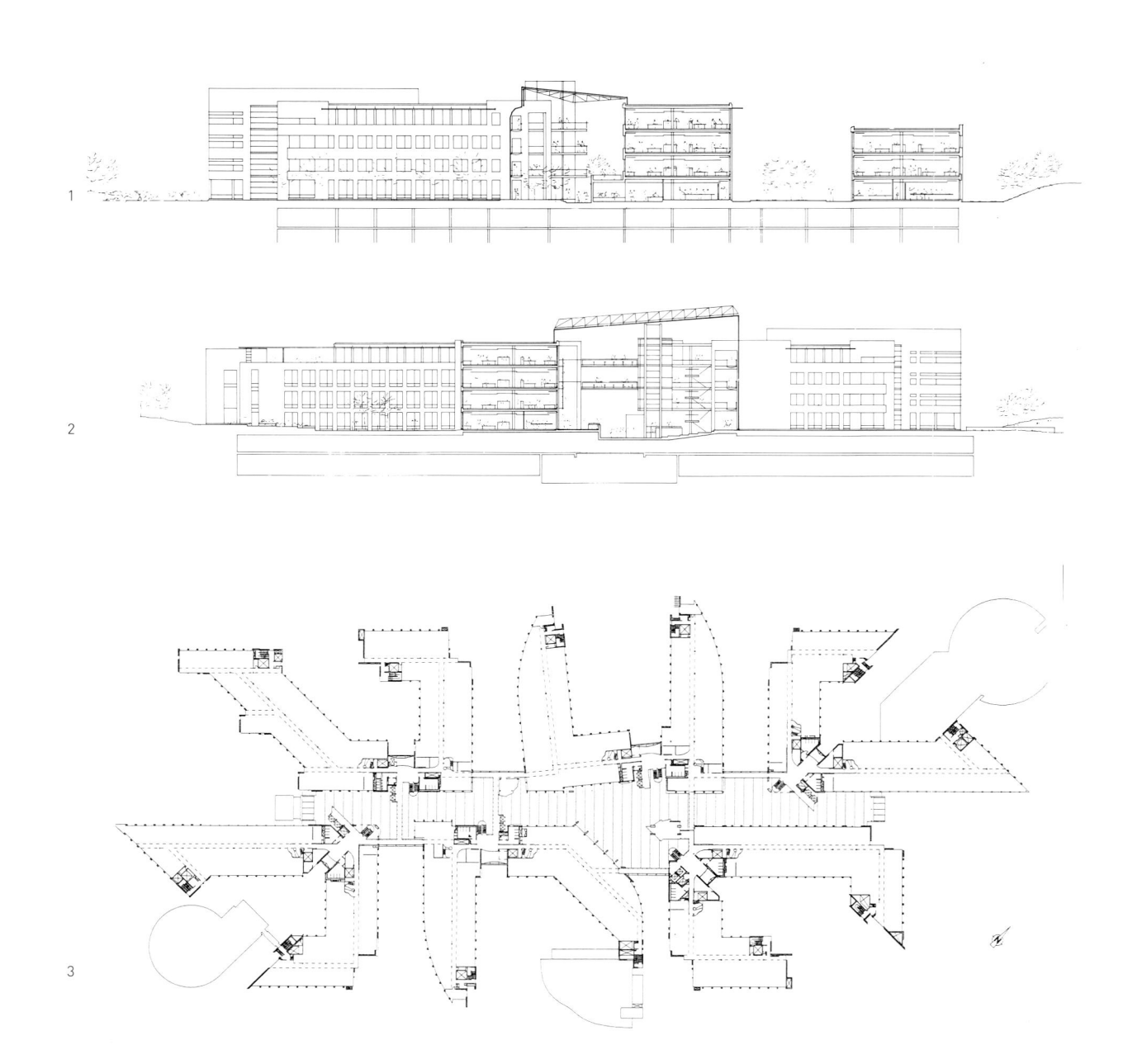

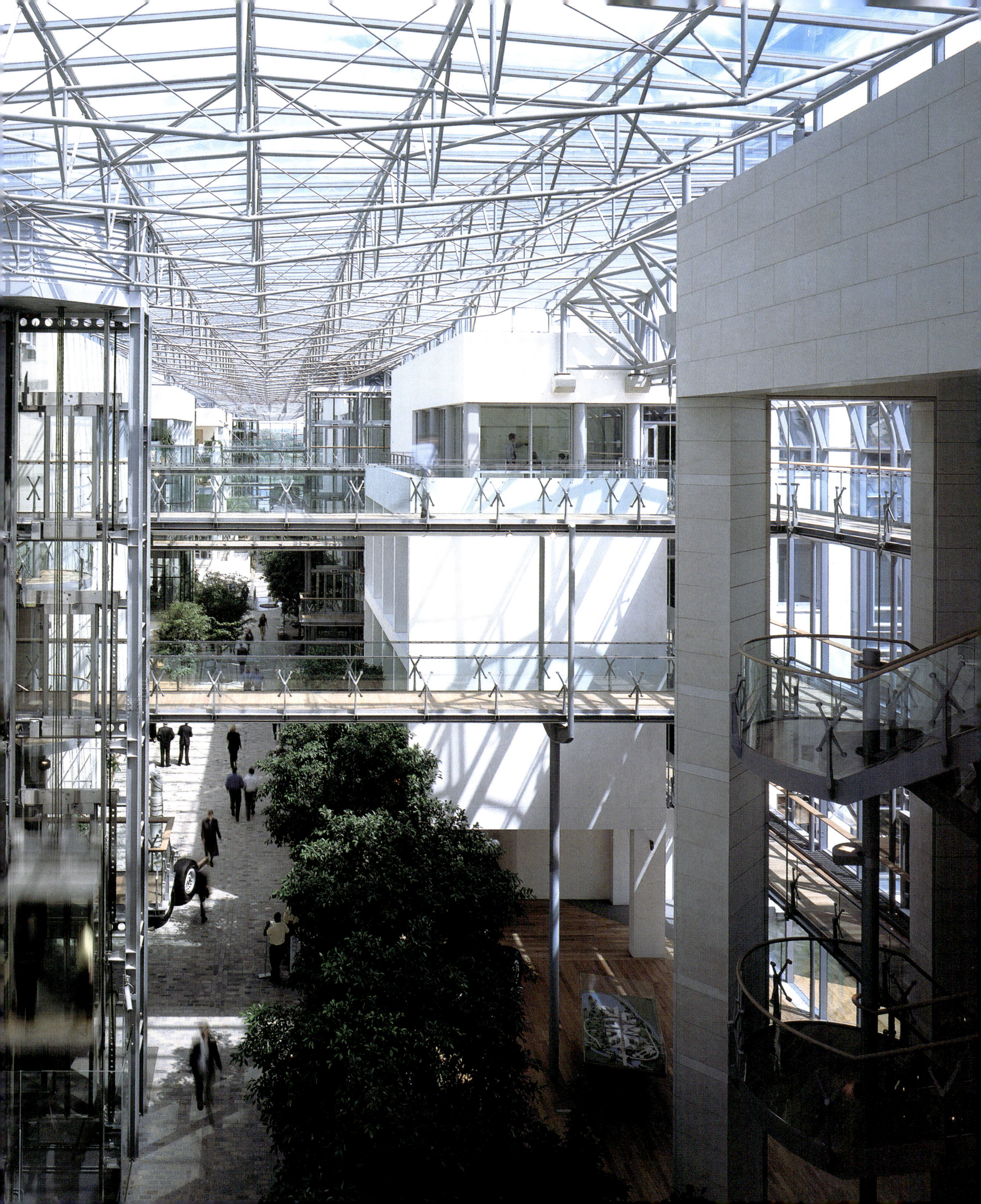

# LVA  BEHNISCH, BEHNISCH & PARTNER

EL nuevo inmueble que aloja a la compañía de seguros alemana LVA, es conocido coloquialmente como el «edificio estrella». Se trata tanto de una oficina innovadora, como de un ejemplo brillante de arquitectura funcional, que responde con imaginación a los complejos requisitos del encargo del cliente. Los arquitectos Behnisch, Behnisch & Partner se enfrentaron, no sólo a las exigencias organizativas de LVA, que demandaba un espacio moderno; sino, también, a las restricciones impuestas por las autoridades locales de Lubek para desarrollar un edificio que se adaptase a las características del centro medieval de la ciudad.

Behnisch diseñó la entrada del inmueble en el centro de la «estrella», que sirve también como núcleo caótico de distribución de las oficinas y como espacio común para reuniones informales, acontecimientos y funciones. Esta área se caracteriza, además, por la presencia de una serie de rutas de circulación convergentes, que conducen al personal a instalaciones como la biblioteca y el restaurante.

El arquitecto ha sido astuto al no hacer uso de una escala gigante que, en edificios de grandes dimensiones, suele mitigar cualquier interacción entre las personas. A lo largo de todo el espacio laboral han creado pequeños «centros de gravedad», que atraen al personal y permiten la colaboración entre los miembros Así mismo, ha diseñado «solariums» que, al igual que las salas de té y las cafeterías, se han ubicado en un entorno exterior elegante, como si de cocinas abiertas se tratase. Constituyen una serie de áreas clave de comunicación, concebidas para proporcionar un ambiente estimulante en las reuniones cortas e informales. De este modo, con la creación de un entorno abierto e iluminado, se ha dado prioridad a las necesidades del individuo, antes que a las de la organización. Por otro lado, el edificio está ventilado e iluminado con luz natural, y los usuarios pueden controlar su hábitat, ajustando la iluminación y la calefacción.

Las áreas de trabajo se ubican en el perímetro de los edificios, y las dimensiones de los vanos permiten que, desde todos los escritorios, se disfrute de una vista sobre los alrededores. Las oficinas están concebidas con un plano semiabierto en el que se distribuyen los grupos de trabajo. Estos espacios se complementan con un conjunto de salas de conferencias, cada una diseñada con una geometría diferente, proporcionando un estimulante entorno para las reuniones.

El edificio, en sí, contribuye a proporcionar un nuevo sentido de comunidad a LVA; cuyo personal, anteriormente, estaba distribuido en diferentes localizaciones de la ciudad. Gracias a la idea de integrar trabajo y ocio, se ha creado un hogar innovador para el negocio y un nuevo espacio histórico para Lubek.

**lugar**
lubek, reino unido

**cliente**
landesversicherungsanstalt schleswig-holstein

**terminado**
mayo de 1997

**espacio total del suelo**
37.110 m²

**personal**
1000 trabajadores

**coste**
156 millones marcos alemanes

1  Plano de superficie que muestra el edificio en forma de estrella

2  Punto neurálgico del centro caótico, con sus escaleras y rutas de circulación convergentes, que atraen a la gente hacia un mismo lugar.

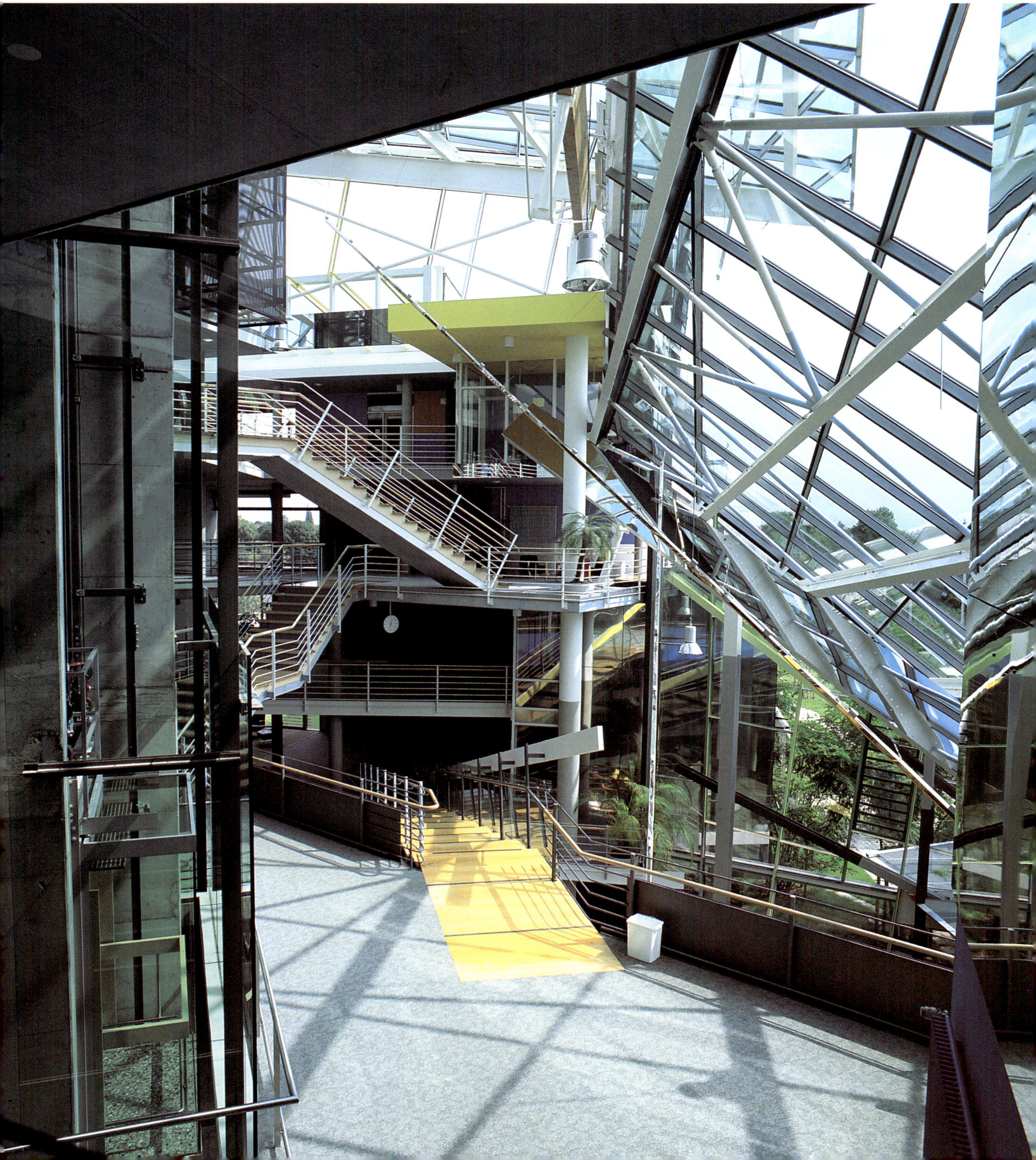

1

1 Restaurante principal y ámbito central de reunión, donde los tubos fluorescentes, suspendidos de la cubierta y el atrevido uso del color, han creado un entorno vivo y dinámico.

2 El edificio proporciona una variedad de espacios donde la gente puede trabajar, tanto dentro como fuera, incluyendo los jardines y las zonas ajardinadas de la cubierta.

3 Sección

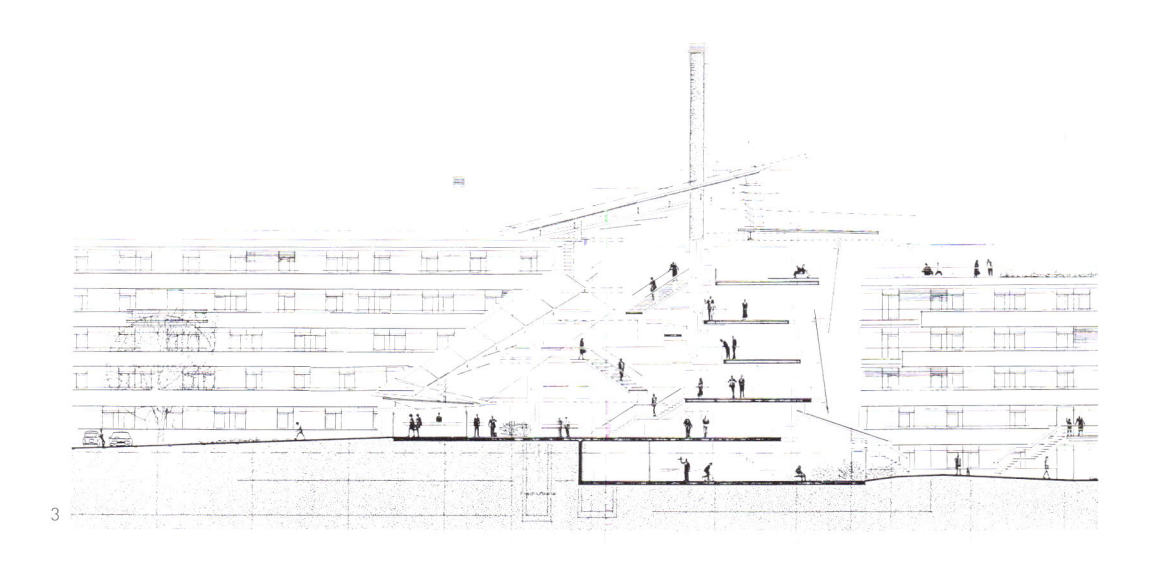

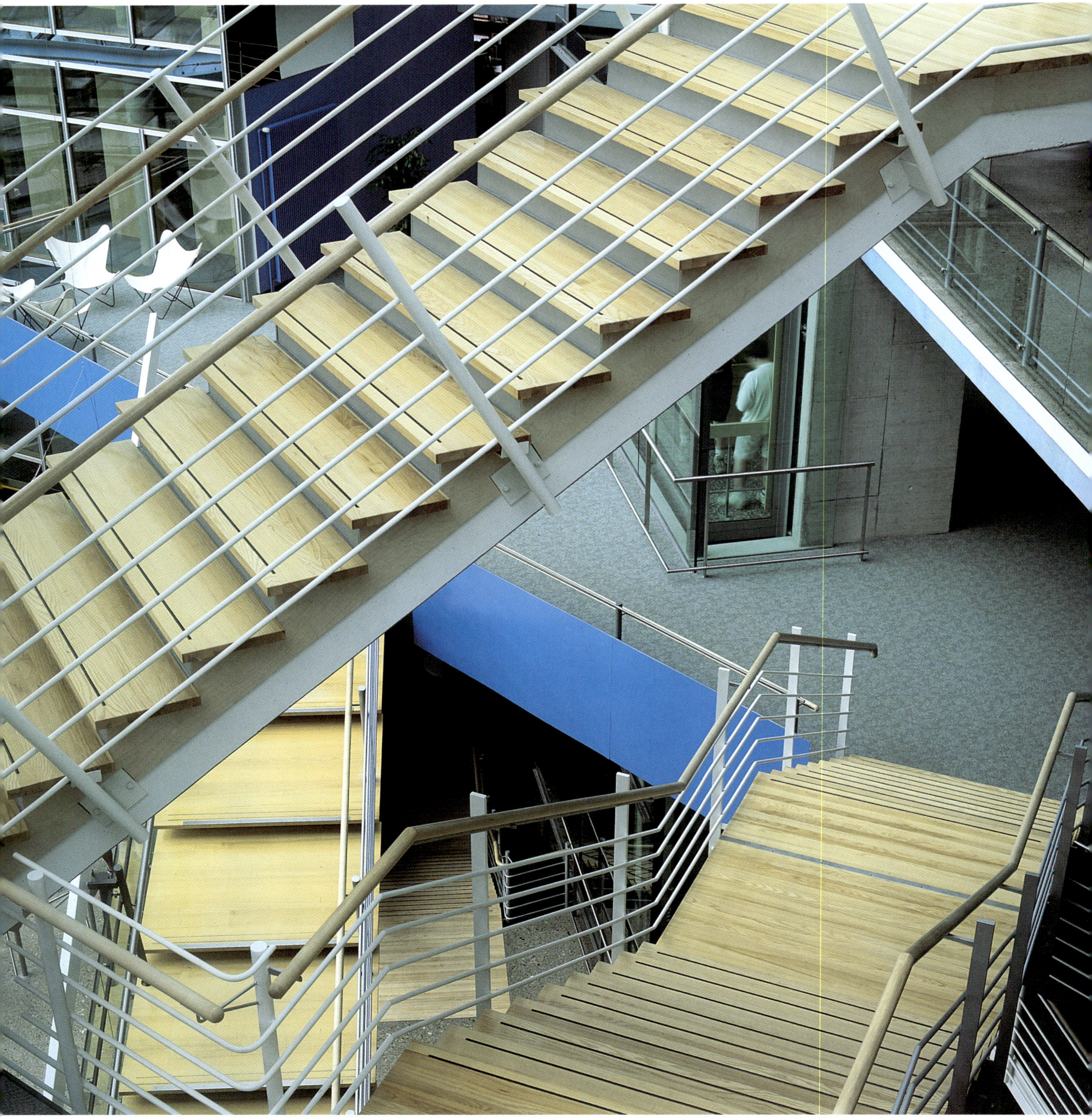

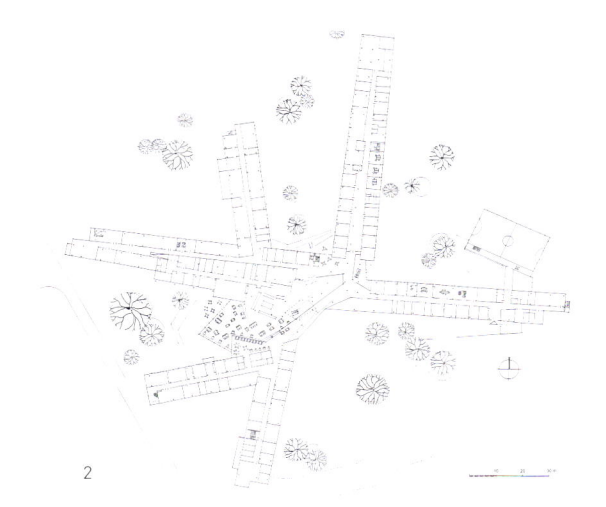

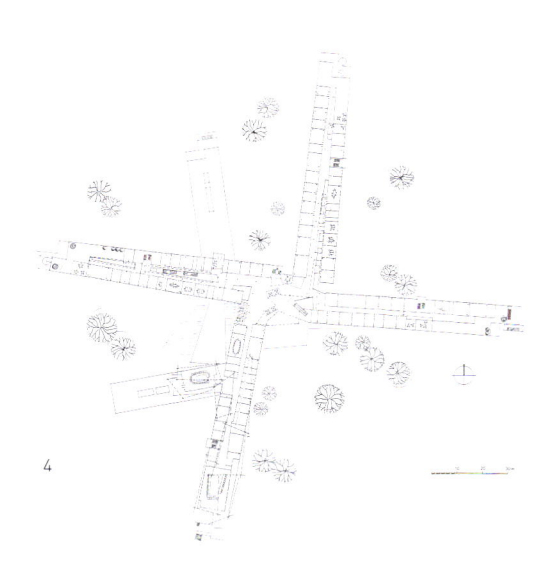

1 Las rutas de circulación y las escaleras convergentes y cruzadas, atraen a la gente a un mismo lugar; ofreciendo una oportunidad para los encuentros distendidos o las reuniones informales; y fomentando el sentido de comunidad.

2 Plano de la planta baja.

3 Plano de la tercera planta.

4 Plano de la cuarta planta.

5 Uno de los «solariums», ubicados en puntos clave de todo el edificio. Se trata de espacios donde se anima al personal a descansar y charlar, mientras toma un café.

# office-daiwa  TORU MURAKAMI

ESTE espacio minimalista crea un ambiente contemplativo, en una zona de trabajo inspirada en los principios del pensamiento Zen. Las oficinas y las salas de reunión de esta empresa japonesa, dedicada al mantenimiento de fuentes; quedan definidas por superficies diáfanas, provistas de materiales ligeros y transparentes. Como compañía para la que el agua es parte esencial de su producto, no debe sorprendernos que, para crear un ambiente reflexivo y sereno, se haga uso de lagos y piscinas. Constituyen éstos una serie espacios tranquilos que proporcionan un telón de fondo neutro para las actividades empresariales del interior de la oficina.

Dentro de este entorno sosegado, se ha proyectado un plano con forma de L, en el que se han distribuido las diferentes áreas laborales. Un complejo de una sola planta, en el que se ubican los ámbitos de reunión, unido a un bloque de dos pisos, hacen que esta oficina se articule alrededor de un patio central cerrado. El mobiliario y el almacenamiento del interior del complejo, así como el suelo y el techo, están acabados en blanco; aspecto que confiere sensación de limpieza. Además, los paneles de vidrio llegan hasta la cubierta, proporcionando un entorno luminoso, translúcido y sin obstrucciones.

Este edificio, que usa el agua para proyectar una sensación de eficiencia y profesionalismo, y para reflejar la naturaleza de la actividad de la compañía; crea un espacio laboral inteligente. Del mismo modo, no ofrece una imagen corporativa rotunda, ya que refuerza sus conexiones locales a través de la trasparencia; garantizando que el edificio se conciba como una prolongación del entorno local.

**lugar**
tsuyama, japón
**cliente**
daiwa
**terminado**
junio de 1995
**espacio total del suelo**
455 m
**personal**
30 trabajadores
**coste**
no divulgado

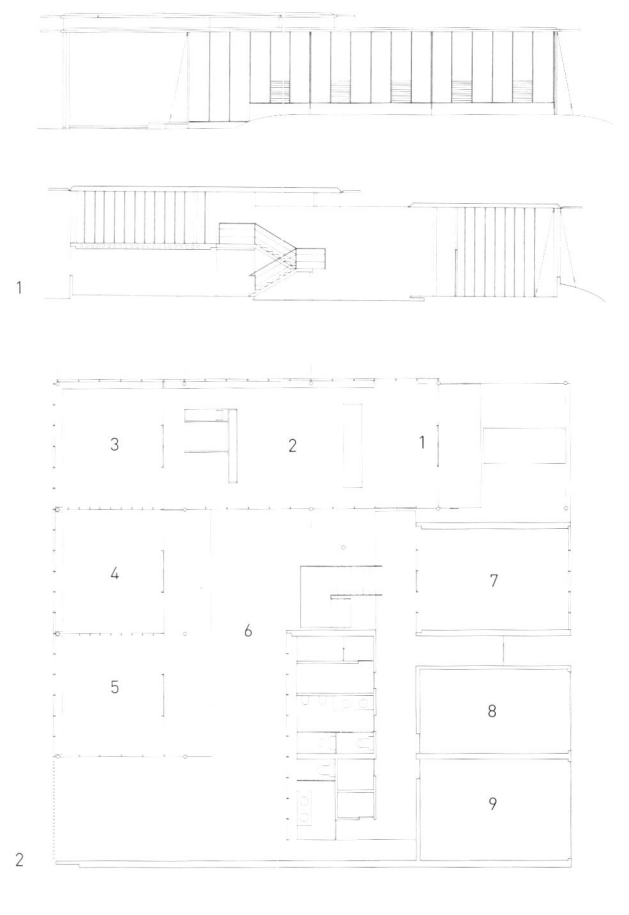

1  Sección y elevación norte
2  Plano de la primera planta
   Leyenda
   1 Entrada
   2 Oficina
   3 Ejecutiva
   4 Recepción
   5 Presidencia
   6 Patio
   7 Laboratorio hidráulico
   8 Almacenamiento
   9 Aparcamiento
3  Minimalismo Zen con el agua reflectante y los entornos de oficinas transparentes, que integran el ámbito laboral con sus alrededores.

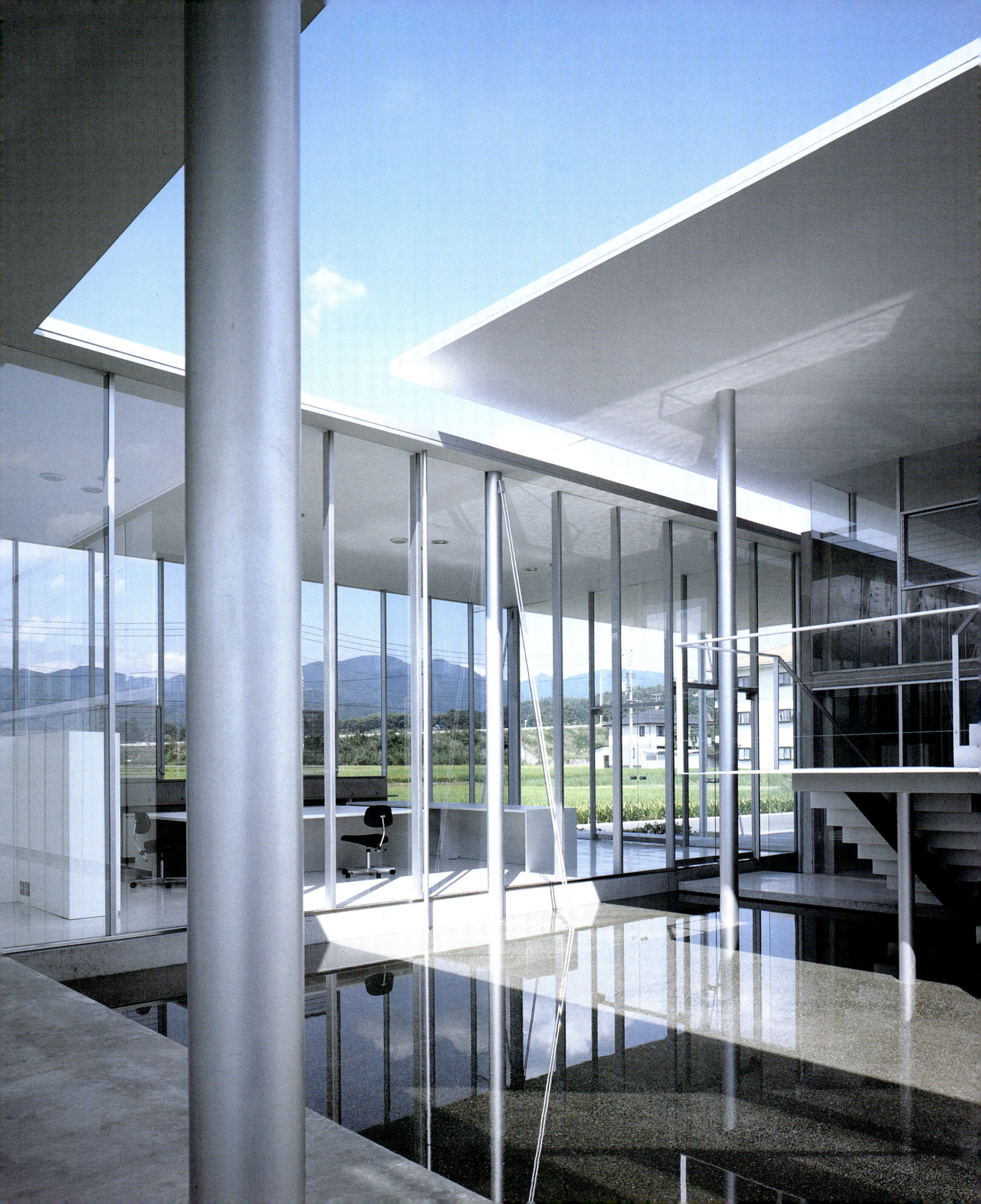

# bürohaus  KAUFFMANN THEILIG & PARTNER

LA rotonda que constituye la sede de esta compañía alemana dedicada al «software», proporciona un entorno impresionante y un ámbito laboral que rompe con los estereotipos. Siguiendo el contorno de la colina donde queda emplazado, la forma circular del edificio pretende ser simbólica, al no apuntar a ninguna dirección en particular. De hecho, el plano tipo «donut» se ha diseñado para descomponer jerarquías y barreras, creando un sentido de trabajo en comunidad.

Los arquitectos Kauffmann Theilig & Partner diseñaron la estructura con forma de arco, para crear un amplio atrio central que contiene una impresionante cubierta de vidrio. Dicho espacio que, según los arquitectos, forma el «corazón funcional y emocional del edificio»; es el eje de circulación del complejo. De hecho, los pisos se conectan mediante una impresionante escalera abierta, suspendida de la cubierta de dicho atrio, que proporciona un enlace vertical al edificio desde el café de la planta baja, hasta las galerías superiores. Por otro lado, una serie de puentes sirven para reunir al personal.

Todos los espacios laborales parten del atrio central y han sido concebidos para fomentar la colaboración y el trabajo en equipo. Se han diseñado grupos de escritorios, en espacios abiertos o celulares, para disponer de mayor flexibilidad y permitir a los equipos un intercambio continuo. La mayoría de las particiones son de cristal y ofrecen una sensación de apertura y transparencia, que aporta a los empleados la sensación de trabajar en comunidad. Los espacios privados proporcionan acceso a las áreas públicas, tanto en el interior como en el exterior del edificio; donde un balcón se extiende desde la fachada, para facilitar un espacio social informal de cara a las reuniones; así como un parasol para evitar la luz excesiva, en las oficinas inferiores.

Los materiales sin tratar usados en la construcción -fundamentalmente hormigón y madera- otorgan al edificio, intencionadamente, un aspecto crudo y natural. Además, puesto que las superficies desnudas almacenan energía, el edificio goza de gran inercia térmica. De este modo, el calor generado por las personas y la maquinaria calienta las oficinas en invierno, y el aire, que pasa por un conducto subterráneo, refresca las instalaciones en verano.

Este es un proyecto que, con su atrio dominante y su estructura no lineal, goza de los atributos principales de un diseño que rompe moldes.

**lugar**
gniebel, alemania

**cliente**
data-firmengruppe

**terminado**
1996

**espacio total del suelo**
5.672 m

**staff**
250 trabajadores

**cost**
14,5 millones de marcos alemanes

1 Simbólico edificio circular, con sus balcones externos y su impresionante cubierta de cristal.

2 El espacio principal del atrio proporciona un centro focal para la comunidad, y un lugar de reunión informal para las personas.

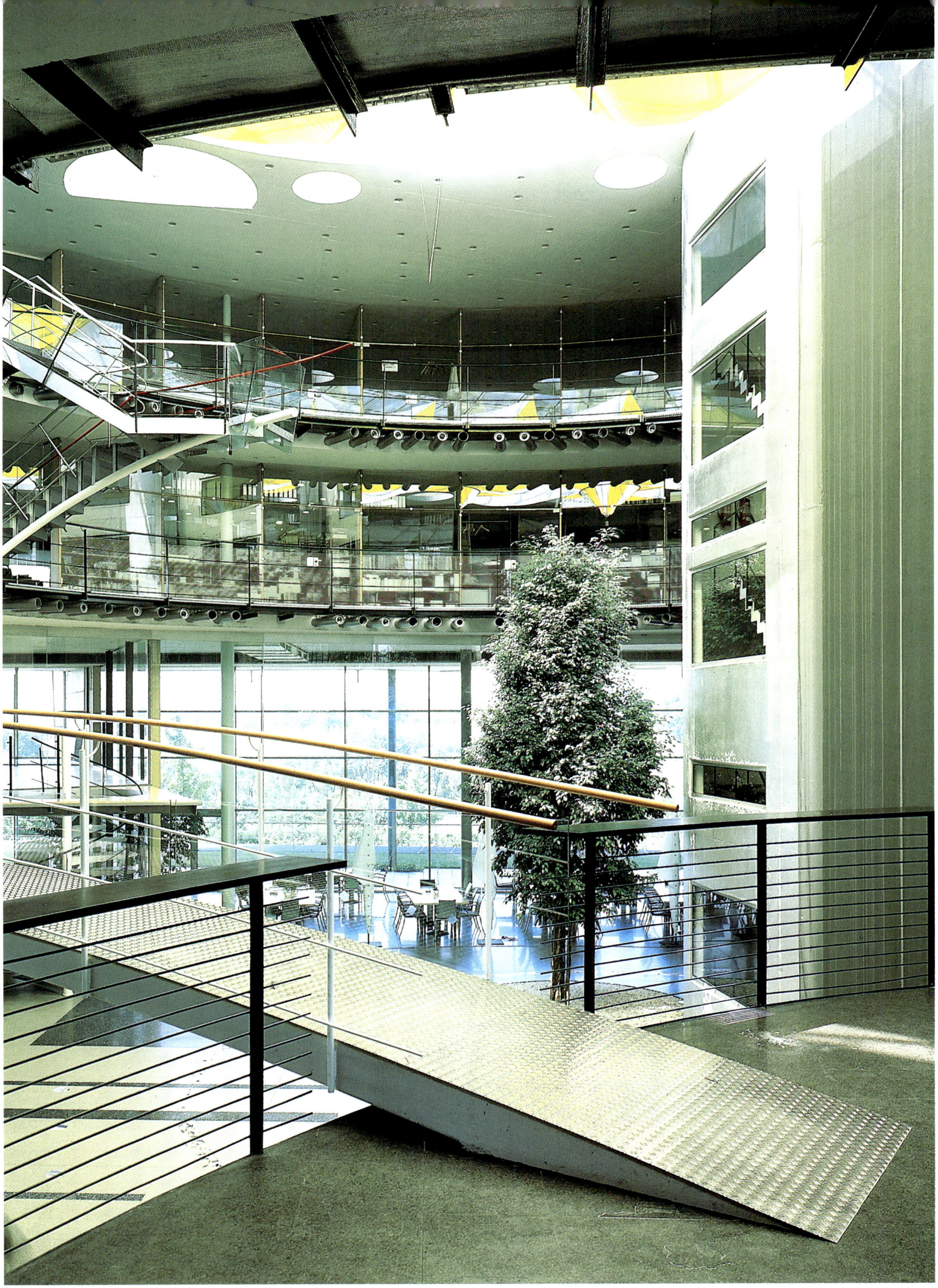
2

1   Los balcones permiten a la gente salir afuera para tomar el aire y proporcionan lugares para encuentros casuales.

2   Plano de planta, que muestra los espacios privados y públicos.

3   Sección

4   Una de las galerías superiores que fomenta la circulación por todo el edificio.

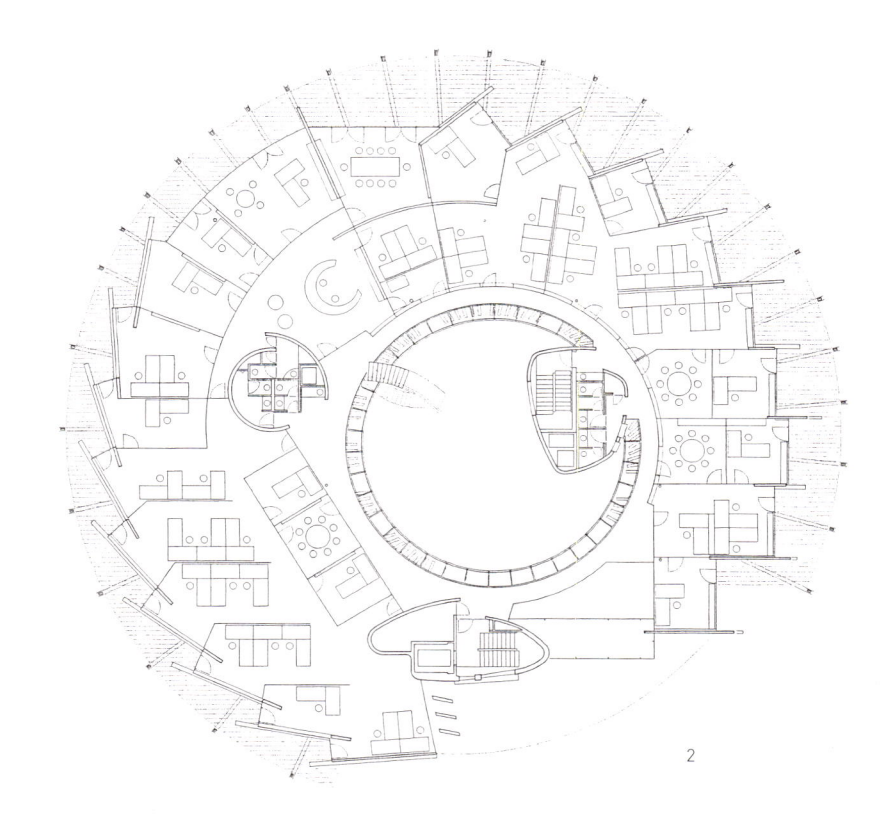

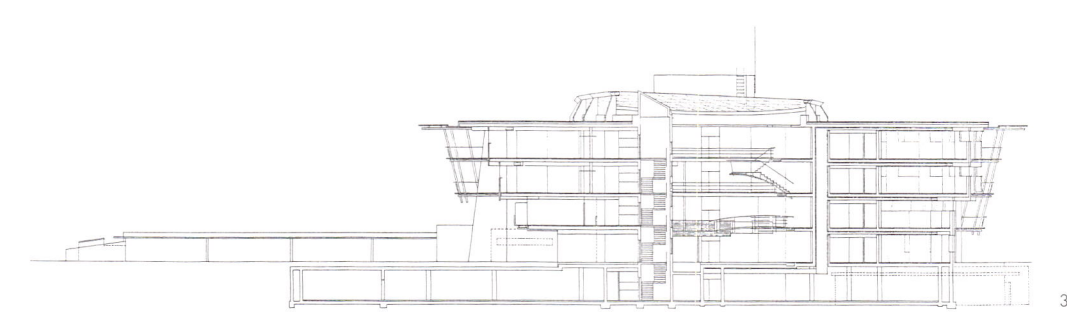

COMUNIDAD BUROHAUS 173

# yapi kredi bank    JOHN McASLAN & PARTNERS

EN un solar, junto al Mar de Mármara, el arquitecto John McAslan y sus socios han creado un centro de operaciones y datos, en un edificio nuevo, que es uno de los mayores de Europa con estas características. Diseñado para Yapi Kredi, el mayor banco privado de Turquía, esta compleja oficina ha sido remodelada, siguiendo las estructuras urbanas tradicionales de oriente medio, con el fin de crear una comunidad para los 1800 trabajadores allí emplazados.

El impresionante acceso al complejo de edificios se efectúa a través de una pasarela de vidrio que discurre a lo largo de un desfiladero ajardinado. Conduce a una plaza cubierta que sirve de entrada principal a un complejo de edificios que, en la práctica, forman una ciudad oficina.

El plano principal descompone el terreno en diez inmuebles independientes, de tres pisos cada uno. La conexión entre los edificios se realiza mediante una serie de calles interiores cubiertas que forman el corazón de la comunidad y recrean la atmósfera de un bazar, tanto en términos de uso como de diseño. Para cubrir dichas calles se ha utilizado una estructura de tejido flexible, pestañas de vidrio y persianas retráctiles, que permiten regular la luz natural.

Para diseñar estas áreas comunes, el arquitecto se ha inspirado en los espacios de la dinastía Han, donde los mercaderes paraban para descansar y comerciar. Las oficinas se agrupan alrededor de patios centrales, que proporcionan áreas compartidas. En cada intersección de las calles existe una estructura cilíndrica distintiva que forma un monumento común. Este rasgo arquitectónico impresionante proporciona acceso a las oficinas y a las áreas comunes de servicios.

Cada calle está diseñada con un estilo individual. El diseño fomenta la interacción entre las personas de los diferentes departamentos y proporciona espacios para trabajar lejos de los despachos convencionales o de las salas de reuniones.

Dentro del entorno de la oficina, el espacio, en su mayor parte abierto y sin tabiques, crea un ambiente ordenado, en contraste con el barullo de las calles exteriores. Se ha usado un mobiliario moderno de oficina de estilo Ahrend, fabricado en Alemania, con escritorios reunidos en grupos de cuatro. Las líneas visuales se han conservado mediante el uso de pantallas bajas y elementos de almacenamiento. En general, el edificio ha logrado la necesidad de fomentar tanto la colaboración, como la concentración en el trabajo; creando una comunidad en un espacio diseñado para atraer a la gente hacia la dinámica del trabajo en equipo.

1  Sección que muestra la pasarela y la entrada del edificio.
2  Una de las calles, decorada con árboles, y una cafetería. Al fondo, escalera cilíndrica que conduce a los pisos de oficinas.

**lugar**
gebze, turquía

**cliente**
yapi kredi bank operations centre

**terminado**
1997

**espacio total del suelo**
50 000 m

**personal**
1800 trabajadores

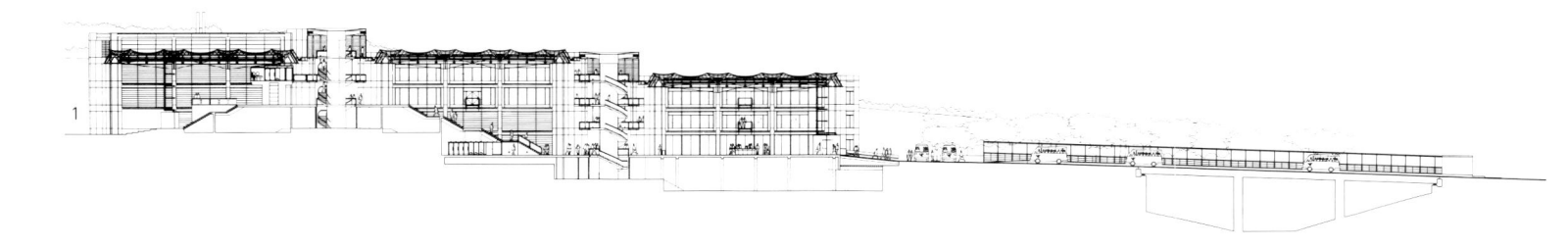

**coste**
20 millones de libras

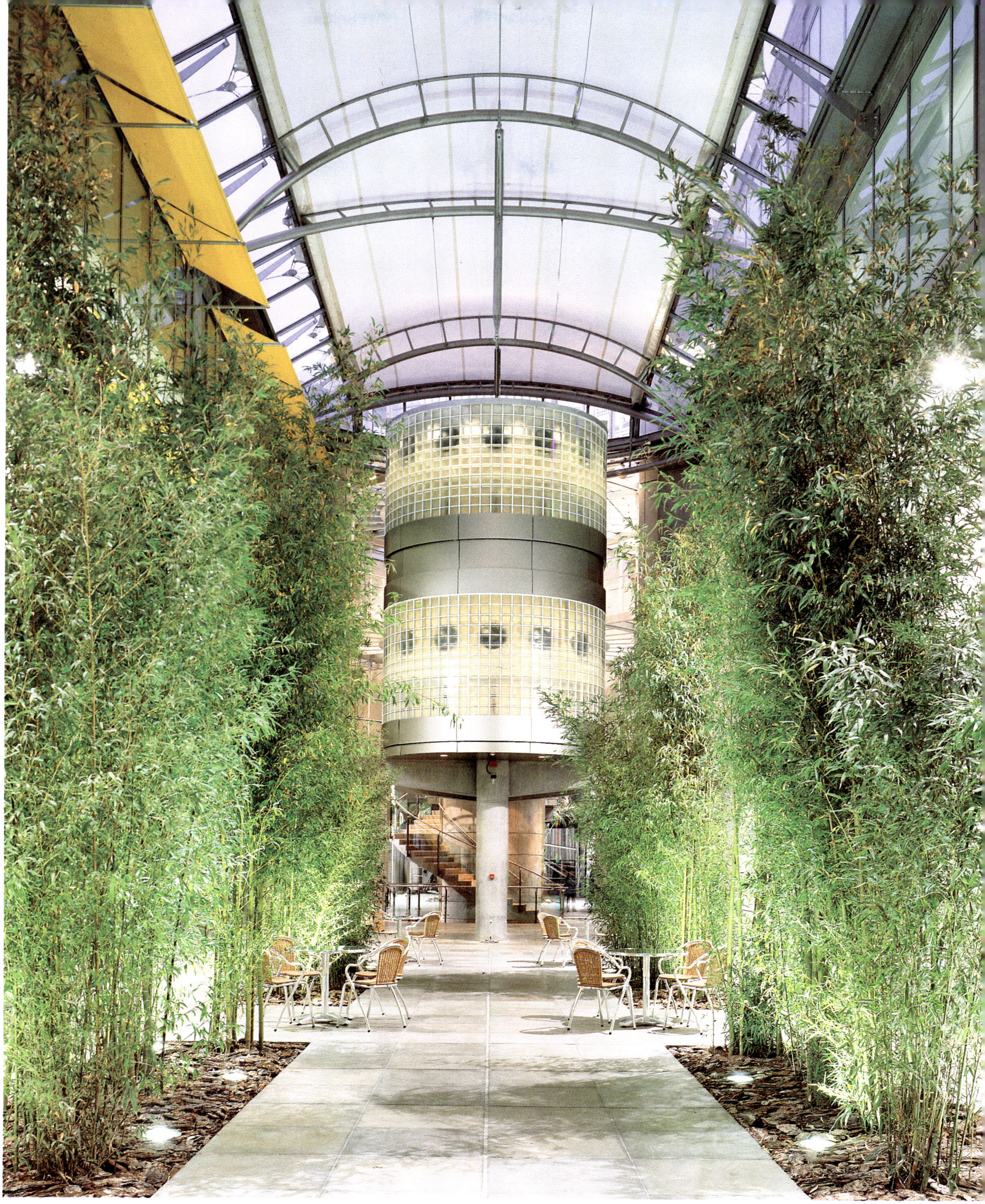

2

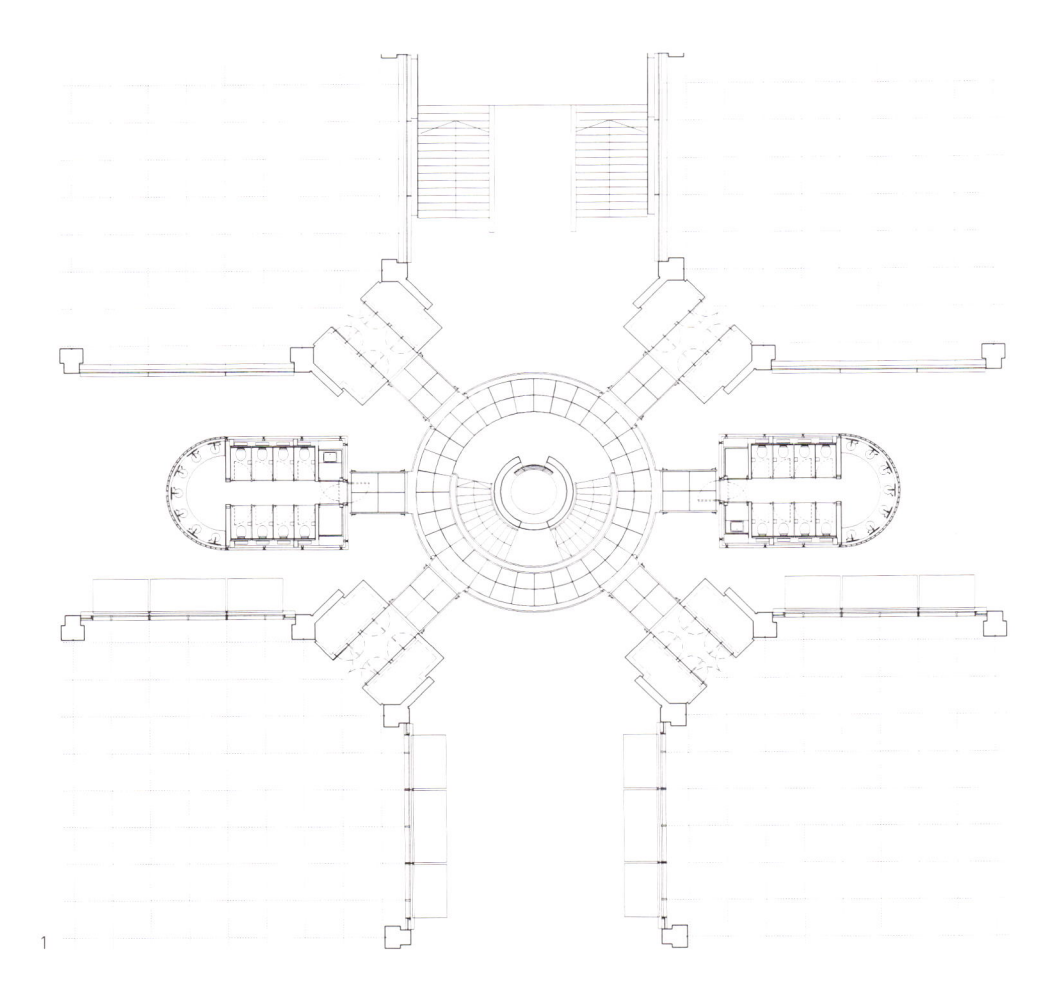

1. Plano de la intersección de dos calles que muestra el cilindro central donde se ubica el área de servicios.

2. Plano del terreno que ilustra la «ciudad» oficina con diez edificios individuales y las calles adjuntas.

3. Entrada principal con dosel y su impresionante puente colgante de vidrio que cruza un desfiladero.

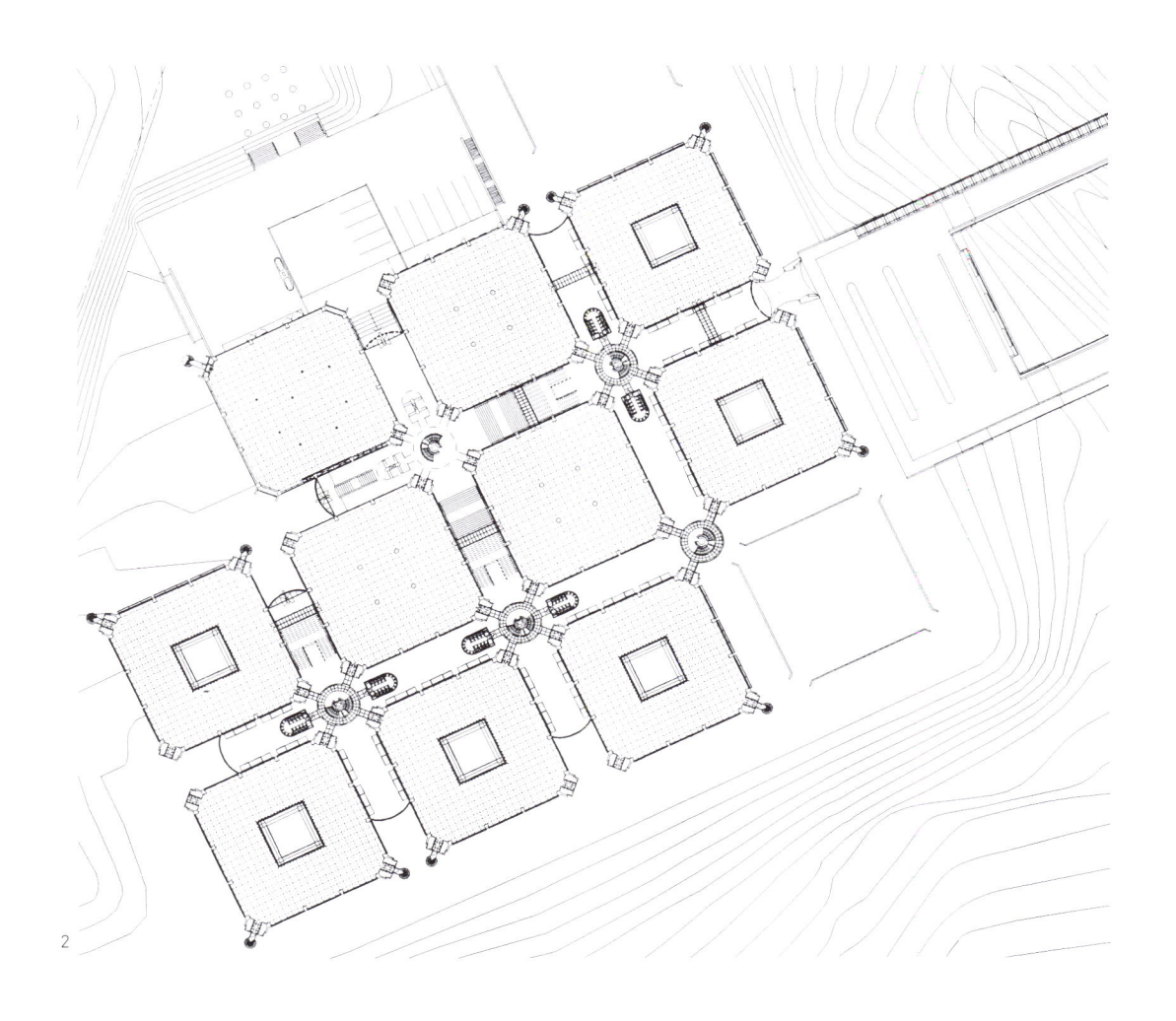

COMUNIDAD YAPI KREDI BANK **177**

1   La plaza del jardín y la escultural escalera en espiral, que animan a la gente a moverse de un piso a otro.

2   Las calles se han diseñado tomando como modelo la época de las dinastía Han, lugares donde los mercaderes paraban en sus viajes para descansar y comerciar.

COMUNIDAD. YAPI KREDI BANK 179

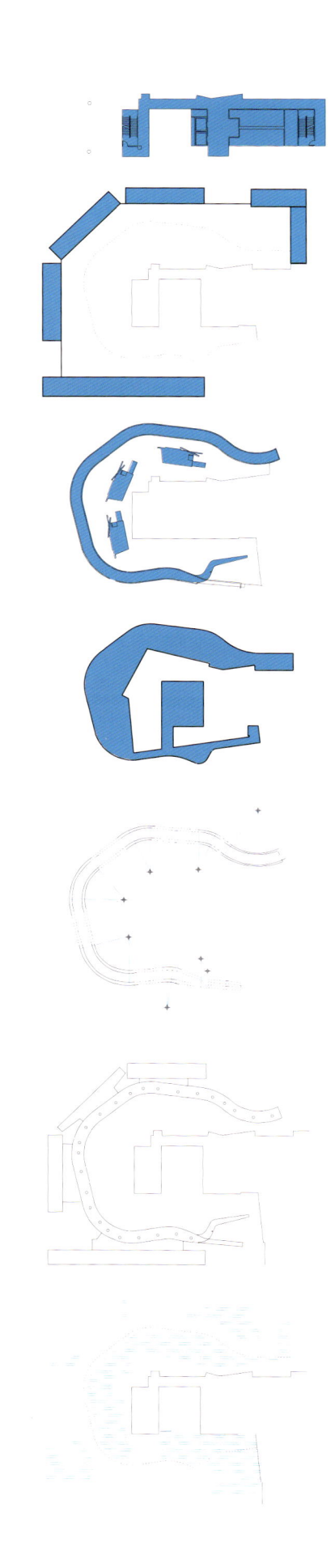

## shr perceptual management
**MORPHOSIS**

MORPHOSIS desarrolló el concepto de «oficina comunitaria» para la empresa estadounidense dedicada al diseño, SHR. El espacio laboral se dividió inteligentemente en zonas diferentes, en función a las distintas actividades desarrolladas. El plano del edificio, en forma de U, ha dado buenos resultados, debido a que de los espacios celulares se ubicaron entorno al perímetro del suelo y a que se usó una pared continua, en forma de arco, que separa las oficinas y atraviesa el área laboral de un extremo a otro.

El espacio interior cerrado, proporciona un área flexible para conferencias y reuniones, así como para oficinas sin compartimentar. Cada una de estas áreas, insertadas dentro de un «tubo» blanco, supone un oasis, en claro contraste con las áreas cerradas. Las pantallas de metal perforado demarcan estas zonas.

Aquí se muestran los planos de planta y los planos axonométricos del proyecto.

COMUNIDAD 181

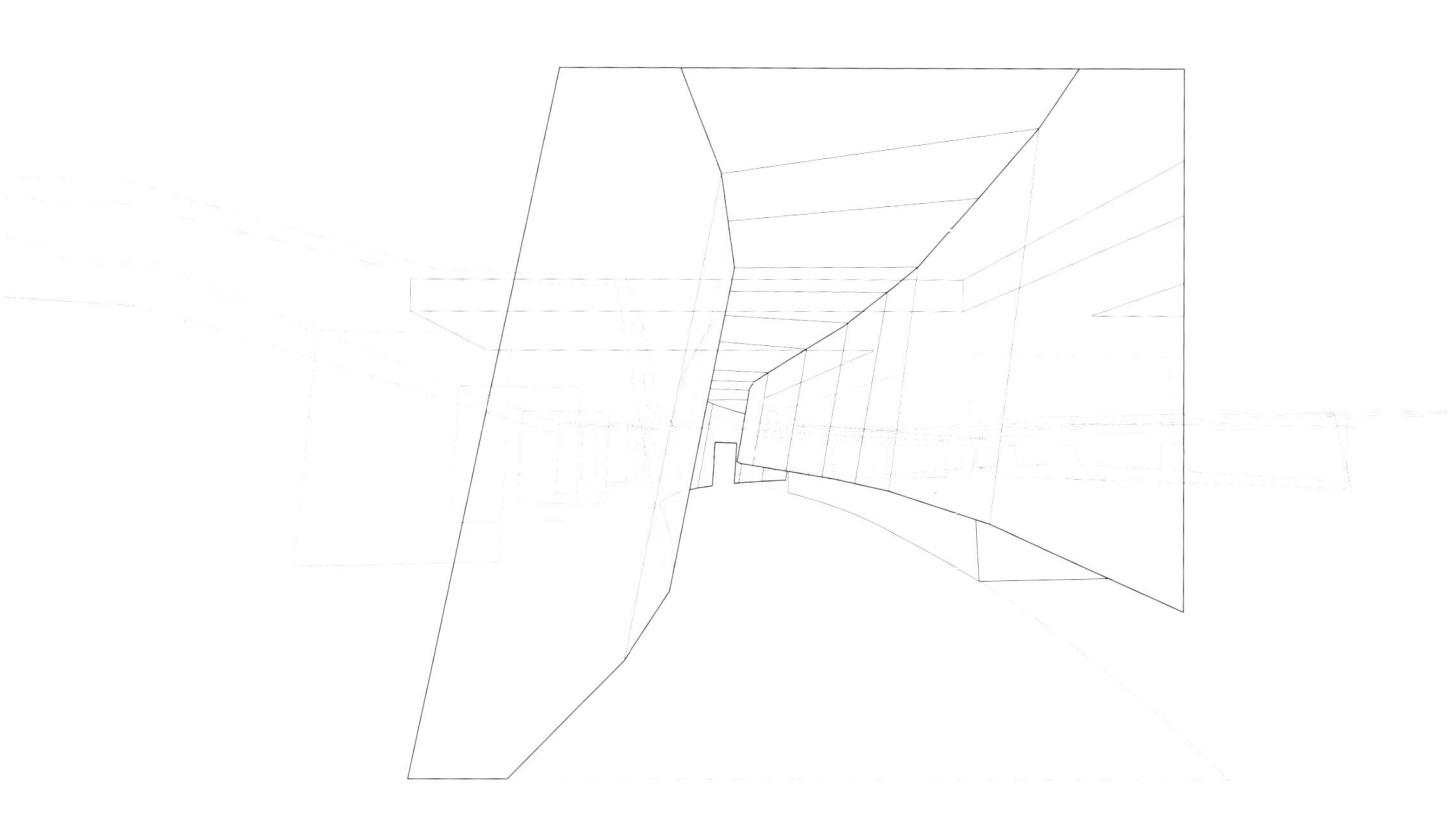

movilid

ANTIGUAMENTE, las oficinas eran lugares de trabajo estáticos y sedentarios. Las personas se sentaban en ubicaciones fijas, bajo la constante mirada de un supervisor. Tanto el control de la dirección, como las restricciones tecnológicas anclaban al trabajador a su puesto. Pero, en la oficina creativa, se fomenta el movimiento desde un lugar a otro, a medida que las personas trabajan cómo y dónde quieren, ayudados por las nuevas tecnologías inalámbricas. El concepto de movilidad permite que el trabajo se conciba como una serie de desplazamientos que crean encuentros fortuitos y reuniones informales; más productivos cuanto más espontáneos y menos planificados. Esta sección final del libro presenta un conjunto de interiores de oficinas que se acogen a los nuevos patrones de trabajo.

# monsanto  HOLEY ASSOCIATES

TÉRMINOS como «prado», «porche», «salón» y «espacios de temporada», describen un lugar de trabajo que representa, no sólo, la filosofía de esta empresa líder de biotecnología; sino también, el pensamiento innovador aplicado al desarrollo del diseño de las instalaciones de su sede. Se trata de un esquema que anima a los empleados a reconsiderar su concepto de oficina, a medida que adoptan lugares y modos alternativos de trabajo.

Monsanto se dio cuenta de que podía aumentar su competitividad creando un entorno de trabajo que permitiera a sus empleados producir más, en mejores condiciones. De este modo, este ambicioso proyecto -de 37.160 m²- supuso la renovación de la dinámica de trabajo para los directivos de la compañía. Así, una mezcla de áreas privadas y públicas, así como de espacios estáticos y dinámicos, conforma un espacio en el que las personas tienen libertad de elegir su entorno de trabajo.

Cada departamento desarrolla el sentimiento de comunidad para cada gran grupo o equipo empresarial. Se trata de un lugar donde la gente puede elegir entre una gama de entornos, entre los que se incluyen un estudio con instalaciones comunes, salas para reuniones privadas y conversaciones telefónicas, y un espacio personal de trabajo.

En la transición desde el área pública a la privada, se ha desarrollado un ámbito intermedio conocido como el porche. Dicho espacio semiprivado puede adaptarse, según las necesidades, para recrear el ocio de los trabajadores que se sientan en los porches. De este modo, tienen la opción de orientarse hacia fuera cuando están dispuestos a conversar con los que pasan, o de espaldas cuando se desea privacidad.

La planificación del espacio fomenta la interacción del personal, en su desplazamiento por las diferentes áreas de la planta. La circulación es inusual y permite que el individuo disponga de una gama de espacios semiprivados, de carácter familiar. Dichos espacios confieren al personal un sentido de posesión del espacio; sentimiento que se extiende a la tecnología aplicada al edificio. Sin ir más lejos, los controladores de infrarrojos inalámbricos permiten a los usuarios cambiar los entornos alterando la iluminación y la temperatura.

Holey Associates ha logrado una orientación que potencia, a través de la analogía con emplazamientos rurales, la movilidad en el trabajo; demostrando que las mejores prácticas laborales se logran pensando en el entorno como espacio de trabajo global, y no como un elenco de diferentes ámbitos individuales.

**lugar**
st louis, missouri, estados unidos

**cliente**
monsanto company

**terminado**
noviembre de 1997

**espacio total del suelo**
3.250 m

**personal**
75 trabajadores

**coste**
no divulgado

1 El «porche principal» permite cierta privacidad, a la vez que proporciona un lugar para que la gente mantenga conversaciones informales.

MOVILIDAD MONSANTO 185

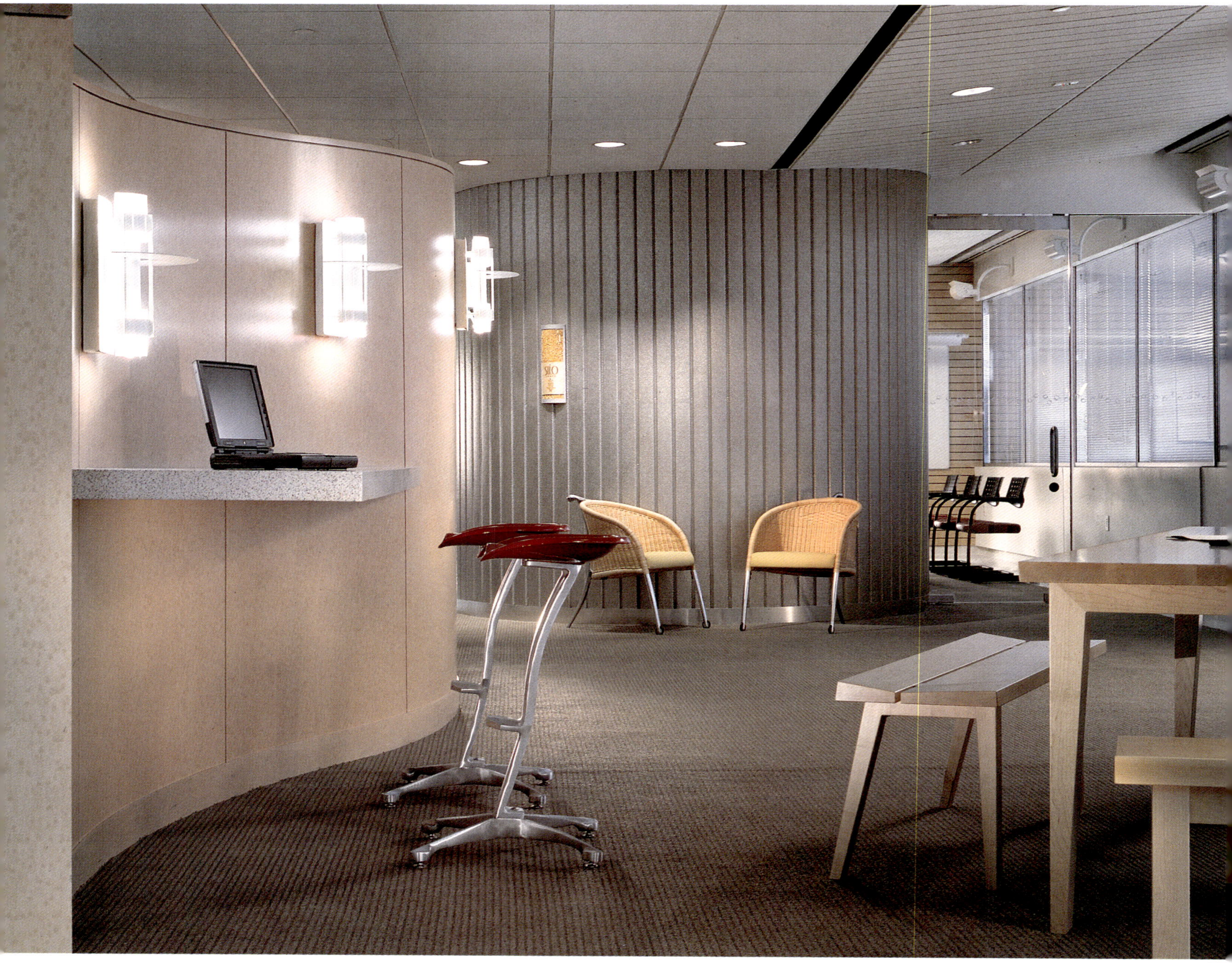

1 El «salón», que incluye las áreas de circulación, cafetería y «espacios de asueto», proporciona un lugar para las interacciones dinámicas, en un ambiente público que se puede reconfigurar con facilidad, para adaptarlo a funciones diferentes.

2 Plano de planta que muestra la variada distribución del espacio, dentro de cada barrio. El usuario se desplaza desde el salón hasta una de las áreas de trabajo en equipo, o a las áreas presentadas en amarillo (ilustradas con detalle en el trazado del mobiliario presentado en las páginas siguientes).

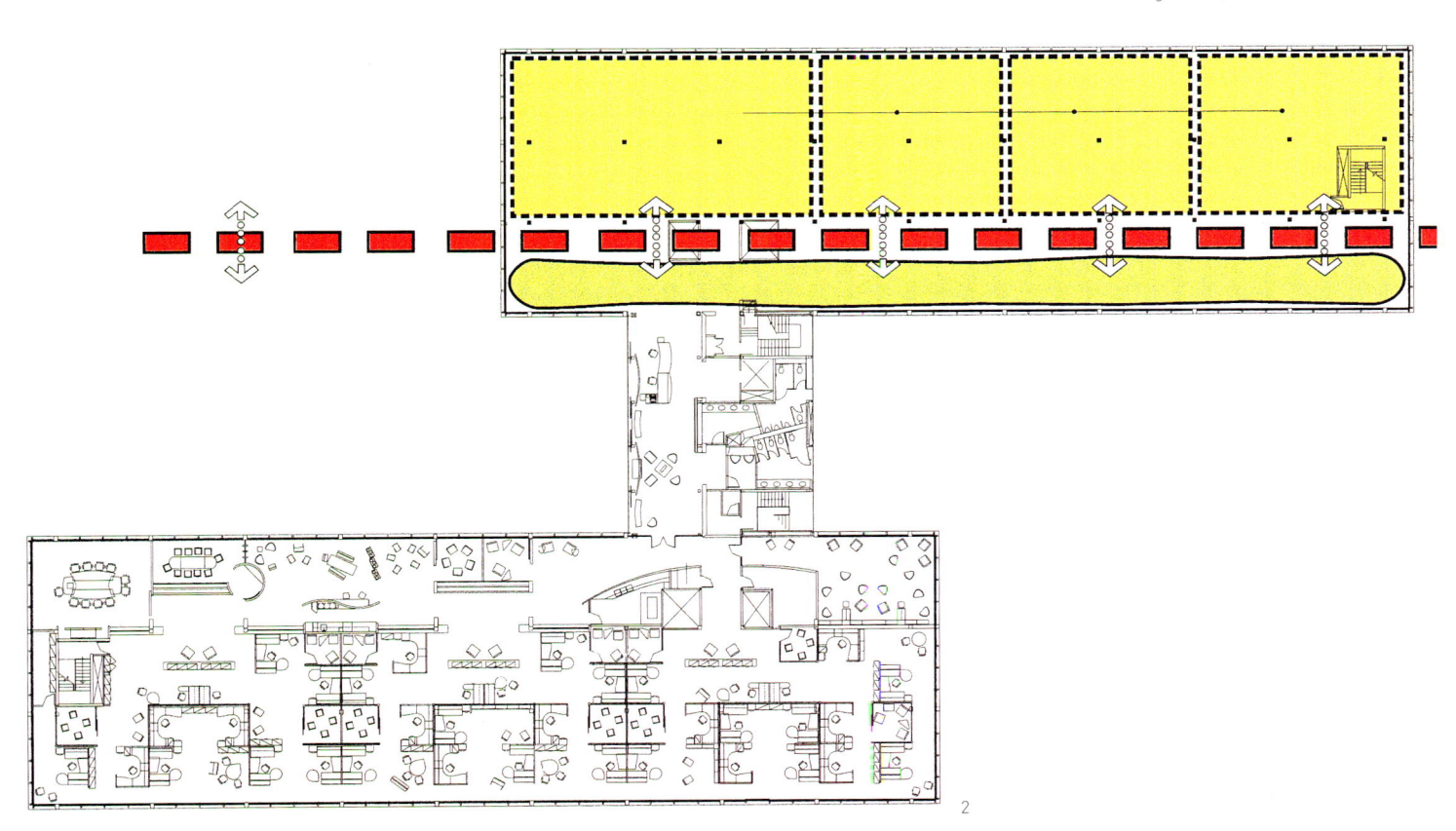

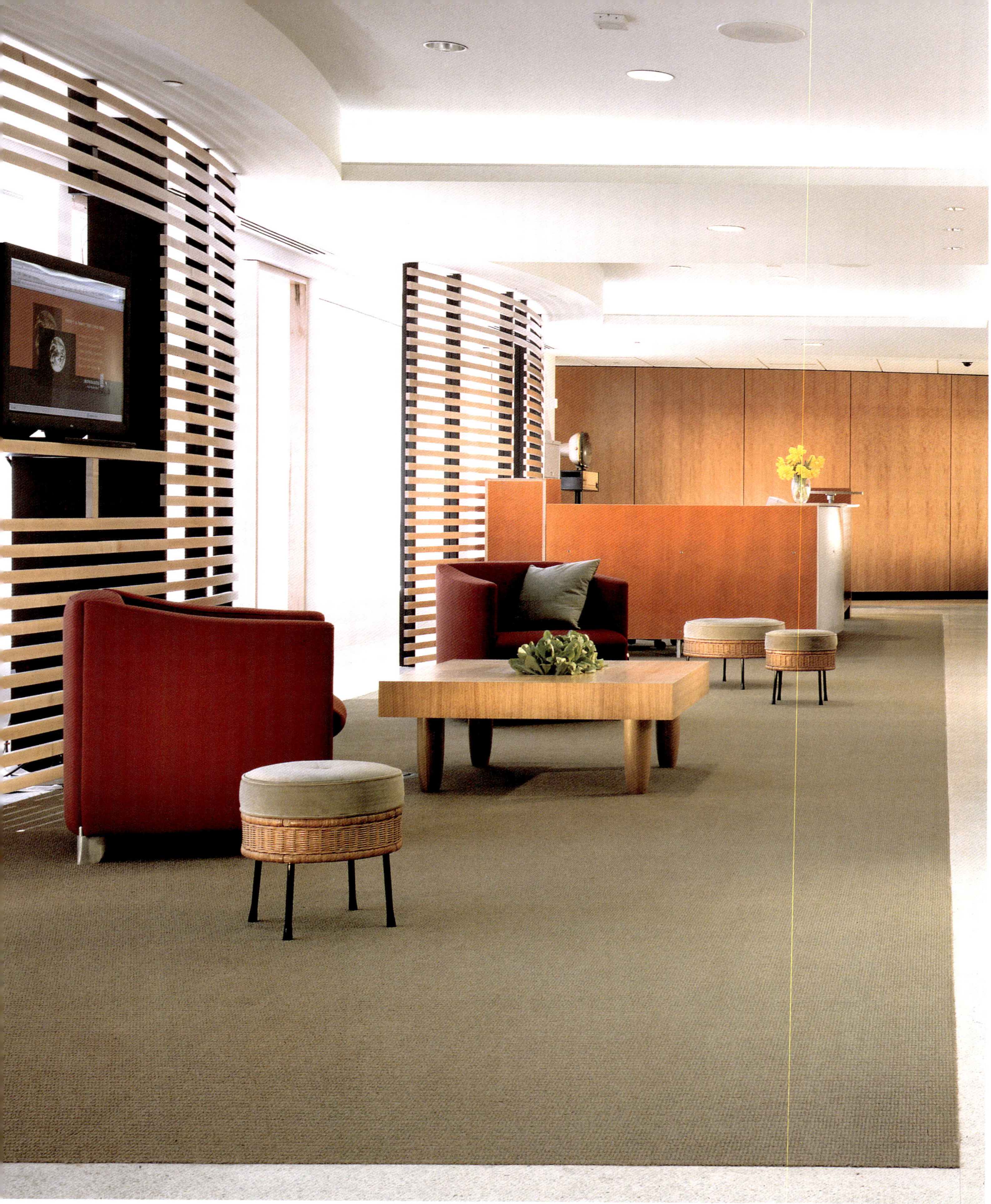
1

1 En cada planta, el área central se convierte en el foco de la comunidad. Todas las áreas de circulación convergen aquí, proporcionando un lugar de encuentro y un espacio de recepción, donde se da la bienvenida a los visitantes.

2 Biblioteca que proporciona un espacio para el pensamiento; una alternativa silenciosa y tranquila frente a los espacios públicos de reunión. De forma intencionada, no hay teléfonos, y el mobiliario informal crea un ambiente de contraste con las oficinas.

3 Una vista del interior del espacio de trabajo que muestra las oficinas individuales, conocidas como «estudios», junto a una habitación, o «salón», destinada a reuniones privadas.

# arthur andersen  BDG McCOLL

LA asesoría financiera de la firma internacional Arthur Andersen, ha creado en su sede londinense un espacio innovador, basado en el trabajo en equipo. Asentada sobre las bases éticas de flexibilidad laboral, permite que un grupo de 170 personas acceda a recursos avanzados y elija su propio entorno.

El uso de tonalidades fuertes en este espacio resulta muy apropiado: los diseñadores BDG McCol, influidos por el gurú Edward de Bono, han creado salas de reunión de color rojo, para infundir energía; y habitaciones verdes, para estimular la creatividad. Del mismo modo, han combinado, con inteligencia, el mobiliario comercial con el doméstico; dando como resultado un ambiente que mezcla -mediante un contraste impresionante- lo formal con lo informal, a medida que el individuo se desplaza por la oficina.

El objetivo del cliente fue establecer un entorno que potenciase las relaciones laborales personales y donde los diferentes equipos pudiesen intercambiar sus conocimientos. Con especial énfasis en el llamado «aeróbic del cerebro» y en el bienestar físico del personal de Arthur Andersen, el objetivo fue crear un espacio a medida de las necesidades cambiantes de un personal temporal.

Los diseñadores se centraron en la creación de un núcleo, tras el área de recepción, para visitantes. Dicho espacio se planificó como una cafetería, con mesas sencillas y sillas de metal, que crean un ambiente distendido. El área central divide, también, el espacio en dos partes distintas: una para el trabajo individual y otra para el trabajo cooperativo.

Dentro del un entorno de inspiración Zen, las peceras y las imágenes de palmeras crean un ambiente relajante; mientras que, el área de trabajo en equipo está dominada por el llamado «caos». Aquí, la gente reconfigura el mobiliario móvil para acomodarlo a la tarea que les ocupa en cada momento. La movilidad y flexibilidad de dicho entorno, contrasta con el de los administradores de equipo, que poseen escritorios permanentes; puesto que la información que proporcionan sobre los diferentes proyectos, se encuentra archivada en un lugar fijo.

El uso de las curvas, tanto en la pared de las taquillas como en los escritorios móviles, produce una sensación de fluidez y movimiento en todo el espacio laboral. Con esta sensación y la necesidad marcar una dicotomía entre las áreas tranquilas y las más bulliciosas, se ha creado este espacio dinámico, que fomenta la colaboración y la interacción entre los trabajadores, como respuesta a la ideología y la diversidad del trabajo de los asesores de Arhtur Andersen.

**lugar**
londres, reino unido

**cliente**
arthur andersen

**terminado**
noviembre de 1997

**espacio total del suelo**
820 m

**personal**
170 trabajadores

**costee**
no divulgado

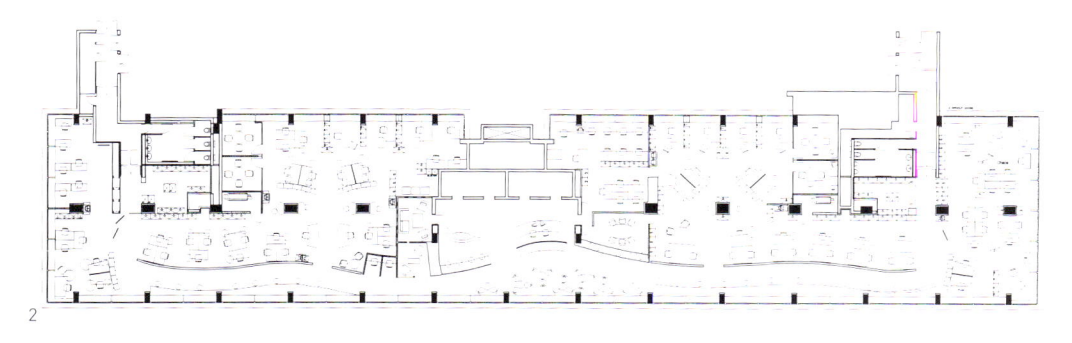

1. Vista del interior de la principal área común de oficinas que muestra los escritorios y el mostrador elevado, donde la gente puede trabajar con los ordenadores portátiles. Una pared curva y una cubierta más baja identifican la ruta de circulación y proporcionan un elemento de demarcación.

2. Plano de planta que muestra la subdivisión del espacio en zonas definidas.

1. Habitaciones coloreadas inspiradas en las teorías de Bono sobre los «sombreros de colores», donde el rojo se usa para dar energía y el azul para transmitir calma.

2. Área donde de puede acceder a Internet, mediante pantallas de última tecnología y ordenadores en red.

3. Un almacenamiento centralizado proporciona la capacidad de compartir la información. Se encuentra ubicado alrededor del personal de apoyo, que está asignado a despachos permanentes.

4. La zona conocida como «caos» está equipada con mesas móviles Fantoni y una silla Aeron, de Herman Miller. Detrás, se encuentra una pared de almacenamiento curva, con taquillas fabricadas a medida, para ofrecer al personal cierta personalización. Se completa con un armario central y dos unidades más pequeñas, con espacio para un ordenador portátil.

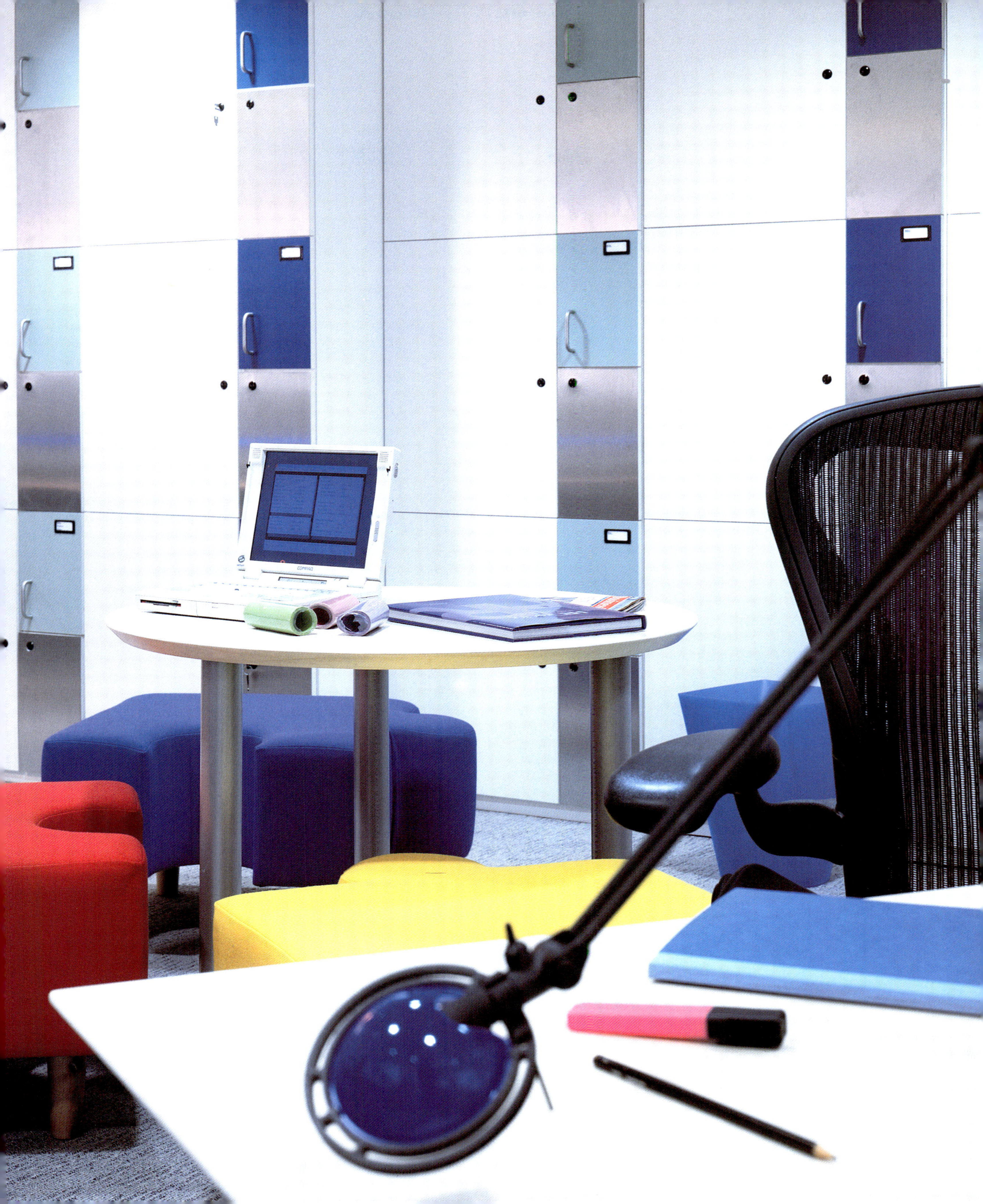

# ideo san francisco

**IDEO & BAUM THORNLEY ARCHITECTS**

CUANDO IDEO, empresa internacional de desarrollo de productos, decidió mudarse a una oficina nueva, en San Francisco, un antiguo almacén del muelle cubrió la necesidad de un espacio dinámico y adaptable. Con su planta diáfana y sus amplias dimensiones, junto con unas espectaculares vistas de la bahía, el edificio permitió la creación de un espacio de trabajo que reflejara el pensamiento y la cultura de la empresa.

La movilidad interior y exterior es vital en la filosofía de trabajo de IDEO. El dinamismo comenzó con la premisa de no tener un escritorio asignado, sino una gama de lugares en los que trabajar, distribuidos en distintas áreas del edificio. Posteriormente, la idea se extendió hasta permitir que el personal trabajase fuera de su lugar de trabajo.

IDEO se percató de que la tecnología había determinado un cambio en las premisas empresariales. Equipados con ordenadores portátiles y teléfonos inalámbricos, los trabajadores de IDEO pueden elegir su hábitat laboral; desde una biblioteca, una sala de reunión o una oficina; hasta un coche, una cafetería, o el entorno urbano exterior.

Baum Thornley Architects, en colaboración con los diseñadores de IDEO, crearon un entorno insólito para reflejar y fomentar este estilo de trabajo variado y fluido. Con su «ala» que alberga el estudio y la "pared" que proporciona áreas exclusivas para sus clientes, el arquitecto ha dividido el espacio en estancias públicas y privadas.

Dentro del lugar de trabajo, se anima a la colaboración, mediante una serie de once islas o grupos, que ofrecen gran versatilidad a los equipos. Esta es una idea central de la cultura de IDEO: integrar a la gente proveniente de distintas disciplinas (como el diseño, la ingeniería o la informática) en un proyecto de equipo. Las islas, diseñadas por Sam Hecht e Ian Coats MacColl, se conectan entre sí, a lo largo de una espina central. Así mismo, se ha desarrollado un sistema de mesas móviles, que permite a los usuarios reconfigurar sus entornos, según la tarea que les ocupe.

Dentro de las áreas públicas, las salas de equipo semicerradas permiten reuniones serias, mientras que la cafetería y el mirador proporcionan emplazamientos más informales para la interacción, la colaboración, y las reuniones informales.

Basándose en los principios de comunicación, movilidad, y adaptabilidad, IDEO ha creado un lugar de trabajo eficaz, que atiende a las necesidades cambiantes de su personal.

**lugar**
san francisco, estados unidos

**cliente**
IDEO

**terminado**
enero de 1996

**espacio total del suelo**
1 115 m

**personal**
40 trabajadores

**coste**
0.5 millones de libras

1 Baum Thornley Architects ha diseñado un espacio dinámico para el estudio de IDEO, en San Francisco, combinando madera y vidrio para crear un entorno luminoso y abierto.

2 El antiguo almacén proporciona un entorno flexible para presentaciones y diversas actividades de la empresa, así como para reuniones informales. Existe la posibilidad de bajar una impresionante pantalla de vidrio para dividir el espacio.

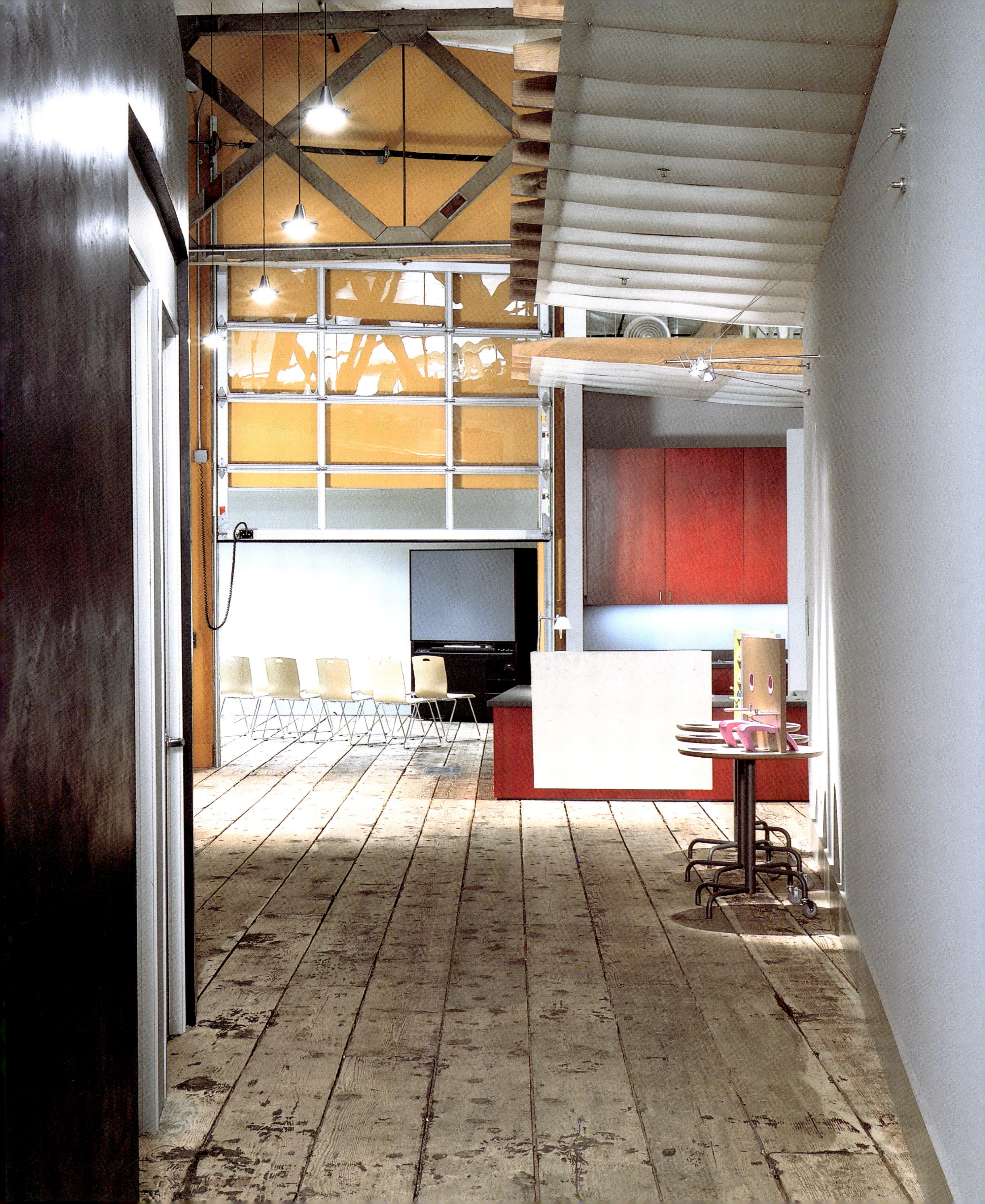

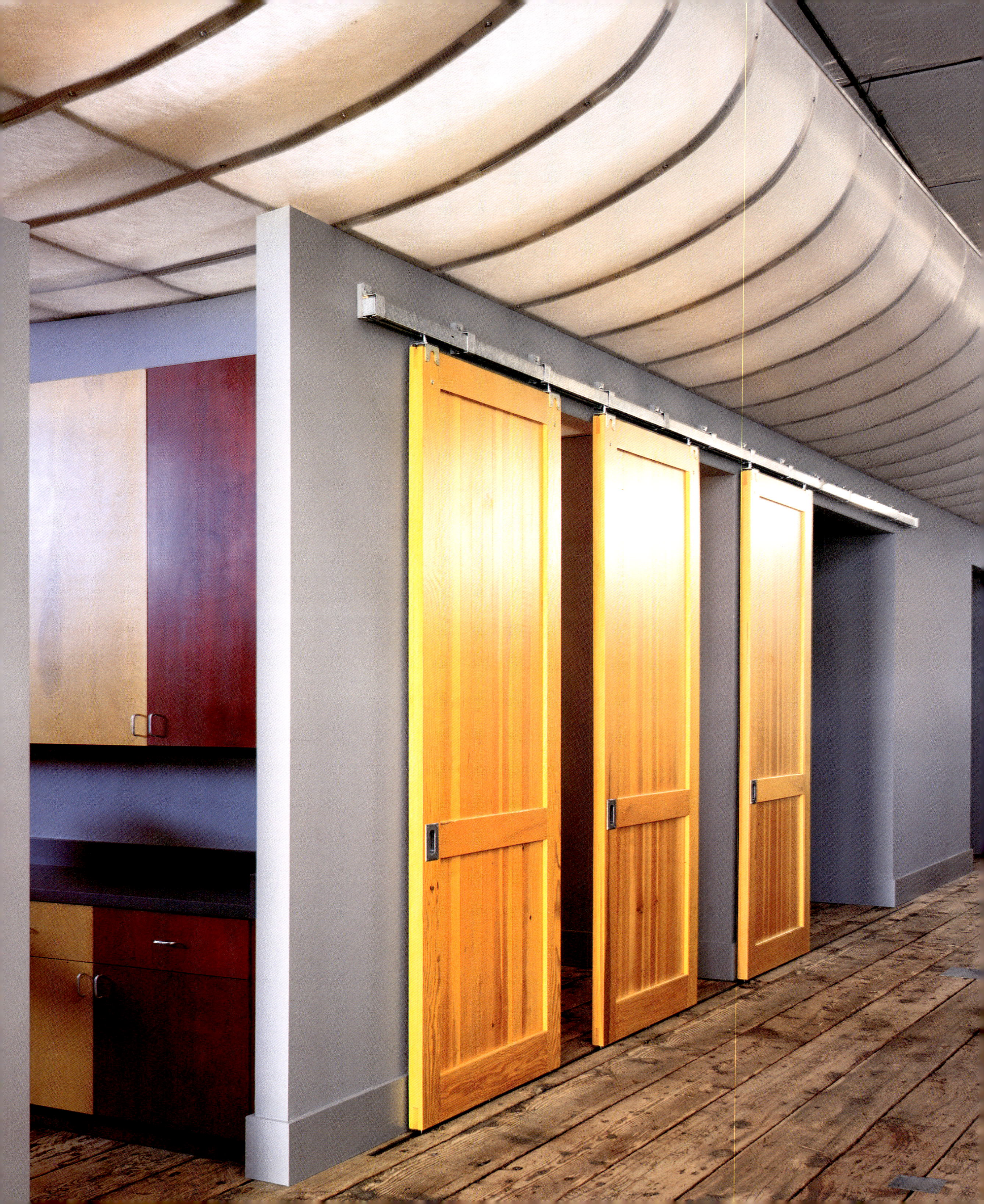

1 Saliendo de las principales rutas de circulación, damos con puertas correderas que proporcionan unas salas semicerradas ideales para el trabajo en equipo. El ala curva, de fibra de vidrio, es una extensión de la cubierta abovedada.

2 Plano de planta que ilustra las áreas curvas destinadas a los escritorios y a la separación de los espacios públicos de los privados.

3 Plano axonométrico del mobiliario que ilustra una de las islas, donde se ubica una librería central y una mesa de trabajo en equipo, así como cuatro oficinas.

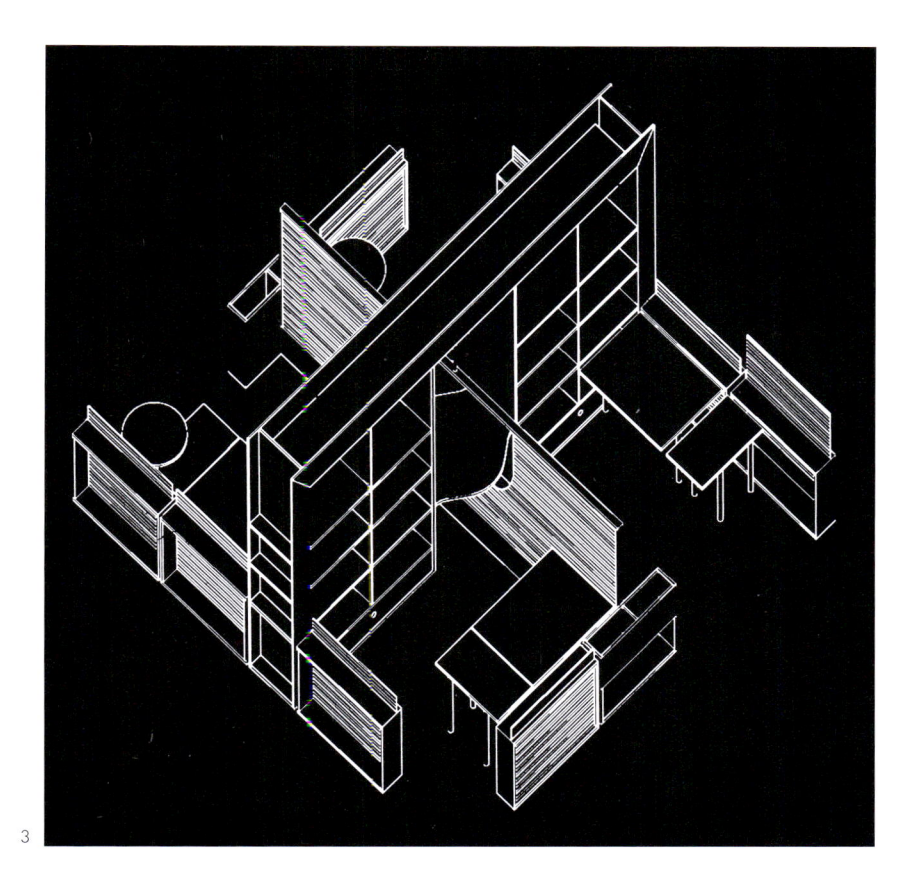

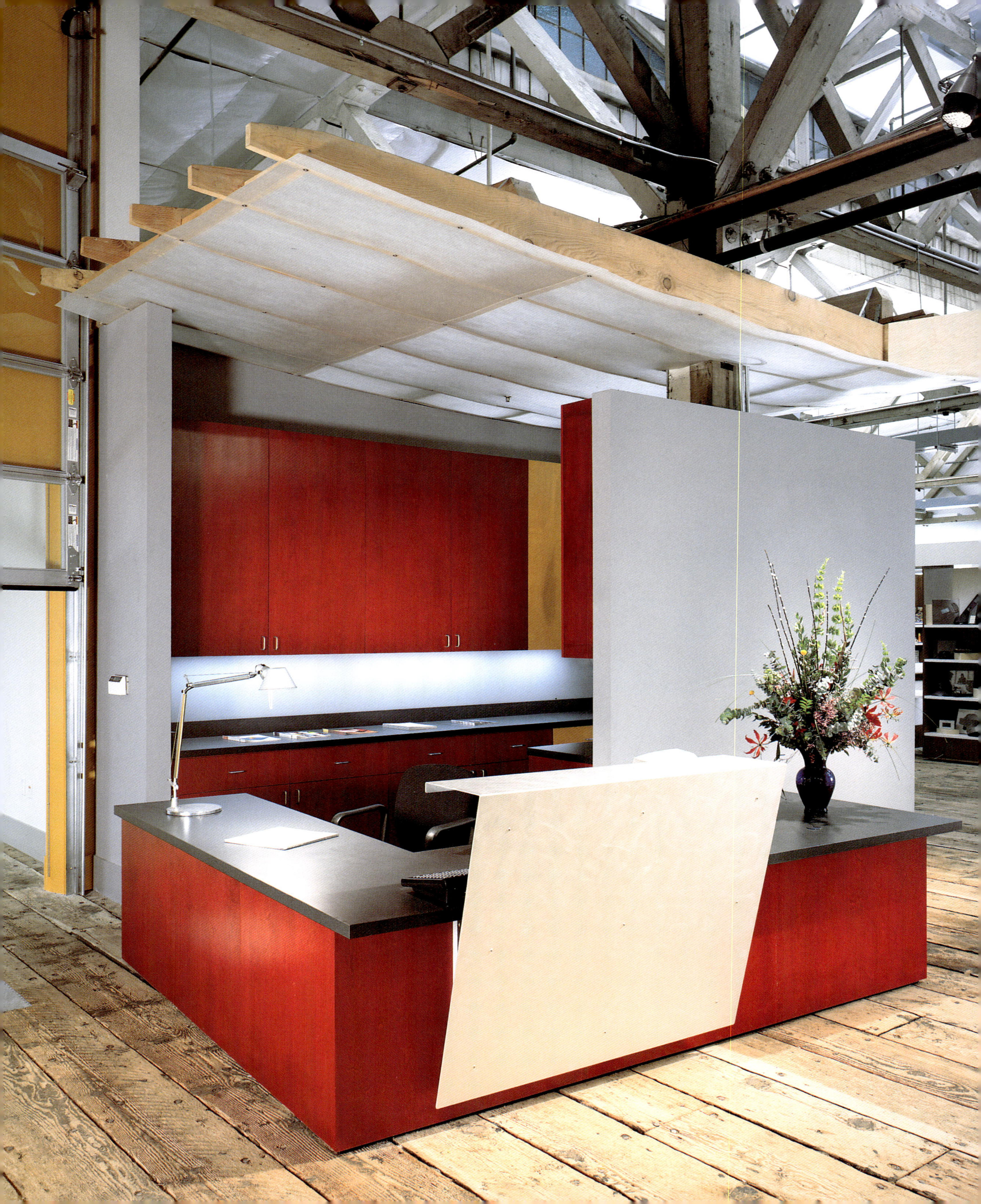

1. La recepción ofrece a los visitantes una vista de toda la oficina. El espacio de origen industrial ha conservado su idiosincrasia. Se ha logrado fomentar la colaboración entre los trabajadores, mediante diáfanas líneas arquitectónicas.

2. Al final del estudio se halla el mirador, una cafetería, y un espacio de reunión, que conduce a un balcón con vistas espectaculares sobre la bahía de San Francisco.

3. Plano axonométrico de las oficinas, que ilustra la yuxtaposición de los diferentes entornos de trabajo, destinados a tareas individuales y la interacción en equipo. Se han tenido en cuenta los variados estilos de trabajo del personal de IDEO. El diseño del estudio fomenta la comunicación interdisciplinar.

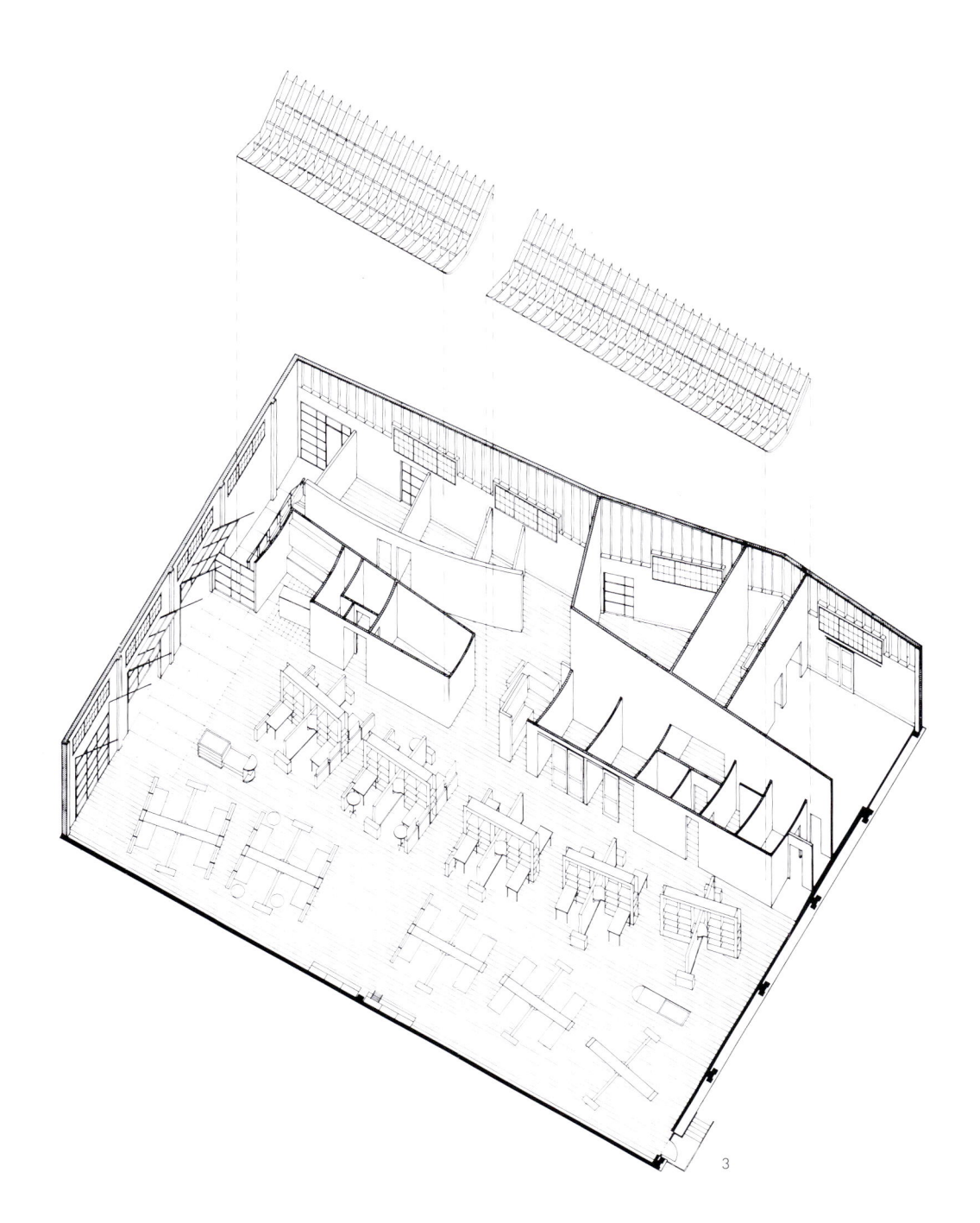

# ideo tokyo  SAM HECHT

ESTA innovadora solución, a pequeña escala, para la oficina de IDEO en Tokio, muestra cómo los entornos de trabajo flexibles pueden aplicarse, también, a un número reducido de personas. El concepto del diseño es ofrecer a los socios visitantes un hogar temporal en Japón que les ayude a trabajar tanto individualmente, como en equipo. Esencialmente, se trata de una solución basada en la disposición de un mobiliario que, con el objetivo de crear un espacio funcional, combina materiales y acabados.

El diseñador de IDEO, Sam Hecht, ha combinado su conocimiento del concepto de trabajo de la empresa con el diseño del mobiliario, para crear una colección de piezas insólitas, que potencian la flexibilidad y movilidad dentro de un espacio estático. Cada persona puede usar una serie de muebles, desde un carrito móvil translúcido que permite que los demás vean lo que se transporta, hasta un armario de pared que proporcionan cierto grado de privacidad.

La oficina se divide en dos espacios, equipados con un escritorio de cerezo y una mesa curva de formica, que se combinan para crear una herramienta de trabajo adaptable y flexible. El entorno laboral se completa mediante la limitación del cableado y la provisión de luminarias de estilo italiano, de Artemide. Para una mayor efectividad y familiaridad, se obsequia a los visitantes con un «kit» que contiene de todo, desde una etiqueta con la imagen corporativa de la firma y un cuaderno de notas adhesivas, hasta una bolsa de caramelos.

La filosofía del trabajo de IDEO es que cada oficina, dentro de su globalidad, posea la autonomía necesaria como para crear su propia cultura del trabajo. Así, esta sucursal japonesa, donde los trabajadores rinden al máximo a pesar de las limitaciones de espacio, solucionó de manera sencilla y elegante sus demandas particulares. Se trata, en definitiva, de un proyecto de naturaleza muy diferente al de San Francisco, donde un espacio en el puerto, mucho más amplio, manifiesta diferentes interpretaciones de los nuevos estilos de trabajo.

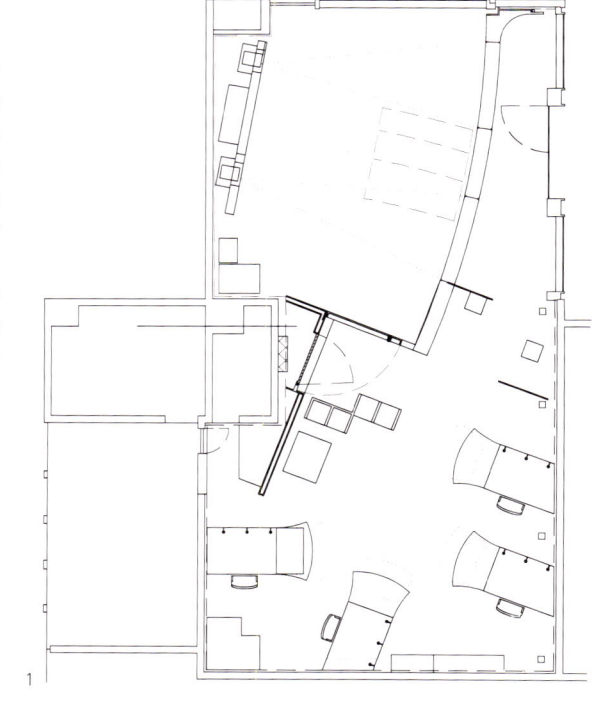

**lugar**
tokio, japón

**cliente**
IDEO

**terminado**
noviembre de 1994

**espacio total del suelo**
70 m²

**personal**
5 trabajadores

**coste**
60.000 libras

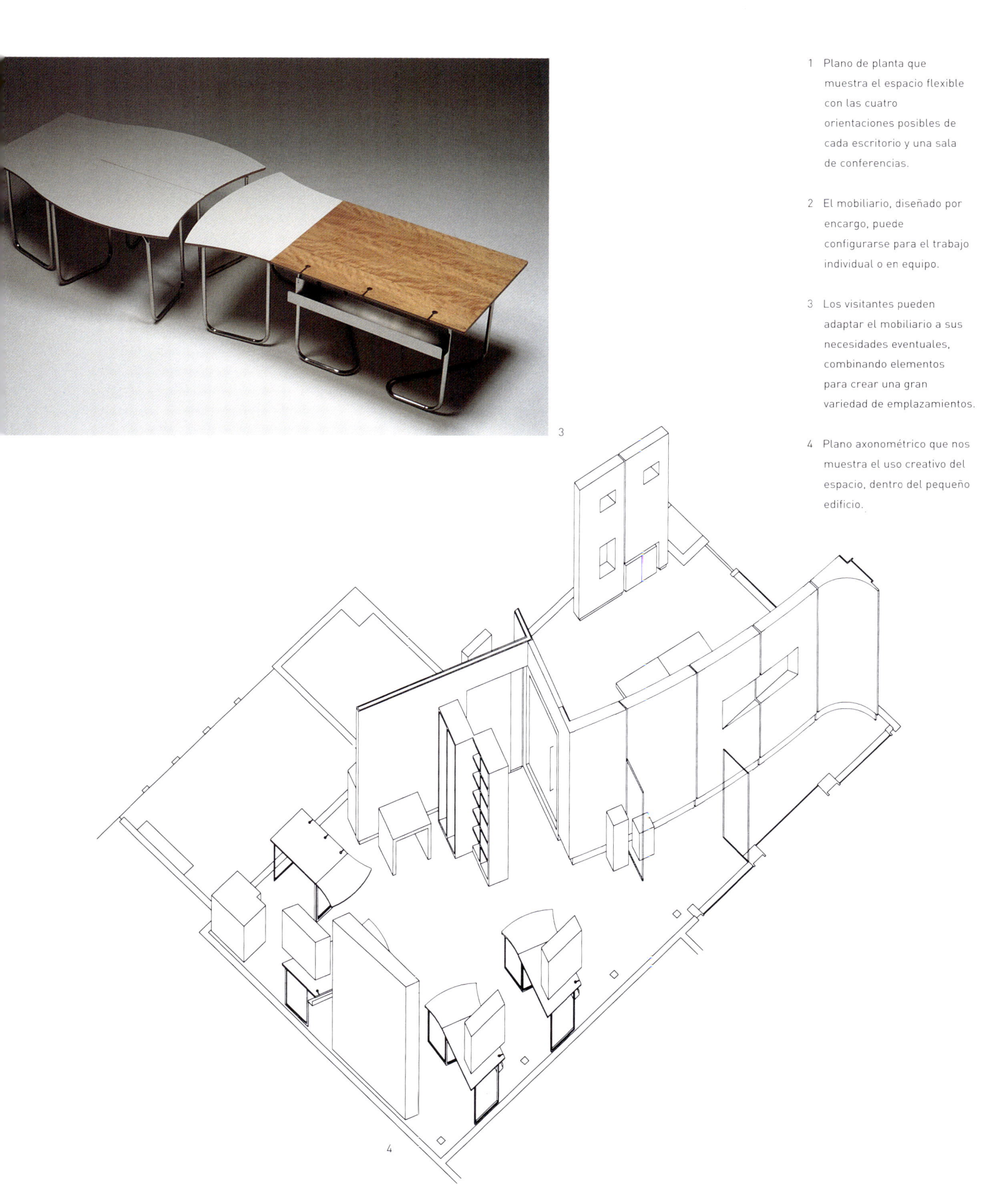

1 Plano de planta que muestra el espacio flexible con las cuatro orientaciones posibles de cada escritorio y una sala de conferencias.

2 El mobiliario, diseñado por encargo, puede configurarse para el trabajo individual o en equipo.

3 Los visitantes pueden adaptar el mobiliario a sus necesidades eventuales, combinando elementos para crear una gran variedad de emplazamientos.

4 Plano axonométrico que nos muestra el uso creativo del espacio, dentro del pequeño edificio.

# m&c saatchi   HARPER MACKAY

PARA la agencia de publicidad M&C Saatchi, el traslado a su primera ubicación en Londres, tras su escisión de la empresa original Saatchi & Saatchi, supuso un paso muy importante. Debido a su rápido crecimiento, se diseñaron dos edificios iguales -partiendo de dos inmuebles contiguos, ubicados en la Golden Square de Londres- para expresar sus aspiraciones de éxito. El arquitecto Harper Mackay enlazó ambos inmuebles mediante un gran imponente atrio central que preside la sede y representa el foco de la empresa.

En los planos, esta plaza exterior queda definida como un vestíbulo, donde el área de recepción queda relegada a un espacio de la entrada. Para esto se introdujo una nueva puerta, en el centro de la fachada principal, con el objetivo de crear un espacio simétrico, cuyo eje se extiende desde la plaza hasta el centro del edificio.

Quizás, la característica más interesante del atrio sea la dualidad de su diseño; interior y exterior, a la vez. Esta ambigüedad describe su doble función: como patio interno que parte de la recepción principal y como fachada externa de las plantas de oficina y de las diferentes áreas de trabajo, provistas de balcones acristalados.

La apertura de la nueva puerta principal, no sólo aporta un efecto sensacional e imponente al acceso, sino que convierte la planta baja en una intersección. Su importancia se enfatiza con un mostrador de recepción de grandes dimensiones, una barra de cafetería y diferentes zonas de descanso, que proporcionan una sensación de «Alicia en el país de las maravillas». El espacio central anima a la gente a quedarse y a reunirse informalmente; dotando de vitalidad al corazón de este creativo lugar de trabajo.

Al alejarnos de la planta baja, la escalera central se ha diseñado para romper con la mencionada simetría y crear, de este modo, una experiencia que los diseñadores describen como de rotación, puesto que sorprende a la gente conforme se desplaza por ella, desde las áreas comunes hasta los ámbitos laborales.

Nuevamente, asistimos a la creciente tendencia intencional de sorprender con elementos inesperados. En contraste con los entornos tradicionales de las empresas de publicidad, los creativos de M&C Saatchi, que trabajan en equipos de dos, ocupan carruseles, en oposición a oficinas celulares. Estos espacios semicerrados permiten un alto grado de visibilidad, ya que, con el objetivo de fomentar la colaboración, carecen de puertas; aunque, también están diseñados para ofrecer privacidad.

De igual modo, en la parte superior del edificio, los directivos ocupan un espacio cooperativo, donde los escritorios se han reemplazado por bancos trabajados en vidrio. Junto a una zona de asueto, este espacio impresionante proporciona un entorno flexible y adaptable que fomenta el trabajo en equipo y crea un lugar de trabajo relajado y estimulante.

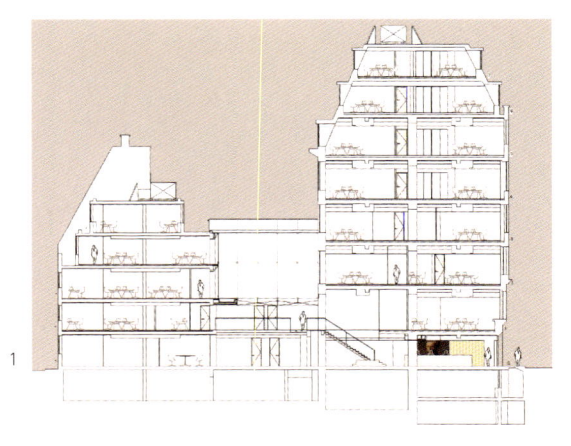

**lugar**
londres, reino unido

**cliente**
m & c saatchi

**terminado**
noviembre de 1997

**espacio total del suelo**
5.575 m²

**personal**
200 trabajadores

**coste**
4.5 millones de libras

1  Sección que muestra los dos edificios adyacentes, unidos por un atrio central.

2  Nueva entrada principal a los edificios desde Golden Square, que ilustra la simetría del espacio y la fuerte impresión que causa la llegada.

3  Vista a través del atrio que muestra la cafetería en la planta baja y las áreas de trabajo. Un llamativo logotipo tridimensional preside los pisos superiores.

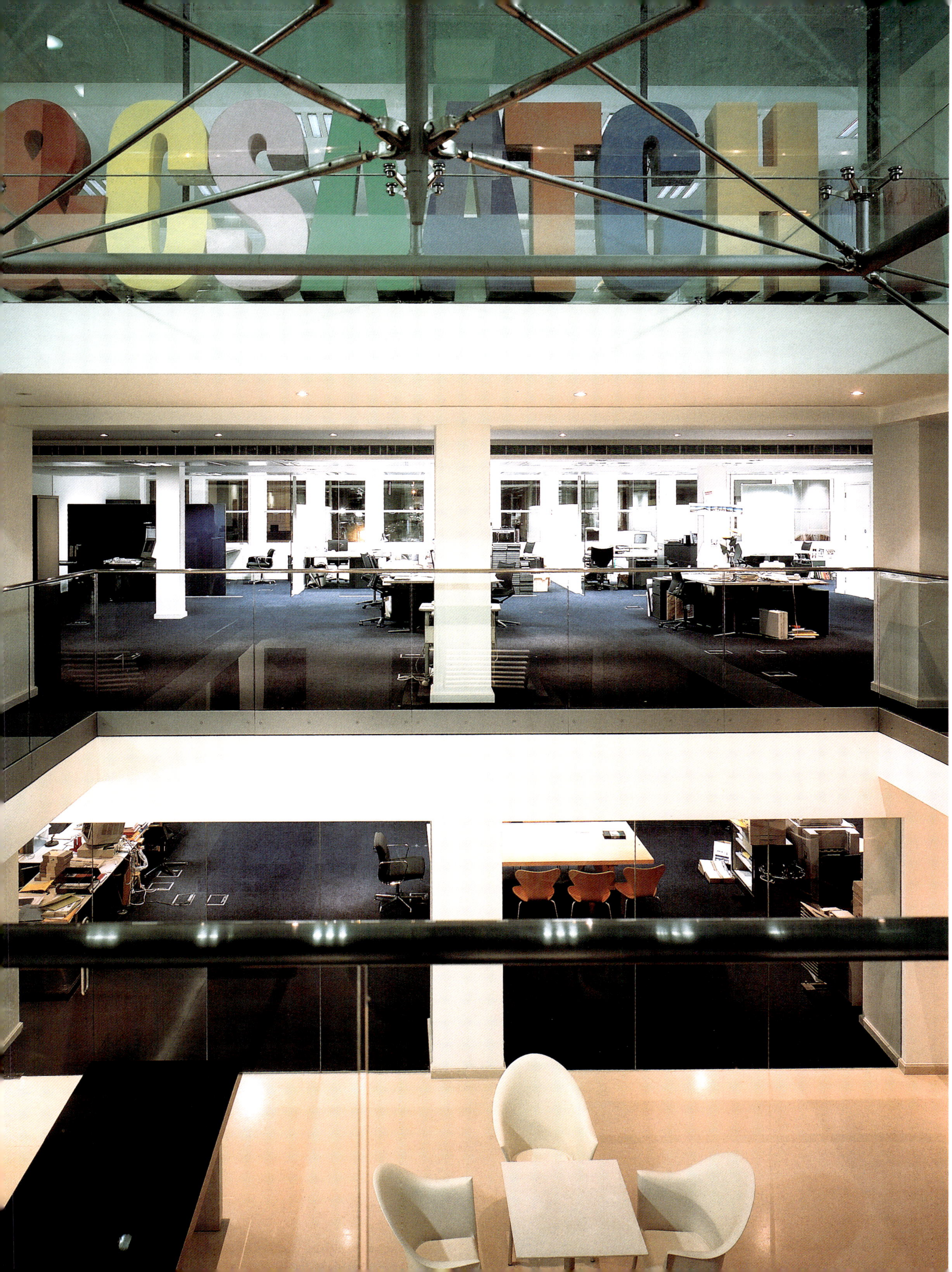

1

1 Para fomentar la movilidad en el lugar de trabajo, esta extraordinaria escalera crea una intersección, reuniendo a la gente en el patio central, que ofrece espacios compartidos e instalaciones para reuniones informales.

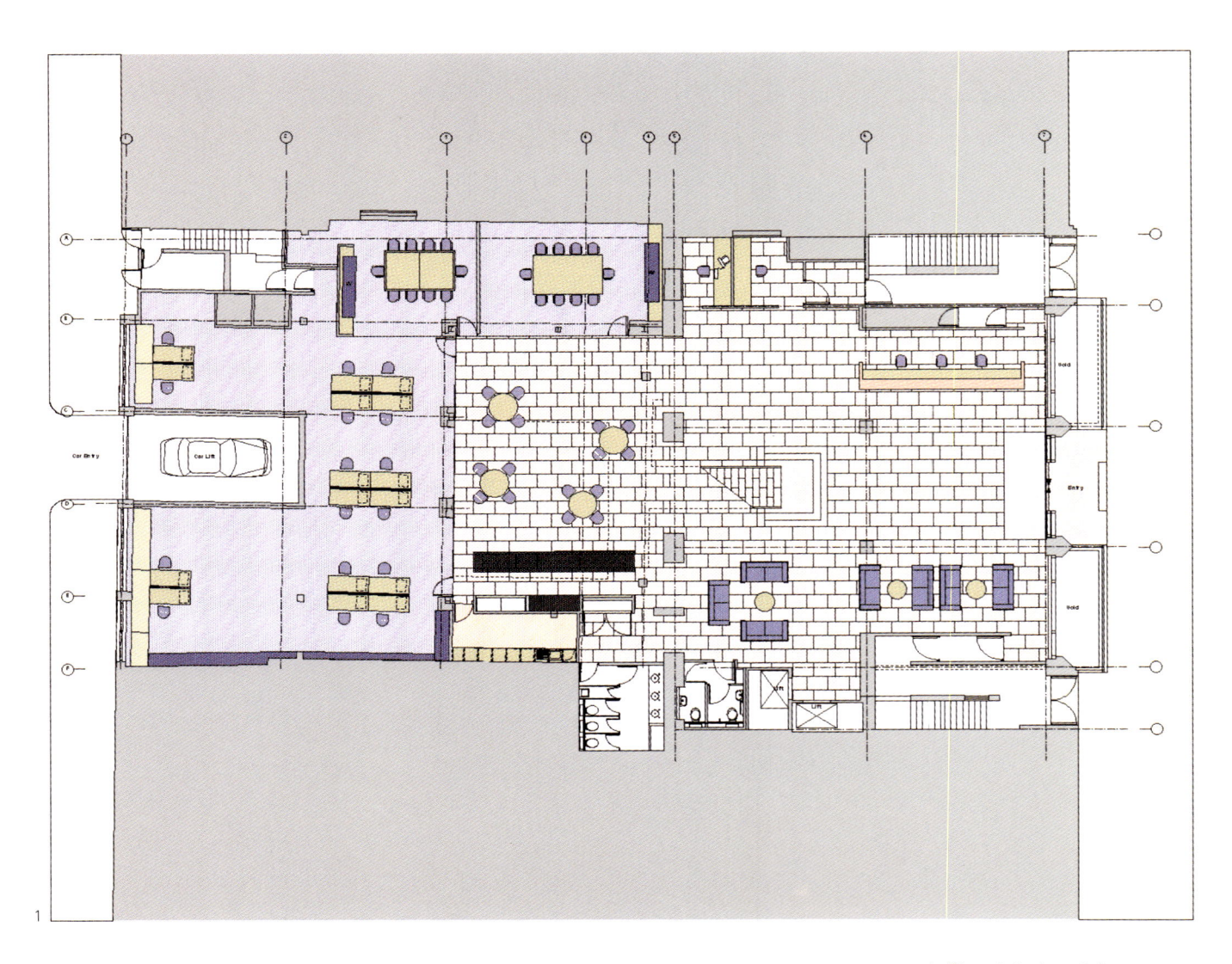

1 Plano de la planta baja que muestra las líneas de visión, desde el frente hasta la parte posterior; y el gran mostrador de recepción y la barra de café que presiden el espacio.
2 Las oficinas sin compartimentar se han diseñado para mejorar la comunicación y facilitar la creatividad.
3 El espacio cooperativo diseñado para favorecer la comunicación entre los diferentes equipos, comprende un entorno luminoso y abierto, con paredes y escritorios de vidrio que crean un espacio de trabajo estimulante.

MOVILIDAD: M & C SAATCHI   207

# f/x networks    FERNAU & HARTMAN

LA torre Fox, en el centro de Los Ángeles, es la sede de una insólita oficina: la compañía dedicada al cableado f/X Networks, ocupa uno de los pisos del rascacielos. Su planteamiento evita la sensación de jerarquía e invierte los supuestos tradicionales del clásico espacio de oficinas situado en un edificio alto. Las oficinas celulares ocupan el núcleo interior y el perímetro se ha reservado para la circulación y las áreas comunes. Los ejecutivos están ubicados en uno de los 37 pequeñas habitaciones, mientras que el personal administrativo y de servicios, ocupa los escritorios del espacio iluminado y abierto, que se extiende hasta las ventanas que miran al Océano Pacífico y a la ciudad.

Estas vistas se han potenciado, ya que el entorno laboral local se ha dividido en bloques temáticos que reflejan el exterior. Las rampas que conducen a las salas de conferencias están orientadas hacia las colinas, mientras que el personal de programación tiene vistas sobre los estudios de la Twentieth Century Fox.

El día en la oficina comienza con la visita a la llamada «estación salvavidas», una sala ubicada frente al cubículo del vicepresidente general, donde los trabajadores pueden recoger su correo, adquirir refrescos o «comprobar el orden del día»; antes de irse a su lugar de trabajo o a «la playa», un área que ofrece escritorios plegables, para los colaboradores temporales.

En esta empresa, el espacio «vacío» se considera un ámbito valioso. Aquí es donde tiene lugar el trabajo real, ya sea en una de las siete áreas excéntricas que sirven de salas de conferencia, o en los espacios que se ubican entre el trazado de los cubículos y los escritorios permanentes. Aquí, las sillas dispuestas alrededor de mesas de picnic, con pizarras rotatorias, proporcionan un ámbito laboral para el personal itinerante.

Como en otro diseño similar, el de la oficina mediática de Nickelodeon, en Nueva York; los arquitectos Fernau & Hartman han usado el color y los materiales, para planificar las ideas insólitas que subyacen a este espacio de trabajo; como, por ejemplo, el uso de un ensamblaje sin camuflar. En este lugar de trabajo, la sorpresa y lo insólito rompen con todas las reglas.

Esta oficina reta al usuario y refuerza el espíritu de una compañía, cuyas premisas son la apertura, la accesibilidad y el trabajo en equipo.

**lugar**
los angeles, EE UU

**cliente**
f/x networks, fox inc

**terminado**
noviembre de 1995

**espacio total del suelo**
2.785 m

**personal**
102 trabajadores

**coste**
no divulgado

1 La Torre Fox supone un emplazamiento ideal para este espacio de trabajo insólito.

2 La «estación salvavidas», que recuerda a una cabaña de la playa, proporciona un lugar en el que la gente se reúne cada mañana. Se dedica mucho espacio a la circulación del personal, fomentando su movilidad y permitiendo que se reúna informalmente en emplazamientos inusuales, como estas sillas, con una vista sobre el Océano Pacífico.

MOVILIDAD: FX NETWORKS **209**

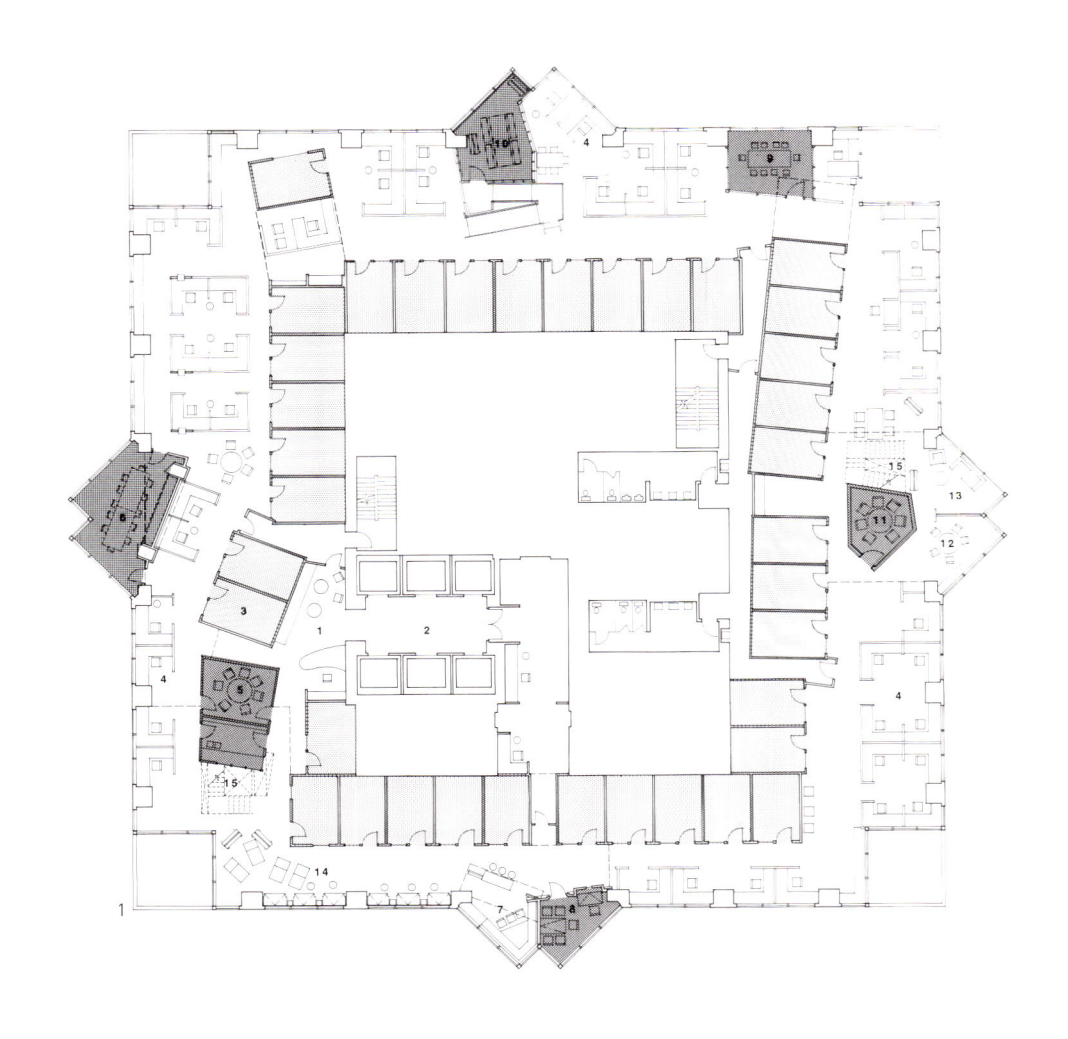

210 OFICINAS

1 Plano de planta que ilustra:
1. Área de recepción
2. Vestíbulo
3. Oficina cerrada típica
4. Oficinas «Murphy»
5. Sala de reunión «Salvavidas»
6. Sala de reunión para ejecutivos
7. Sala de reunión «comedor»
8. Área de reunión «Murphy»
9. Área de reunión de «Tienda»
10. Área de reunión de la «Colina»
11. Área de reunión de la «Sauna»
12. Área de reunión
13. Áreas de investigación
14. Área de reunión «Playa»
15. Escalera a la quinta planta

2 La «Sauna» ha sido diseñada como espacio concebido para proporcionar «lluvia de ideas» y celebrar reuniones creativas.

3 La «Colina» posee un armazón inspirado en las casas de las laderas de colinas, de Rudolf Schindler.

4 El área de recepción, con un escritorio decorado con una aleta de tiburón, un área de descanso y el mobiliario móvil.

# godman    CD PARTNERSHIP

COMO reflejo de la autonomía laboral de su plantilla, el concepto de diseño para la oficina del Soho de Godman –dedicada a la publicidad y la producción- usa términos como «sala de primera clase», «mostrador de facturación», «salidas» o «llegadas». Con personal móvil, entre el que se encuentran los productores (que pasan la mayor parte del tiempo viajando), la analogía del aeropuerto parece apropiada. De este modo, lo que han creado los diseñadores CD Partnership, ha sido un espacio que se adapta tanto al edificio, como a la dinámica empresarial de Godman.

El proyecto del interior de este inmueble, anterior a la Segunda Guerra Mundial, que podría haberse prestado a los planes de un constructor corriente; da muestra de un gusto bastante austero, al estilo «loft». La remodelación respetó los materiales existentes, planificó acabados simples y dejo a la vista las instalaciones de servicio. Estos aspectos permitieron que el entorno pudiese remodelarse sin costes infraestructurales, centrando el presupuesto en la remodelación de las áreas concretas.

Sobre el fondo neutro, el mobiliario elegido aporta un efecto colorista y contribuye con el sentido de domesticidad del espacio laboral. Dentro de este entorno, se han creado una serie de lugares de trabajo de diversa naturaleza, desde oficinas privadas para los creativos hasta espacios sin compartimentar para el personal de producción.

Un objetivo fundamental fue fomentar la interacción entre ambas disciplinas. La planificación eficaz del espacio fuerza al personal a moverse por la oficina, para interaccionar con el resto de sus compañeros. Esto se consiguió colocando, en el centro, una barra al estilo de un restaurante, provista de asientos que proporcionan un espacio tan sociable como funcional.

Para Godman, la primera impresión de los visitantes es fundamental. Así que, los diseñadores crearon un túnel -que conduce a la sala o a las áreas de trabajo- usando placas de vidrio industriales tanto en la cubierta, como en las paredes; para dotarlo de un impactante aspecto futurista. Pero, aparte de estos espacios puntuales, la idea fue dejar el proyecto en su estructura básica, descartando todos los detalles innecesarios, para aportar sencillez y elegancia al entorno. Esta oficina muestra la naturaleza de un espacio efectivo, donde un escritorio estático puede dinamizar el trabajo en equipo.

**lugar**
londres, reino unido

**cliente**
godman

**terminado**
octubre de 1997

**espacio total del suelo**
695 m²

**personal**
15 trabajadores

**coste**
no divulgado

1  El ámbito laboral fomenta la colaboración y proporciona una combinación de espacios funcionales y sociales, que permite a los empleados el uso eficaz del espacio.

2  El impactante pasillo de entrada utiliza materiales industriales, entre los que destacan las placas de vidrio, que aportan vistosidad a este espacio.

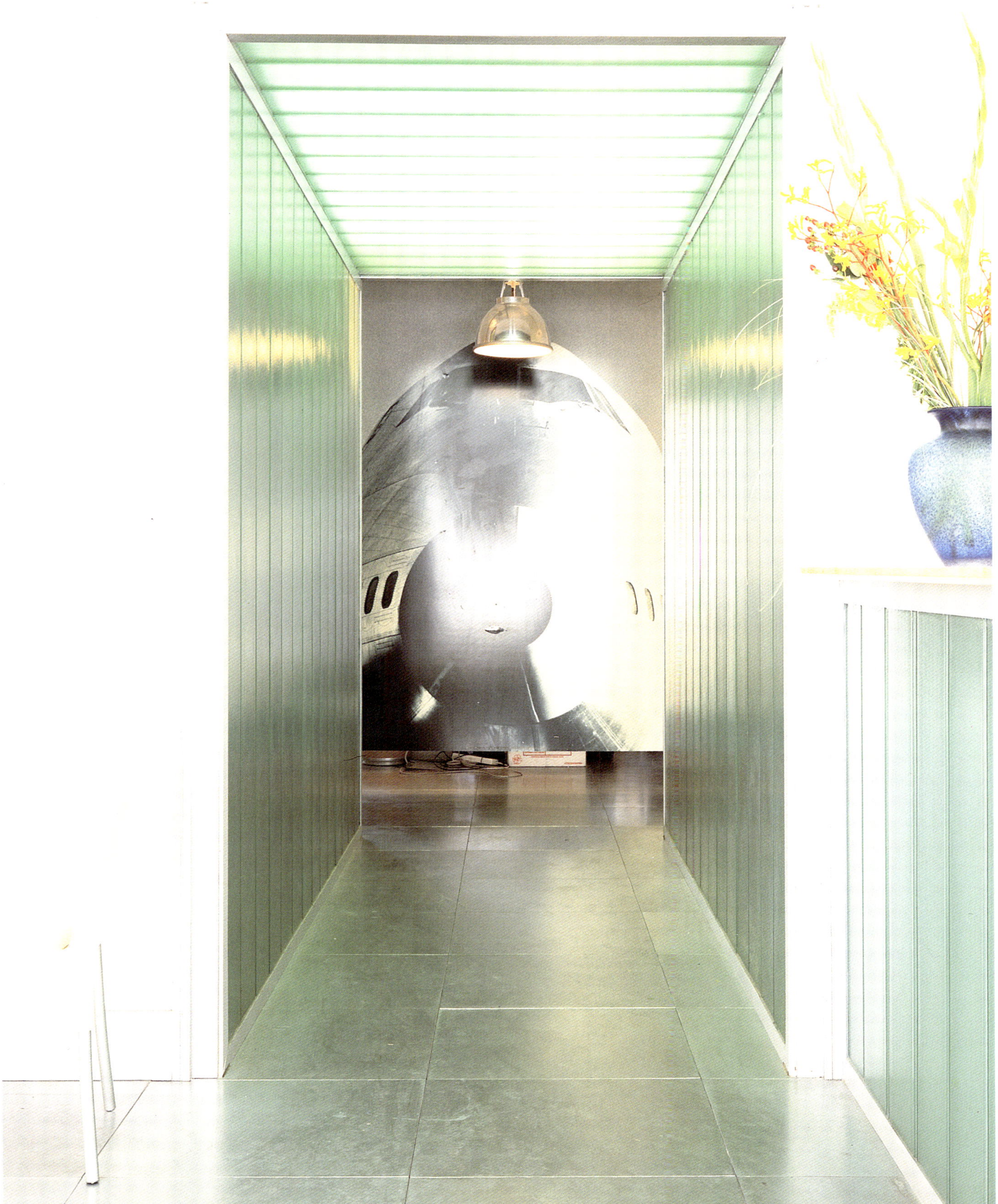

2

1   El concepto de planificación usa la metáfora del aeropuerto para describir este espacio móvil:

    1. Sala de clase club
    2. Mostrador de facturación
    3. Comedor de Jo
    4. Sala de primera clase
    5. Llegadas / Salidas
    6. Aseos
    7. Sala de clase turista

2   La comida y la bebida se convierten en parte importante de esta oficina y se sitúan en un lugar privilegiado, con la barra al estilo restaurante, que preside este espacio.

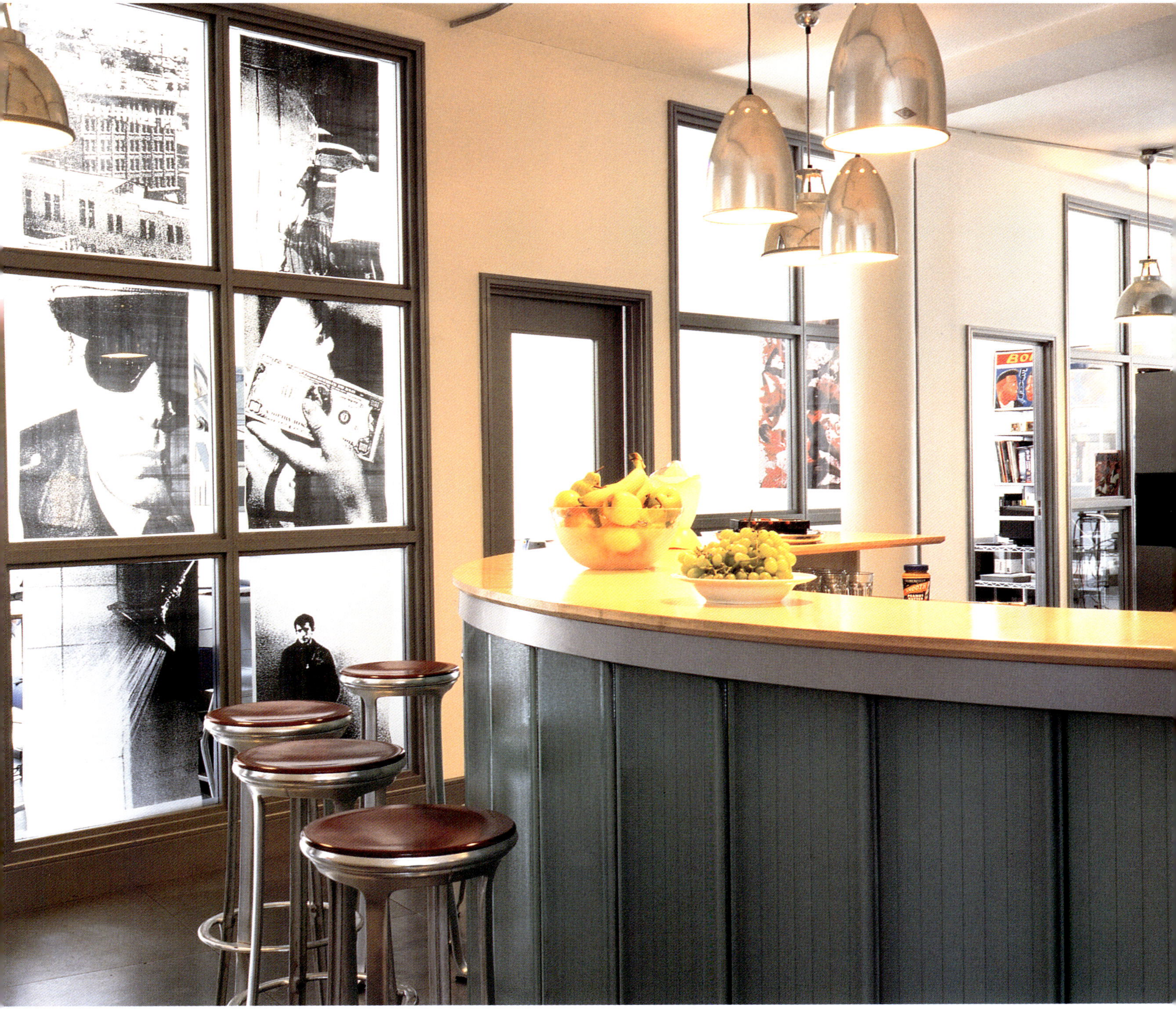

# owens corning

**CESAR PELLI & ASSOCIATES**

LA identidad empresarial del gigante de los materiales de la construcción, Owens Corning, se refleja en su sede mundial, ubicada en una torre conocida como «aleta de pez», de Cesar Pelli. El arquitecto ha combinado, con el fin de recrear los campus de Ohio, un edificio de tres pisos en forma de arco, con bloques conocidos por el nombre de «Pantera», separados por unas instalaciones destinadas a reuniones y donde se ubica un auditorio, un complejo de formación de Discovery y un Centro de Bienestar (que incluye un gimnasio).

Estos edificios auxiliares están decorados con ladrillos de colores vivos que contrastan con el blanco puro y la transparencia del complejo de oficinas. Todos los componentes de este espacio de trabajo, se articulan alrededor de un patio central, diseñado para permitir una amplia gama de usos, desde conciertos al aire libre hasta reuniones y cenas informales.

El diseño refleja la transformación de la compañía, desde una organización jerárquica a una más descentralizada. De este modo, la nueva orientación de la empresa hacia el trabajo en equipo, inspira un ambiente laboral de gran movilidad. Las áreas de oficina no tienen tabiques y se ha tomado la decisión consciente de utilizar escaleras, en lugar de ascensores, para animar a la gente a circular y reunirse de manera desenfadada.

Owens Corning ha combinado, en este lugar destinado a crear nuevas normas, la tecnología avanzada con teorías recientes sobre sicología aplicada al entorno laboral. De hecho, está demostrado que una vez conseguida la mencionada movilidad y flexibilidad, la creatividad y la capacidad de dar solución a los problemas, surgen de manera más espontánea en reuniones desenfadadas; o bien, en momentos tranquilos de reflexión, en oposición al trabajo formal, tras un escritorio o alrededor de una mesa de conferencias.

La tecnología del edificio es compleja: cuenta con más de 4400 enchufes, especialmente diseñados para los ordenadores portátiles, en todo el edificio. Esto se combina con un sistema telefónico inalámbrico de la firma Companion, que permite al personal elegir su lugar de trabajo.

La torre de ladrillo rojo, obra de Pelli, es el punto neurálgico de la sede, y crea un área de recepción sorprendente. Su interior hueco, de 20 m, se eleva sobre el espacio, donde una moqueta y un mostrador de recepción curvo, destacan en la gran entrada.

**lugar**
toledo, ohio, estados unidos

**cliente**
owens corning

**terminado**
enero de 1996

**espacio total del suelo**
37.160 m

**personal**
1200 trabajadores

**coste**
116 millones de dólares

1 El complejo, situado a un lado del Río Maumee, en Toledo, proporciona un entorno impactante para el conjunto de los edificios que forman la sede. Se observa claramente la torre roja conocida como «aleta de pez», que se ha convertido en el símbolo del lugar.

2 Área principal de recepción, situada en la base de la «aleta», que cuenta con un impactante mostrador de recepción de vidrio curvo y una moqueta, diseñados por Cesar Pelli.

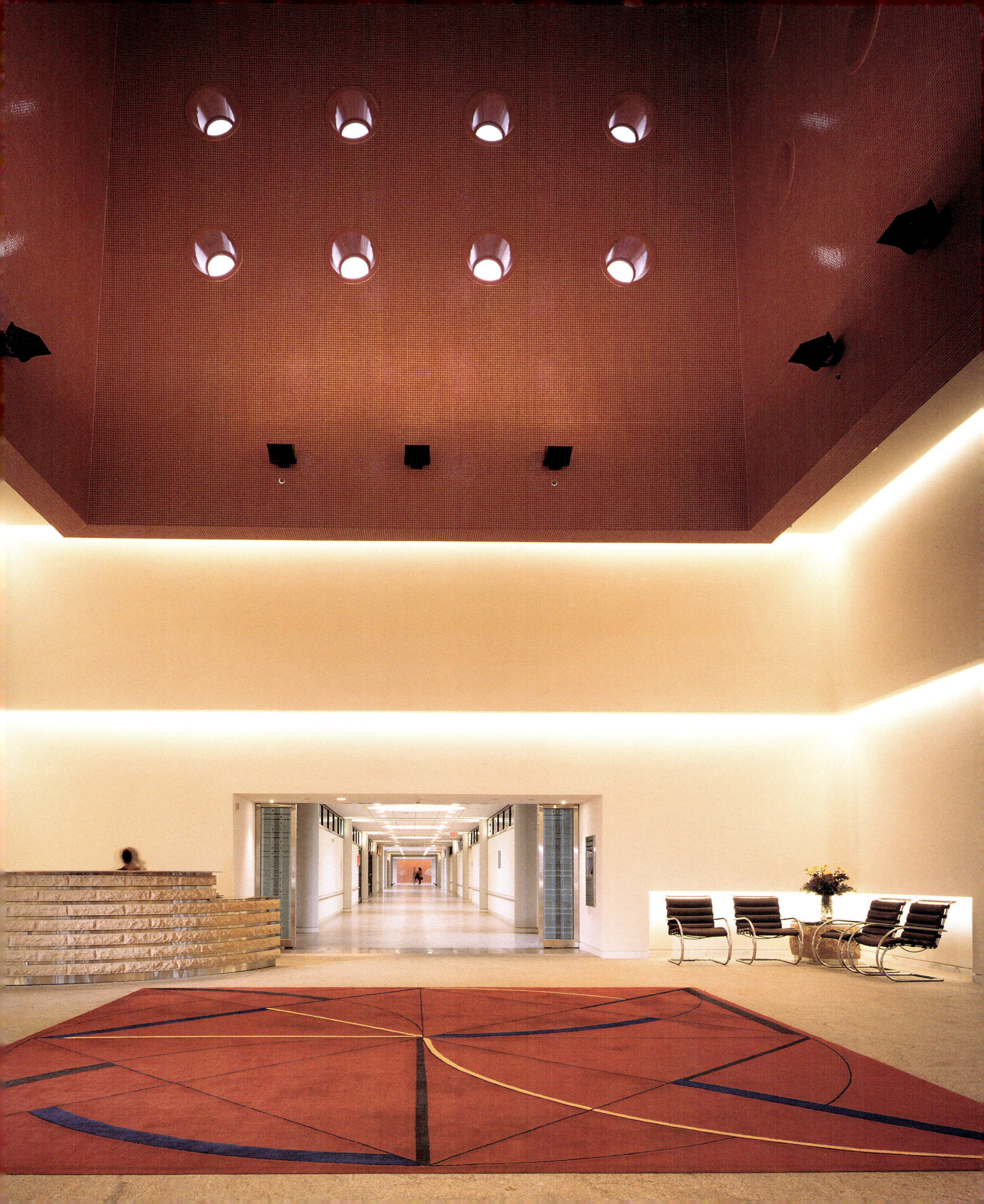

1   Un atrio acristalado de tres plantas maximiza el acceso de luz natural y proporciona vistas exteriores; así como un punto focal que propicia la interacción desenfadada o «choques casuales», entre las personas que se desplazan por el edificio.

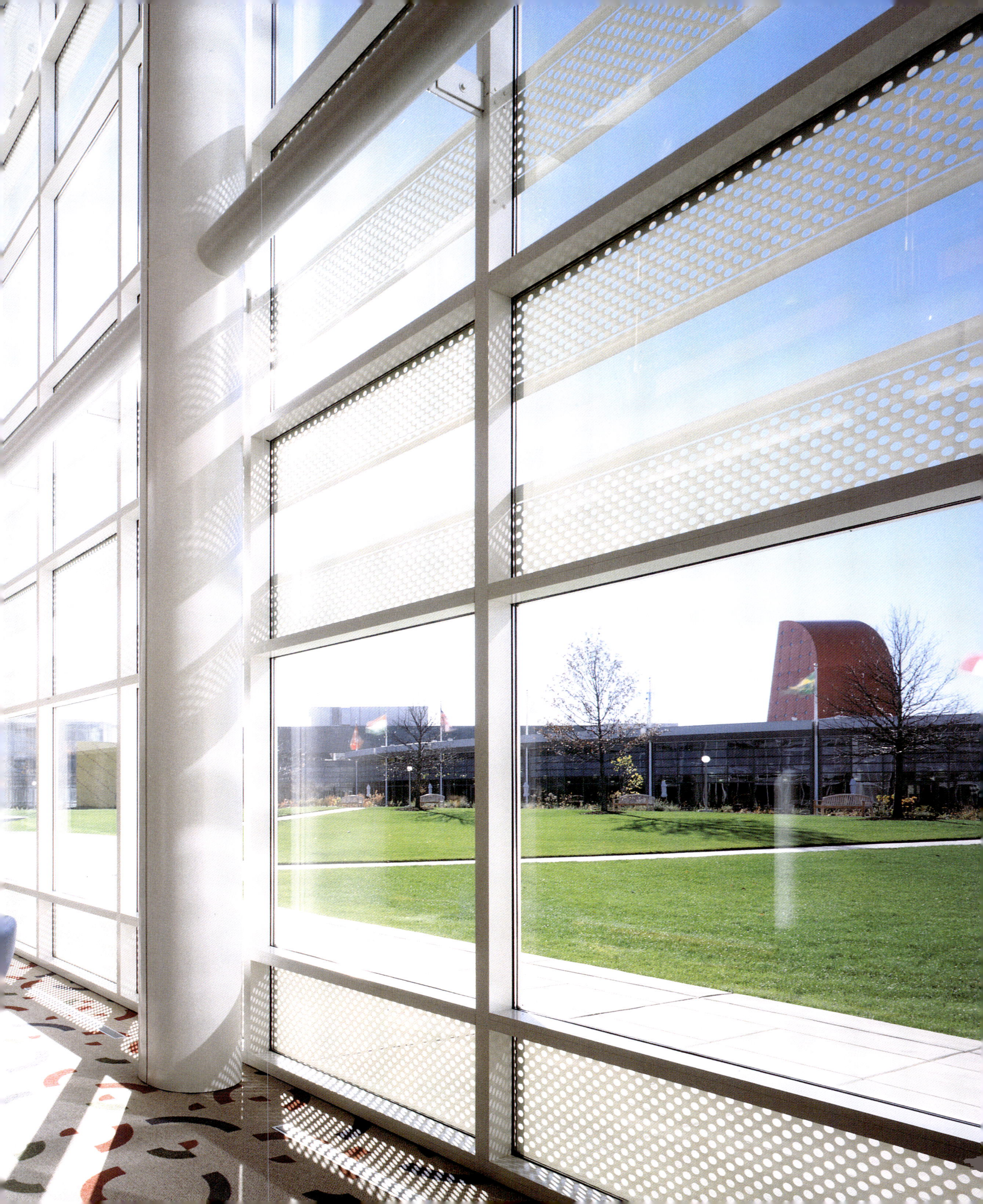

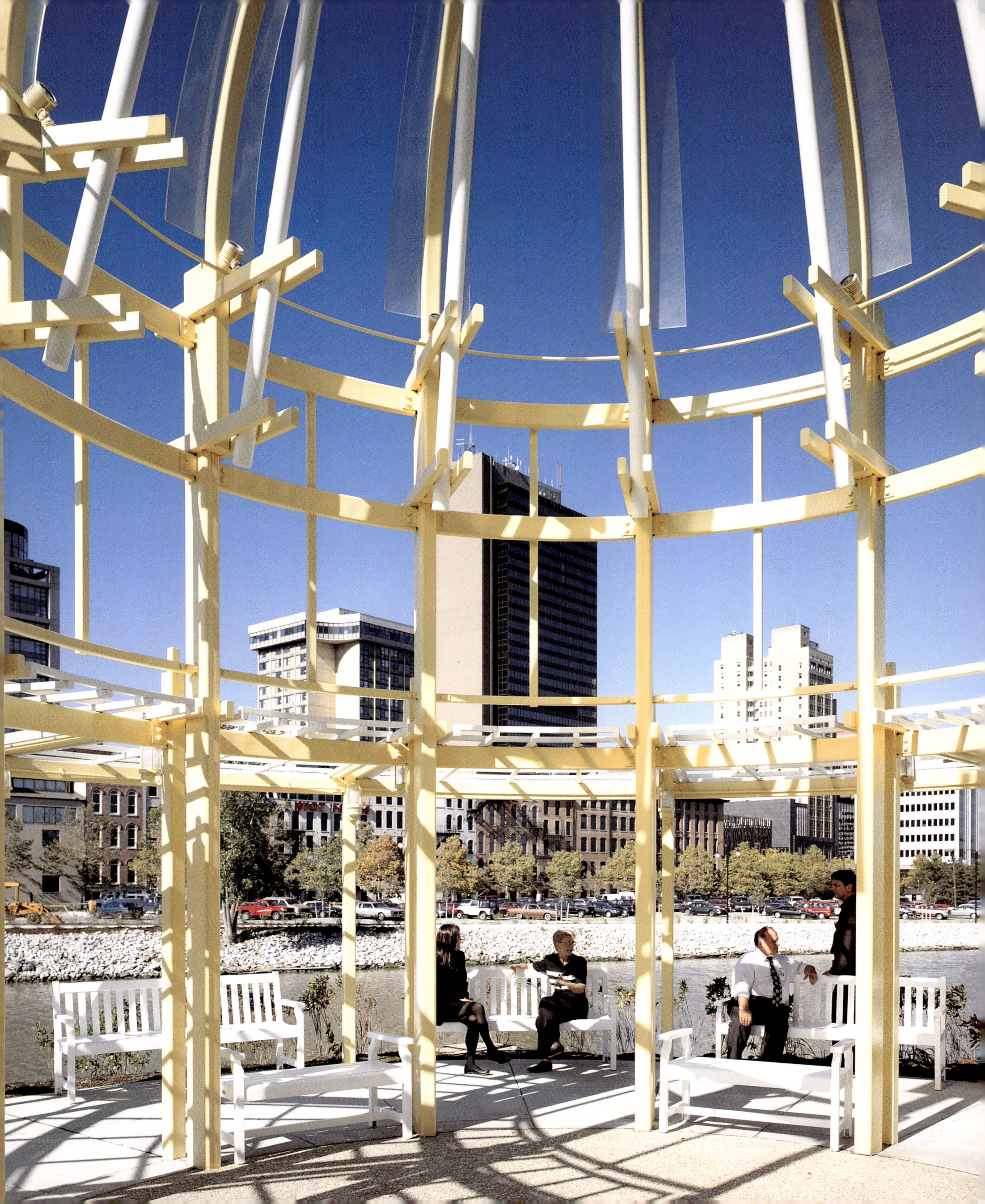

1   El patio supone, siempre que el tiempo lo permite, una extensión del lugar de trabajo y se usa para reuniones informales o para descansar.

2   Plano de planta baja que muestra la agrupación de edificios alrededor de un patio central.

3   Detalle del plano del primer piso que muestra el restaurante, las instalaciones para la formación y una parte del auditorio, en la esquina inferior izquierda.

4   Detalle de la planificación del espacio de una planta típica de oficina que ilustra cómo se agrupan los escritorios en una planta diáfana, favoreciendo la creación de espacios ideales para trabajo en equipo, con mesas de reunión compartidas.

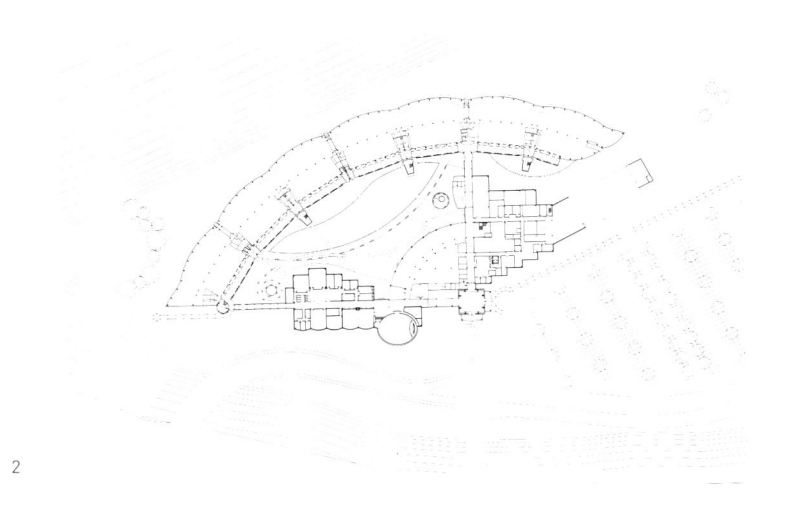

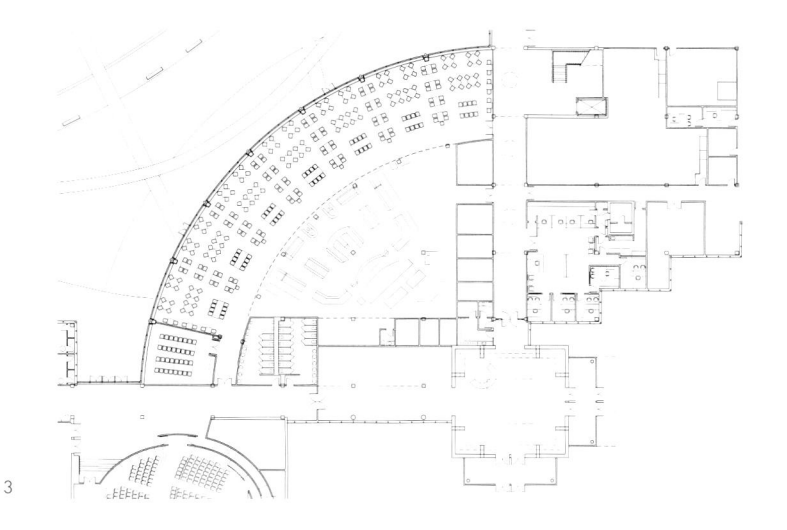

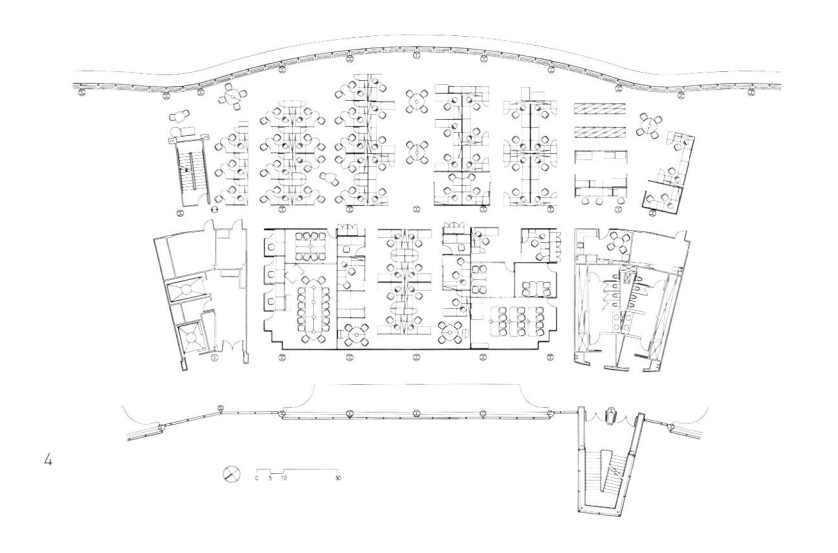

# DEGW    DEGW IN-HOUSE TEAM

PARA los arquitectos y diseñadores de las oficinas DEGW fue esencial poder llevar a la práctica sus conceptos profesionales. Por esta razón, como visionarios de lo que se considera la oficina del futuro, buscaron un espacio ideal donde ensayar y poder desarrollar sus nuevas ideas. Se decidieron, finalmente, por un antiguo edificio que en su día había sido una embotelladora de King´s Cross, en Londres.

El resultado es un espacio estimulante para el personal de DEGW, provisto de algunos puestos de trabajo itinerantes y otros sedentarios. De este modo, el edificio -destinado a ser sede de una empresa de diseño- es descrito por su director, Francis Duffy, como «fascinante por las consecuencias del cambio».

La base de la empresa, en Porters North, había sido remodelada, a finales de los ochenta, por DEGW, que la habían convertido en oficinas de diseño. Para esa época, constituyó una verdadera innovación, debido a sus instalaciones de servicios expuestas a la vista y al uso de materiales rústicos. Sin embargo, en menos de una década, el concepto de espacio laboral había avanzado y este proyecto necesitaba aires nuevos. El nuevo esquema conservó la estética industrial, pero dotando al espacio de un ambiente mucho más fluido. Como centro de operaciones, se benefició de uno de los conceptos preferidos de Duffy: el club, ámbito donde los trabajadores itinerantes pueden reunirse con sus compañeros o visitantes, sentarse a leer o preparar una reunión.

Este entorno móvil contrasta con la permanencia de las oficinas asignadas para el personal de apoyo, ya desempeñen funciones administrativas, financieras o de documentación. Entre estos dos extremos se encuentran los llamados «equipos de residentes», constituidos por aquellos a los que se les asigna un proyecto durante un periodo determinado, que puede ser desde tres semanas, hasta un año. Estos trabajan en una de las siete áreas destinadas a equipos de proyecto, diseñadas específicamente para apoyar las actividades en equipo.

En DEGW, cada individuo puede elegir un área privada para concentrarse, o bien formar parte de un núcleo interactivo que fomente la colaboración. El nuevo esquema cuenta con mayor proporción de espacio total del suelo que el anterior, dedicado a instalaciones de apoyo, en lugar de a espacios de trabajo individuales. Pero, es el trabajo en estas áreas centrales compartidas, el que estimula la interacción y fomenta que emerjan ideas arquitectónicas y creativas.

**lugar**
londres, reino unido

**cliente**
DEGW

**terminado**
1997

**espacio total del suelo**
1.331 m

**personal**
106 trabajadores

**coste**
450.000 libras

1   El área principal llamada club proporciona un entorno común para todos los trabajadores autónomos. La empresa suministra la tecnología necesaria para un trabajo de naturaleza dinámica.

1 Plano de planta que muestra:

■ Área reservada
1 Cabina de estudio
2 Sala de concentración
3 Sala de reuniones 3
4 Sala de reuniones 4
5 Sala de reuniones 5
6 Sala de reuniones 6
7 Sala de reuniones 7
8 Estudio abierto
9 Área independiente

■ Toma de contacto
10 Centro del conocimiento
11 Cabinas de estudio
12 Club
13 Núcleo
14 Área del patrimonio

■ Estaciones base
15 Apoyo administrativo
16 Equipos de proyecto

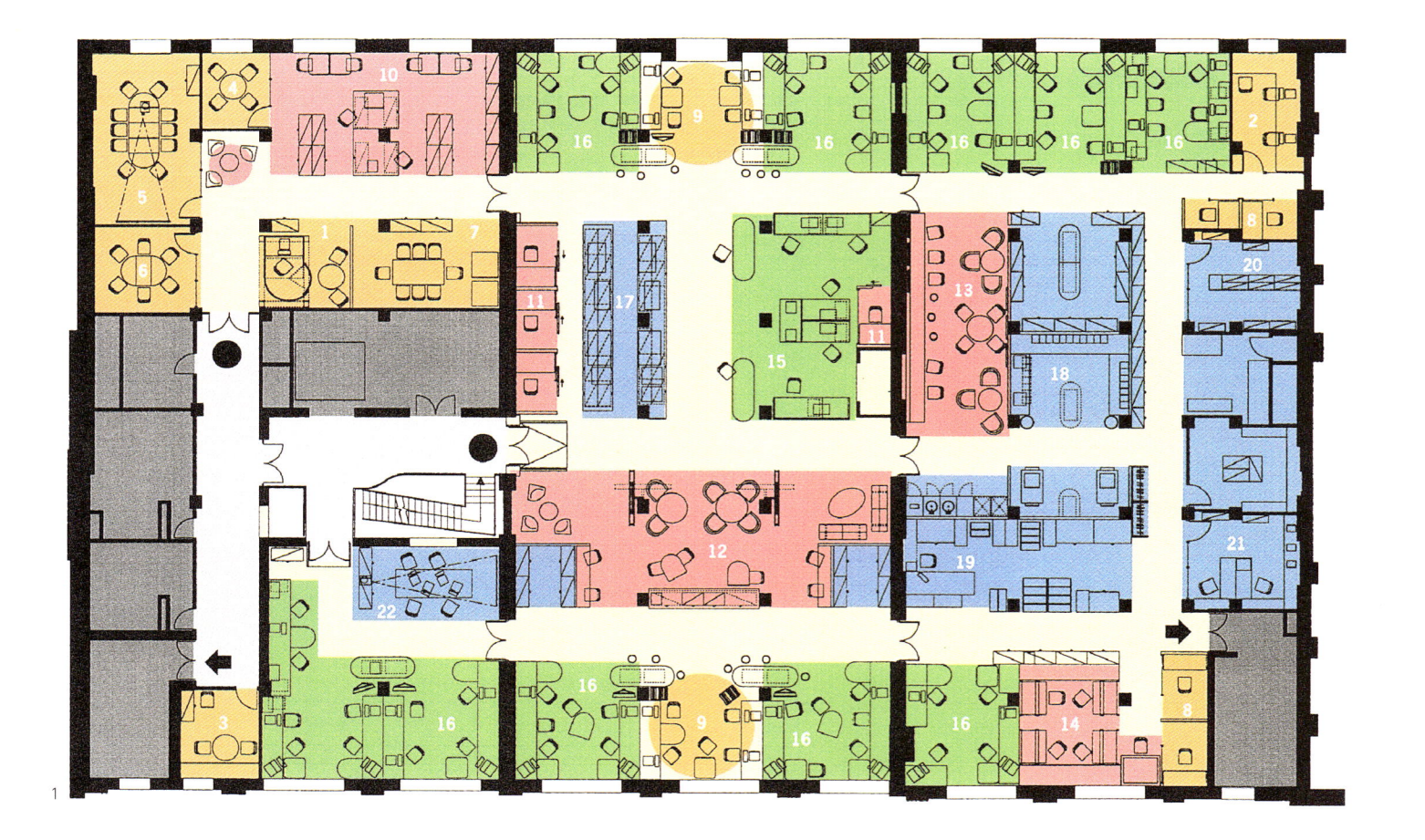

■ Apoyo
17 Zona de recogida
18 Área de fax y correo
19 Biblioteca de muestras
20 Área de formación

2 El área de toma de contacto proporciona un lugar para reuniones triviales o para acceder a la información mediante ordenadores comunes, localizados en un mostrador informal diseñado a modo de mesa de trabajo.

# innsbruck alpine school  PETER LORENZ

EL proyecto final de este libro es, probablemente, el ámbito laboral más novedoso hasta el momento: «La Oficina Caja» se adhiere al concepto contemporáneo de trasladar el trabajo a cualquier parte. En esta ocasión, se ha construido en un bosque austriaco, lo que supone una interfaz funcional entre el mundo del trabajo y un entorno bucólico. El proyecto de Sylvan Urbanity, organizador de eventos de escalada deportiva, pretende combinar el entorno laboral con el producto en sí mismo: el amor por la naturaleza.

Al entrar en esta especie de cubos, a través de una pasarela acristalada, la primera impresión es la de una oficina convencional, donde encontramos escritorios y mesas de conferencias. Pese a ello, el arquitecto Peter Lorenz ha concebido una fachada de vidrio que cubre todo el lateral este del edificio, aportando una sensación de apertura y logrando que los ocupantes se sientan, físicamente, inmersos de los bosques circundantes.

El aislamiento del entorno protege la naturaleza interactiva de las propias estancias, provistas de bóvedas altas e iluminadas con gran imaginación, para proporcionar un entorno de trabajo comunitario eficaz. La escalera de metal, que parece flotar en libertad, conecta los edificios con el bosque que los rodea; completando, de este modo, la simbiosis.

El concepto muestra que los límites laborales del futuro no se encuentran entre las cuatro paredes del edificio convencional. El trabajo está empezando a trascender las barreras físicas de los inmuebles fabricados por el hombre, a medida que la tecnología y los patrones cambian las ideas preconcebidas.

**lugar**
natters, austria

**cliente**
innsbruck alpine school/hannes gasser

**terminado**
primavera de 1996

**total floor space**
110 m²

**staff**
14 trabajadores

**cost**
310.500 libras

1 Las diferencias entre el interior y el exterior se borran mediante el uso del acristalamiento de la fachada.

2 En la profundidad de un bosque alpino, el mundo del trabajo se conecta con la naturaleza.

movilidad **concepto**

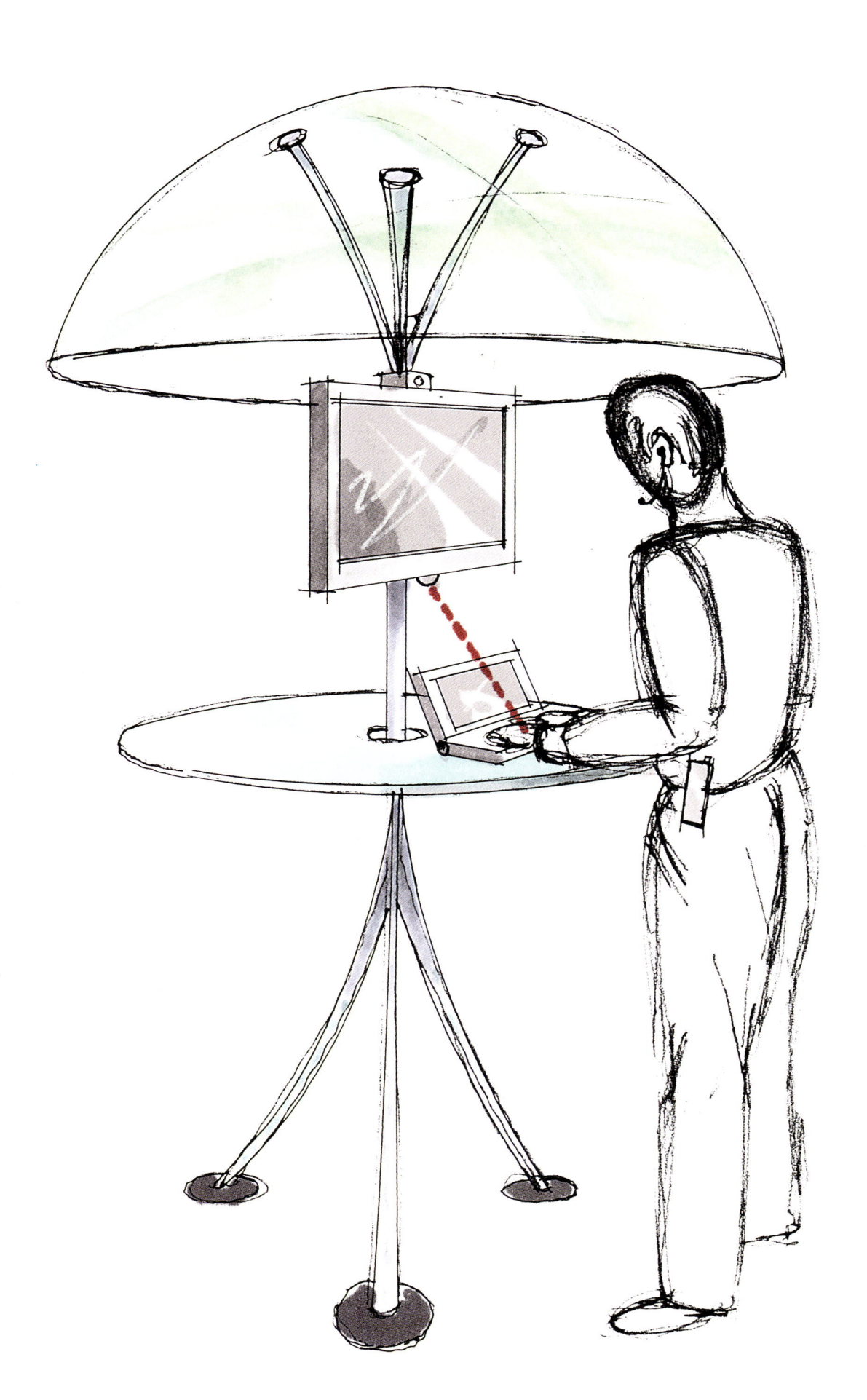

Espacio de trabajo inteligente del futuro:
1 Intercambio de conocimientos
2 Área reservada
3 Área de toma de contacto
4 Planta diáfana
5 Salas de proyecto / clientes
6 Celulares
7 Módulos
8 Reuniones formales
9 Área de esparcimiento
10 Reuniones informales
11 Comida y bebida
12 Área de relax
13 Gimnasio
14 Tiendas

# La cápsula de booz allen & hamilton

**MATTHEW CALVERT AND PHILIP ROSS**

ESTE concepto fue desarrollado originalmente por el arquitecto Matthew Calvert y el consultor Philip Ross, para aplicarlo a las oficinas de la empresa Booz Allen & Hamilton. Es una estación de toma de contacto para el trabajador itinerante que quiere «aterrizar» en la organización, por un corto periodo de tiempo. Su cúpula de plexiglás (ver izquierda), ofrece una gran privacidad acústica, dentro de una estructura de planta diáfana; al mismo tiempo que una pantalla plana, instalada en una columna central, conecta al usuario de sistemas de tecnología portátil a la red corporativa, mediante un sistema de infrarrojos. Dichos elementos, junto con el teléfono inalámbrico de la oficina, (la cápsula, conocida como Dome Pod) proporcionan una estación de trabajo de pequeñas dimensiones, desde donde se accede a todas las conexiones necesarias en una estancia temporal. Dentro de una oficina adaptada a la movilidad de sus trabajadores, con una gran una variedad de tecnologías inalámbricas a su alcance, la cápsula se emplazaría en un área central del espacio de plano abierto (abajo)

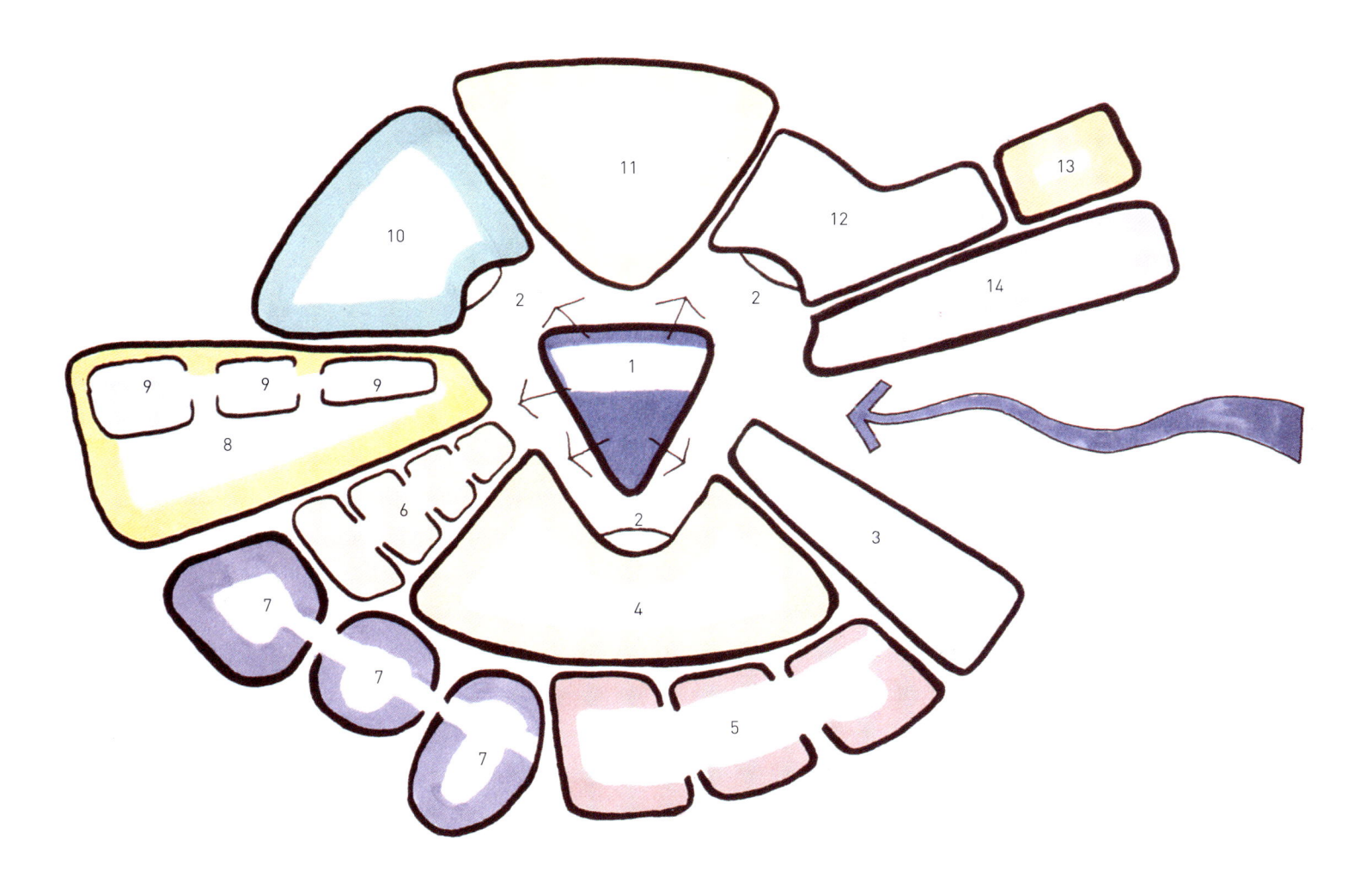

# BIOGRAFÍAS

**BIOGRAFÍAS**

**Apicella Associates**
9 Ivebury Court, 325 Latimer Road, Londres W10 6RA, Reino Unido

Apicella Associates Ltd, anteriormente Apicella Associates Arquitectura y Diseño, de Londres; fue fundada por Lorenzo Apicella, en 1989. Estudió arquitectura en la Universidad de Nottingham, Canterbury College of Art y Royal College of Art de Londres. Posteriormente, se mudó a Estados Unidos, para trabajar con Skidmore, Owins y Merrill. Desde 1986 hasta 1989, fue director del estudio de arquitectura y diseño interior de Imagination Design & Communications. Entre sus clientes se cuentan Harrods, British Telecom, Forte Plc, Ford y British Steel. Actualmente, Lorenzo Apicella es miembro del Consejo de Premios RIBA. Trabajó como director del jurado de los Premios Nacionales en cuatro ocasiones y, recientemente, ha formado parte del tribunal internacional constituido para los Premios del Instituto Americano de Arquitectos, en San Diego. Además, ha sido profesor en múltiples lugares del Reino Unido y crítico visitante en Canterbury, Londres, y Oxford. Los proyectos actuales de Apicella Associates ocupan todos los espectros del diseño, desde mobiliario a planificación urbana.

**Baum Thornley Architects**
340 Bryant Street # 300a, San Francisco, CA, 94107, Estados Unidos

Baum Thornley Arquitectos conctituye una empresa activa en los campos de arquitectura y diseño interior, análisis de viabilidad inmobiliaria y administración de la construcción. Fue fundada por Rober Baum y Douglas Thornley. En la actualidad, trabajan en una gran diversidad de proyectos: oficinas, tiendas, centros cívicos, instalaciones biotécnicas y médicas, restauraciones, proyectos industriales y residencias.

**BDG/McColl**
24 John Street, Londres EC1M 4AY, Reino Unido.

BDG/McColl (anteriormente Business Design Group) se fundó en 1962. Especializados en la planificación y el diseño de espacios laborales, actualmente cuentan con oficinas en todo el Reino Unido, Frankfurt y Budapest. Entre sus clientes se incluye Thomas Cook, American Express, Inland Revenue, British Gas, Ernst and Young, Smith Kline Beecham y BZW; así como, los ministerios británico de Comercio e Industria, Medio Ambiente y Transportes. La empresa se divide en cuatro sectores, que cubren diferentes áreas de mercado: «BDG McColl Architecture» se ocupa del diseño de los centros comerciales, oficinas e instalaciones de fabricación; «BDG McColl Communications», del diseño gráfico, las identidades comerciales y las comunicaciones interpersonales; «BDG McColl Retail and Leisure », del desarrollo de estrategias de marca y del diseño de entornos comerciales y de ocio; y, finalmente, "BDG McColl Workplace" ofrece un servicio de gestión de la planificación del espacio, diseño y construcción de ámbitos laborales.

**Behnisch, Behnisch & Partner**
Büro Innenstadt, Christophstrasse 6, Stuttgart D-70178, Alemania

Günter Behnisch nació en Dresden, en 1922. Estudió en la Universidad Técnica de Stuttgart y abrió su propia oficina en 1952. En 1979, fundó Behnisch & Partner, junto a Winfried Buxel, Manfred Sabatke y Erhard Tranker. En la actualidad, la empresa dispone de dos oficinas, Behnisch & Partner y Behnisch, Behnisch & Partner; y ha adquirido dos nuevos socios: Stefan Behnisch y Günter Schaller. Ambos estudios se concentran en proyectos públicos, de gran escala. Los más recientes, incluyen bancos en Frankfurt, Munich y Stuttgart; instalaciones deportivas para escuelas; y la Oficina de Seguridad Aérea alemana. Behnisch es miembro de la Akademie der Künste, Doctor Honorario de la Universidad de Stuttgart, miembro de la Academia Internacional de Arquitectura de Sofía, y miembro honorario de la Royal Incorporation of Architects de Escocia. En 1992, se le concedió la Medalla de Oro de la Academia de Arquitectura de París.

**Mario Bellini Associati Srl**
Piazza Arcole 4, Milano 20143, Italia

Mario Bellini estudió en el Instituto Politécnico de Milán. Editor de Domus, desde 1986 hasta 1991, ha impartido clases en las más importantes escuelas de diseño del mundo; y, desde 1995, es profesor de la Escuela de Arquitectura de Génova. Entre sus proyectos destacan el edificio de oficinas, de la planta de energía termoeléctrica AEM, en Cassano d´Adda; la amplificación de la feria de comercio de Milán; el Centro de Diseño de Tokio; la Sede de Schmidtbank, en Alemania; la nueva Sede de Arsoa Company, en Yamasaky-ken; y la sede de Natuzzi Americas Inc, en Carolina del Norte. Así mismo, Bellini es conocido por su diseño expositivo, como el del gran «Tesoro de San Marcos de Venecia»; o en el Grand Palais, de París. Bellini, además, viene trabajando en el diseño de muebles y productos, desde 1963. Pueden observarse ejemplos de sus productos en colecciones de diseño como la del Museo de Arte Moderno, de Nueva York.

**Abe Bonnema**
Bureau for Architecture and Environmental Planning BV, Postbus 15, 9254 ZV, Hardgarijp, Holanda, Países Bajos

Los diseños más recientes de Abe Bonnema se encuentran en Leeuwarden, e incluyen el Edificio Girobank, las oficinas de los servicios sociales municipales y las de las compañías aseguradoras Avero y FBTO. Es muy conocido por su diseño de la Oficina Principal de National Nederlanden, en Rótterdam; que, con 150 metros de altura, es el edificio de mayor altura de los Países Bajos.

**Buschow Henley**
21 Little Portland Street, London W1N 5AF, Reino Unido

Buschow Henley fue establecida en noviembre de 1994, por Ralph Buschow y Simon Henley. Ken Rorrison y Gavin Hale Brown se unieron a la sociedad un año más tarde. Buschow estudió en la Universidad de Manitoba y en la Asociación de Arquitectura, y trabajó para diversas empresas como Harper Mackay y Herron Associates, antes de abrir su propio estudio. Simon Henley se graduó en las Universidades de Liverpool y Oregón. Actualmente, prepara un Master en la Barlett School. Antes de formar su sociedad con Buschow, trabajó para Harper Mackay y Lifshutz Davidson, entre otros. La empresa colabora en proyectos residenciales para ámbitos laborales, sanidad, educación, y proyectos de diseño para exposiciones. Entre sus clientes se incluyen la University College de Londres, Mazda, RAC, Wolf Olins, Sony Music, L´Ouverture Theatre Company y Manhatan Loft Corporation. El trabajo de Buschow y Henley ha sido objeto de numerosos artículos y programas de televisión y radio.

**Matthew Calvert y Philip Ross**
195 London Road, Twickenham, Middlesex TW1 1EJ y 152 Iverson Road, Londres NW6 2HH, Reino Unido, respectivamente.

Matthew Calvert es un arquitecto especializado en soluciones creativas para negocios e interiores comerciales. Entre sus proyectos se incluyen estudios de grabación y espacios laborales para empresas mediáticas, instituciones bancarias y sedes corporativas. Se graduó en Kingston Polytechnic, en 1983; y trabajó para firmas destacadas de arquitectura, antes de formar su propia empresa, en 1997. Junto con el consultor de espacios laborales Philip Ross, ha desarrollado conceptos innovadores, que ilustran cómo las nuevas tecnologías afectan el modo de trabajar de las personas.

**CD Partnership**
22 Shad Thames, Londres SE1 2YU, Reino Unido

La empresa de arquitectura y diseño gráfico e interiores, CD Partnership, fue fundada por Terence Conran; y, en la actualidad, emplea a más de 20 diseñadores y arquitectos. Los proyectos más recientes incluyen el diseño de la nueva sede del Grupo editorial Longman Publishing, en Harlow, Essex; el restaurante de Conran, en Mezo; el café y balneario, en dos niveles, del nuevo súper trasatlántico, lanzado en 1995, por Celebrity Cruises; el Hotel Triest, de Viena; el restaurante de Selfridges; y varios proyectos de oficinas, entre los que se incluye la sede de Godman. Entre sus proyectos de diseño, destacan el esquema total y la ejecución de la nueva identidad corporativa para Cabouchon, joyero británico de moda; y un programa de desarrollo de productos literarios, para Providence Capitol.

**DEGW**
8 Crinan Street, Londres N1 9SQ, Reino Unido.

DEGW fue establecida en 1973, por Francis Duffy, John Worthington y Luigi Giffone; como una empresa de arquitectura y planificación del espacio. Es una importante firma Europea, con sucursales en Manchester, Glasgow, Madrid, Milán, París, Amersfoort, Bruselas, Berlín y Munich. Entre sus clientes, destacan British Nuclear Fuel, IBM UK, Christie´s London, Lloyds Bank y Olivetti. La empresa ha ganado varios concursos importantes, entre los que se incluye el diseño de un gran complejo industrial en Wedding, Berlín. DEGW ha publicado diversos artículos acerca de la planificación de oficinas, siendo los más notables «Planning Office Space», de Duffy, Worthingotn y Colin Cave (Director General de DEG); y "Changing the Workplace", de Duffy. Así mismo, han desarrollado muchos estudios, sobre el impacto de la tecnología de la información en los edificios de oficinas, incluyendo el Workplace Forum Research Programme.

**Fernau & Hartman Architects**
2512 Ninth Street No 2, Berkeley, CA 94710, Estados Unidos

Fernau & Hartman fue fundada en 1980, por Richard Fernau (nacido en 1946), y Laura Hartman (nacida en 1952). Ambos poseen el Master de Arquitectura de la Universidad de Berkeley, California, donde, actualmente, son profesores. Fernau trabajó como director artístico (junto a Jonathan Demme), de New World Pictures de Hollywood; y para el arquitecto Steiger Partner Arkitekten, de Zurich. Hartman, antes de abrir su propio estudio trabajó para varios estudios de arquitectos de Estados Unidos y Suiza. Además, es pintora y ha realizado exposiciones, tanto nacionales como internacionales. Juntos, han recibido premios por todos sus proyectos construidos, y han obtenido una gran reputación, debido a la calidad de su diseño interior y a su innovación técnica. Sus obras incluyen desde el diseño de mobiliario e interiores, hasta edificios residenciales, comerciales e institucionales. Entre sus proyectos más recientes destaca la Residencia Von Stein, una serie de viviendas colectivas para el Cheesecake Consortium, el Edificio Tipping, la sede corporativa de f/X Networks, y la sede de Nickelodeon. Su trabajo ha sido publicado a escala nacional e internacional.

**Sir Norman Foster and Partners**
Riverside Three, 22 Hester Road, Londres SW11 4AN Reino Unido.

Sir Norman Foster nació en Manchester, Inglaterra, en 1935; y estudió arquitectura y planificación urbana en las universidades de Manchester y Yale. Fundó Team 4 en 1963, junto a su anterior esposa, Wendy; y junto a Richard Rogers, creó Foster Associates, en 1967. Hoy en día, es internacionalmente famoso por sus diseños de alta tecnología, muchos de los cuales -como el Hong Kong, el Shangai Bank (1979-86), y el Stansted Airport (1981-89)- los obtuvo a través de concursos. Sus proyectos incluyen las galerías Sackler, en la Royal Academy of Arts de Londres (nombrado edificio RIBA del año 1993); el Centre d´Art/ Culture Centre, de Nimes; la Sede de ITN, de Londres; Cranfield University Library; la nueva ala del Museo de Arte Joslyn de Omaha, Nebraska; y la Facultad de Derecho de la Universidad de Cambridge. Entre sus planos se incluye el del King´s Cross; y entre sus proyectos finalizados, la remodelación del Reichstag, de Berlín. Así mismo, el aeropuerto de Chek Lap Kok, en Hong Kong, cubre un área de 1.248 hectáreas; siendo el mayor del mundo. Foster recibió el título de Caballero en 1991. Así mismo, su obra ha ganado más de 60 premios y menciones. Se trata de una figura reconocida en el circuito internacional. Por otro lado, aunque en principio se ocupa de proyectos arquitectónicos a gran escala, también trabaja en el diseño de mobiliario.

**Harper Mackay Architects**
33-37 Charterhouse Square, Londres EC1M 6AE, Reino Unido.

Harper Mackay trabaja, fundamentalmente, en el mundo de la arquitectura y del interiorismo. La compañía fue creada en 1987, por David Harper y Ker Mackay. Entre sus clientes se encuentran BP y el Grupo Virgin. Entre sus proyectos recientes se incluyen Ian Schrager Hotels, las oficinas de McCann Erickson, M&C Saatchi, BP, Central Televisión, fX Center y ONdigital.

**Kunihiko Hayakawa Architect and Associates**
Yoga A-Flat 707 3-1-17, Kamigoya, Stagaya-ku, Tokio 158-0098, Japón.

Kuhiniko Hayakawa nació en Tokio, en 1941. Se graduó en Arquitectura por la Universidad de Waseda; y en 1971 cursó el Master de Diseño Medioambiental, de la Universidad de Yale. Trabajó para Moshe Safdie and Associates, en Montreal, antes de establecer su propia empresa, en 1978. Ha impartido cursos en la Escuela de Arquitectura de la Universidad de Washington; en el proyecto Japan AIR; en las universidades de Rótterdam y Waseda; y en el Musashino Institute of Art. Hayakawa ha recibido muchas menciones por su trabajo, siendo la más reciente el primer premio del concurso de diseño de Kirishima Art Hall, y el Premio Togo Murano, por su diseño del Park Court, en Suginami-Miyamae.

**Heikkinen-Komonen Architects**
Kristianinkatu 11-13, Helsinki 00170, Finlandia

Heikkinen-Komonen Architects fue fundada en 1974, por Mikko Heikkinen (nacido en 1949) y Markku Komonen (nacido en 1949). Ambos obtuvieron el Master de la Universidad de Helsinki de Tecnología, en 1974; y trabajaron para diversos estudios de arquitectura, en Finlandia, antes de formar su sociedad. Heikkinen ha sido profesor en la Universidad de Helsinki. En 1992 recibió una beca de residencia en Nueva York, otorgada por la Finnish Foundation of Visual Arts. Es colaborador docente en Philadelphia College of Textiles and Science; en la University College, de Dublín; en la Universidad de Virginia; y en el Stadelschule, de Frankfurt. Por su parte, Komonen ha sido profesor de Arquitectura, en la Universidad de Tecnología de Helsinki, desde 1992; así como profesor adjunto de la Universidad de Houston (1983-93). También fue editor jefe de la revista «Arkkitechi» (1977-80), y director del departamento de exposiciones del Museum of Finnish Architecture (1978-86). Los proyectos más recientes de la empresa incluyen renovaciones y diseños de exposiciones y tiendas en Finlandia. Durante la década de los noventa, la empresa aceptó encargos de mayor envergadura, tanto de clientes nacionales como internacionales; como el centro Heureka Science, próximo a Helsinki; el Rovaniemi Airport; el European Film College, en Ebeltoft, Dinamarca; una Unidad Sanitaria en Guinea, África; pabellones feriales para Marimekko, en Dusseldorf, Frankfurt, Copenhague y París; y las embajadas finlandesas de Washington y Berlín.

**Helin & Siitonen**
PO Box 502, Helsinki HN 00101, Finlandia

Helin & Siitonen fue fundado en 1979. Desde entonces, sus trabajos han evolucionado desde cabañas de verano, hasta sedes corporativas para complejos de uso mixto. La empresa está especializada en instituciones culturales, oficinas, viviendas y complejos recreativos y comerciales.

**Hellmuth, Obata + Kassabaum (HOK) Inc.**
One Metropolitan Square, 211 North Broadway, St Louis, Missouri 63102-2231, Estados Unidos

Hellmuth, Obata + Kassabaum fue fundada en 1955, y actualmente da empleo a más de 1300 personas. Su experiencia abarca trabajos para importantes corporaciones: constructores, agencias estatales y locales, instalaciones deportivas, hospitales, universidades y centros de enseñanza superior; así como el gobierno estadounidense y diferentes gobiernos de Canadá, el Caribe, América Central y del Sur, Oriente Medio y Asia. La empresa ofrece servicios de arquitectura, ingeniería, interiorismo, diseño gráfico, planificación, pasiajismo, programación y gestión de instalaciones, y asesoría. Gyo Obata FAIA es co-presidente de la compañía. Se licenció en Arquitectura en 1945, por la Universidad de Washington; y obtuvo el Master de Arquitectura y Diseño Urbanístico de la Cranbrook Academy of Art. Es doctor Honoris Causa por las universidades de Washington y Missouri. George Hellmuth (ya retirado) se licenció y obtuvo su Master en la Universidad de Washington. Así mismo, estudió en la Ecole des Beaux Arts de Fountainebleau, Francia. Recibió la Medalla de Oro de la filial de St Louis, de la AIA. George Kassabaum FAIA (fallecido en 1982) estudió, así mismo, en la Universidad de Washington. Fue presidente de la AIA (1968-69) y rector honorífico del College of Fellows de la AIA (1977-78). Entre los proyectos más importantes de HOK, destacan el Banco de la Reserva Federal de Minneapolis; el Replacement Hospital del Condado de Los Ángeles; el Departamento de Estado de la Embajada de Estados Unidos, en Moscú; y un rascacielos para la Principal Life Insurance Company en Des Moines, Iowa.

**Holey Associates**
2 South Park, Floor 3, San Francisco, CA 94107, Estados Unidos

Holey Associates fue fundada en 1984 y ha diseñado oficinas para compañías como Monsanto, CBS Television, CUC International, Robertson, Stephens/Bank of America, y Andersen Consulting; así como para empresas jóvenes de vanguardia, entre las que se incluyen Idea Factory, Wired Ventures, Revo Sunglasses y Univision Television Group. Holey Associates trabaja en Estados Unidos y sus diseños, sus comentarios y pronósticos, acerca de los cambios en los espacios laborales, han aparecido con frecuencia en publicaciones líderes del sector del diseño, nacionales e internacionales.

**IDEO Product Design and Development**
7/8 Jeffreys Place, Jeffreys Street, Londres NW1 9PP, Reino Unido

IDEO es una consultoría internacional dedicada al desarrollo y diseño de productos. Partió de Moggridge Asssociates, consultoría de diseño industrial, fundada en 1969. Diez años más tarde, se abrió una segunda oficina, en Silicon Valley, California; que generó un interés creciente por las interfaces de usuario y el diseño de software. Se añadieron distintas instalaciones a la compañía, entre las décadas de los ochenta y noventa; y la propia IDEO se formó en 1991, cuando David Kelley Design y Matriz Design se unieron para ofrecer un servicio integral, a través de oficinas en Londres, Boston, Chicago, San Francisco y Palo Alto. Se han abierto más delegaciones, desde entonces, en Tokio, Grand Rapids, Milán y Tel Aviv. En 1996, IDEO fue nombrada «Grupo de Diseño del Año», por Design Zentrum en Essen, Alemania. Actualmente, entre sus clientes destacan la BBC, Apple, NEC, Nike, Nokia, Samsung, Siemens y Warner BROS. Así mismo, la empresa ha sido responsable de la creación de más de 2000 productos médicos, informáticos, de telecomunicaciones, industriales y de consumo; y se ha convertido en una compañía líder de las nueva disciplinas de diseño interactivo.

**Daryl Jackson**
35 Little Bourke Street, Melbourne, Victoria 2000, Australia.

Daryl Jackson posee oficinas en Melbourne, Sydney, Canberra y Brisbane; y delegaciones internacionales en Londres y Berlín. En Londres, la empresa ha construido, recientemente, una serie de instalaciones de ocio - el «Cannons Health Club»- bajo los arcos de ferrocarril de Cannon Street Station. Otros proyectos del mundo del entretenimiento, incluyen el Pabellón del Welsh Garden Festival y el Cedars Health and Leisure Club de Richmond, que recibió el premio regional RIBA. También han desarrollado varios proyectos de viviendas, a lo largo del Támesis, para la Autoridad Portuaria de Londres; que incluyen desde una reutilización de almacenes, hasta un nuevo conjunto de viviendas, cerca de Tower Bridge. Así mismo, Daryl Jackson desarrollado un proyecto de remodelación de oficinas antiguas en Budapest; de viviendas y oficinas en Postdam; y ha ganado un concurso de viviendas y de planificación urbana, en Brandenberg. La delegación de Berlín, en la actualidad, está planificando en la misma ciudad un importante edificio; y desarrollando un proyecto para la reconversión de la Villa de los Juegos Olímpicos de 1936, en viviendas particulares.

**Jestico + Whiles Architects**
14 Stephenson Way, Londres NW1, 2HD, Reino Unido

La empresa de arquitectura de Jestico + Whiles fue fundada en 1977, por los presidentes Tom Jestico, John Whiles, Robin Collingwood y Tony Ingram. Actualmente posee oficinas en Londres, Glasgow, Praga y Munich. Su preocupación por las estructuras y componentes de peso ligero, puede verse en sus tempraros proyectos industriales, como en Epsom (1979) y Waltham Cross (1982); mientras que los últimos trabajos para Friends of the Earth, Policy Studies Institute, y la investigación para el Departamento de Energía del Reino Unido, representan el desarrollo de un esquema de trabajo, acerca del acondicionamiento con bajo consumo energético. Otros proyectos incluyen un parque científico y tecnológico en Escocia, y varios edificios de oficinas y fábricas, como Gallery Court, Stukeley Street y Jockey´s Fields. Entre los proyectos actuales cuentan embajadas y residencias de diplomáticos en Latvia y Bulgaria; un importante intercambiador de transporte público, llamado CrossRail; dos hoteles en el centro de Londres; y el que es su mayor proyecto hasta la fecha, el Burrell´s Wharf, un complejo residencial y de ocio, situado en un solar de Grado II, en los muelles de Londres.

**Eva Jiricna Architects Ltd**
Sun Court House, 18-26 Essex Road, Londres N1 8LN, Reino Unido

Eva Jiricna estudió arquitectura en la Escuela de Ingeniería de Praga y completó con sus estudios con un postgrado en Bellas Artes, en la Academia de la misma ciudad. Se mudó al Reino Unido, a finales de los años sesenta, y se diplomó en arquitectura en el Royal Institute of British Architects. Al no poder volver a Checoslovaquia, debido a los acontecimientos de 1968, trabajó para una serie de estudios británicos de arquitectura. Estuvo colaborando, durante un corto periodo, con Sir Richard Rogers, como supervisora del diseño interior de la nueva sede de Lloyds. Formó su propia empresa en 1984; y, promocionada por clientes como Joseph, Vitra o el "club" Legends, consiguió reputación internacional rápidamente. Ha estado vinculada al diseño de escaleras desde que construyó sus célebres versiones de vidrio y acero, para Joseph y Joan & David Inc., en Estados Unidos y Europa. En 1994, uno de sus estudios ganó el Premio de Diseño del Royal Academy Summer Show. Entre los clientes de Jiricna, destacan Andersen Consulting, para quien ha realizado la sede principal en el edificio Gehry, de Praga. Está trabajando, así mismo, para el Comité de Desarrollo de Londres, para Docklands; y, en la actualidad, forma parte del diseño de la Soul Zone o "Spirit Level", en la Millennium Dome (Cúpula del Milenio), en Greenwich. Eva Jiricna ha recibido numerosos galardones en el Reino Unido y en Praga. Es Miembro Honorífico del Royal College of Art; y, en 1991, fue designada Royal Desinger for Industry, por la Royal Society of Arts. También es miembro del Consejo Presidencial de Praga y fue nombrada CBE (Embajador del Imperio Británico), por sus diseños. Ha enseñado y dado conferencias en todo el Reino Unido, y ha desarrollado talleres de arquitectura para las Universidades de Harvard y Pennsylvania.

**Kauffmann Theilig & Partner**
Zeppelinstrasse 10, Ostildern 73760, Stuttgart, Alemania

Dieter Kauffmann nació en 1954, en Sindelfingen. Tras graduarse en la Fachhochschule of Augsburg, en 1978, trabajó para arquitectos de Stuttgart, antes de aceptar un puesto con Behnisch and Partner, en 1980; donde permaneció hasta que se unió a Heinle, Wischer y Partner. En 1988, creo sociedad con Andreas Theilig. Este último nació en Stuttgart, en 1951. Tras graduarse en el Technische Hochschule de Darmstadt, en 1978, trabajó durante un corto periodo para los arquitectos de Darmstadt, antes de unirse también a Behnisch and Partner. Ha sido profesor en la Fachhochschule, de Biberach.

**Ben Kelly Design**
10 Stoney Street, Londres SE1 9AD, Reino Unido

Ben Kelly Design fue creada en Londres en 1977, por el diseñador Ben Kelly (nacido en 1949), que estudió diseño en el Royal College of Art, graduándose en 1974. Elena Massuco se unió a la empresa, en 1987, y Chris Cawte, en 1991; Sandra Douglas y Peter Mance destacan entre los numerosos diseñadores que han trabajado para BKD; los cuatro se graduaron en diseño de interiores por Kingston University. Los proyectos más recientes de Kelley incluyen la «Howie Shop» (1977); trabajos para Malcom McLaren / The Sex Pistols; y el primer despacho de Lynne Frank. Los diseños más importantes de BKD cuentan con la sala de fiestas Hacienda, en Manchester; la sede de la compañía discográfica 4AD, en Londres; y oficinas para la agencia publicitaria Rainey Kelly Campbell Roalfe, Londres; así como nuevas oficinas para Lynne Frank. BDK ha trabajado también en el diseño de la gala de los Premios BBC, de Diseño, de 1996, y del Festival Internacional de Diseño de Glasgow, de 1996. Recientemente, han trabajado también en un proyecto para una tienda de una importante empresa de ropa. Kelly ha impartido clase de diseño de interiores en 3D, en la Kingston University, y actúa como asesor externo para la Glasgow School of Arts. El libro «Plans and Elevations», donde se recogen estos últimos trabajos, se publicó en 1990, y BKD participó en «Sublime: The Sol Mix», una esposición, Kelvingrove Art Gallery, Glasgow (1992). La empresa ha sido premiada en numerosas ocasiones por «The Basement», en el Museo de la Ciencia de Londres, y ha sido aclamada por las oficinas del British Design Council, en Londres.

**LOG ID**
Sindelfinger Strasse 85, Glashaus, Tubingen 72070, Alemania

LOG ID es un equipo de botánicos, doctores, físicos, psicólogos de la comunicación y arquitectos, que se dedican a solucionar problemas de diseño medioambiental. Las base teórica de su empresa es «arquitectura solar verde», objetivo que logran mediante la construcción de sofisticadas estructuras de vidrio, donde se combina la planificación tecnológica y económica, con la necesidad humana de la calidad de vida. Además de viviendas para particulares, LOG OD diseña fábricas, hospitales y edificios de oficinas públicas.

**Peter Lorenz**
Maria Theresien Strasse 37, Innsbruck A-6020, Austria

Pater Lorenz nació en Innsbruck, en 1950. Realizó un Master en arquitectura, por la Universidad de Venecia. Desde 1980 gestiona su propia empresa. En la actualidad posee oficinas en Innsbruck y Viena. Ha completado más de 200 proyectos, que comprenden diseños de viviendas, almacenes para minoristas y oficinas; y ha emprendido, recientemente, proyectos de planificación urbana, algunos a gran escala. Es profesor en varias universidades; y, frecuentemente, dirige talleres y viajes de estudios, por todo el mundo.

**Mahmoudieh Design**
Pestalozzi Strasse 99A, 10625 Berlín, Alemania

Yasmine Mahnoudieh nació en Alemania. Estudió historia del arte en Florencia; arquitectura en la Ecole D´Ingernieur, de Génova; diseño de interiores en el College of Notre Dame, de Belmont; y se diplomó de arquitectura y diseño de interiores, en la Universidad de California, en Los Ángeles. Trabajó para varias empresas de arquitectura de los Estados Unidos, antes de ser cofundadora, en 1986, del Architectural Design Group International. En la actualidad, Mahmoudieh Design posee oficinas en Hamburgo y Berlín, y está a punto de abrir una sucursal en Londres. Mahmoudieh diseña restaurantes, casetas para ferias y exposiciones, casas de huéspedes y mobiliario. Los proyectos más selectos incluyen el Hotel Kempinski, Bad Saarow, en Alemania; el Millennium Centre en Budapest, Hungría; oficinas para Grabe KG en Hamburgo, Alemania; «The Factory» (reconversión de una vieja fábrica en galerías, restaurantes, oficinas y «lofts»), en Berlín-este; los Gordon Eckhard Production Studios, en Hollywood; y la renovación de una antigua casa de los Beatles, en Beverly Hills.

**Martorell-Bohigas-Mackay**
Plaça Reial 18, Pral., Barcelona 08002, España.

Joseph Martorell y Oriol Bohigas estudiaron juntos antes de fundar MBM, en 1951. David Mackay se unió a la sociedad, en 1962, y Albert Puig Doménech, en 1986. Martorell fue jefe del departamento arquitectónico de la Villa Olímpica, planificando el diseño urbano. Bohigas estuvo a cargo de la Escuela de Arquitectura de Barcelona (1977-1980), y se convirtió en el primer arquitecto del primer gobierno democrático de la ciudad. Con una plantilla de unas 25 personas, en los últimos 40 años, la empresa se ha ocupado de más de 300 proyectos de arquitectura, esquemas de planificación y diseño urbano; y ha trabajado en Méjico, Francia, Alemania, Países Bajos, Italia, Escocia y Gales. Los proyectos incluyen la Villa Olímpica y el Puerto Olímpico de Barcelona, el pabellón principal de la Expo-92, en Sevilla, así como viviendas en Breda, Países Bajos (1995). Del mismo modo, la empresa ha intervenido en variaos concursos internacionales de los que ha obtenido varios galardones.

**Atelier Mendini Srl**
Via Sannio 24, Milán 20137, Italia

Alessandro Mendini nació en 1931, en Milán; ciudad donde, luego, estudió arquitectura. Ha sido editor de las revistas de diseño "Casabella", "Modo" y "Domus"; y director del diario "Otto". Durante años, debido a que en 1973 cofundo el Global Tools Group (movimiento contrario al diseño italiano tradicional), ha sido considerado el teórico del diseño de vanguardia. En 1978 inició su colaboración con el Studio Alchimia de Milán, y desarrolló el llamado «diseño banal», que buscaba transformar los objetos de uso cotidiano. Un buen ejemplo, es la versión de 1980 de la Silla Proust, pintada con una técnica novedosa, para la colección Bauhaus. En 1983, comenzó a dar clases de diseño en la Universidad de Arte Aplicado de Viena; y fue nombrado, también, miembro del comité científico de la Domus Academy. A finales de los años ochenta, estableció el Genetic Laboratory for Visual Suirprises, para investigar y cuestionar las ideas establecidas acerca de gusto y forma. Su trabajo incluye proyectos de mobiliario, vajillas y servicios de mesa; así como de arquitectura e interiorismo. Actualmente, es consejero de diseño para Swatch y Alessi, entre otros. Otros clientes incluyen a Zanotta, Fiat, Zabro, Driade, Poltronova, Elam y Abet Laminati. En 1990, formó Atelier Mendini junto a su hermano Francesco. Juntos han diseñando proyectos como el Museo Groningen y, con Yumiko Kobayashi, la Paradise Tower de Hiroshima. La obra de Alessandro Mendini ha sido objeto de innumerables exposiciones y muestras individuales, en todo el mundo.

**Morphosis**
2041 Colorado Avenue, Santa Mónica, CA 904041, Estados Unidos

Morphosis fue fundada, en 1972, por TOM Mayne, y Jim Stafford. En la actualidad, la empresa emplea cerca de 20 arquitectos y diseñadores, dirigidos por TOM Mayne, John Enright y Kim Groves. El primero, graduado por la Univesidad de Southern California en 1968, formó una cooperativa, llamada Southern California Institute of Architecture. Obtuvo un Master en Harvard diez años más tarde y, en 1987, recibió la Rome Prize Fellowship, de la American Academy de Roma. Ha impartido clases en Columbia University;

en el Berlage Institute, en los Países Bajos; y la Barlett School of Architecture, en Londres. Actualmente, es profesor de la Escuela de Artes y Arquitectura de UCLA. Morphosis ha ganado varios concursos internacionales de diseño, tres de los cuales están todavía en construcción. Ha recibido 16 Progressive Architecture Awards, 27 premios AIA, y ha participado en numerosas exposiciones colectivas e individuales; entre las que destaca una importante retrospectiva, que tuvo lugar en Madrid, en 1998.

**Toru Murakami Architect and Associates**
1-27 Hijiyamahommachi, Ninami, Hiroshima, 732-0816, Japón.

Toru Murakami nació en Imabari, Ehime,. Tras graduarse en el departamento de arquitectura del Instituto de Tecnología de Hiroshima, estuvo trabajando tres años siguientes para Shozo Uchii Architectural Design Office; hasta que abrió su propio negocio en 1976. Desde 1992, ha trabajado como profesor adjunto en la Escuela de Ingeniería del Instituto de Tecnología de Hiroshima. Murakami ha sido homenajeado en numerosas ocasiones dentro de su país y, en 1994, recibió el Premio de Diseño del Instituto Arquitectónico de Japón, por una serie de proyectos de viviendas, entre ellos, una casa en Ajina.

**Cesar Pelli and Associates Inc**
1056 Chapel Street, New Haven, CT 06510, Estados Unidos

Cesar Pelli fundó su propia empresa en 1977. Entre sus proyectos destacan proyectos la construcción del Pacific Design Center, en Los Ángeles y la Embajada de Estados Unidos, en Tokio. Fue nombrado Decano de la Escuela de Arquitectura de la Universidad de Yale. Nacido en Argentina y formado en la Universidad de Tucuman, Pelli llegó a Estados Unidos con una beca de la Universidad de Illinois. Su convencimiento de que los edificios deberían comportarse como «ciudadanos responsables» se refleja en su preocupación, en cuanto a la ubicación, respecto del perfil de la ciudad. Su primer proyecto, después de 1977, consistió en la ampliación y renovación del Museo de Arte Moderno de Nueva York. Tras esto, la empresa ha recibido más de 80 premios, por su excelencia en el diseño; incluyendo una mención de AIA, por el World Financial Centre y Winter Garden en Battery Park city, reconocida como una de las diez mejores obras arquitectónicas posteriores a 1980. La AIA también concedió a Cesar Pelli and Associates, el Premio a la Empresa de 1989, en reconocimiento a más de una década de trabajo en la vanguardia del diseño arquitectónico. El mismo Pelli recibió la Medalla de Oro de AIA, de 1995, que homenajea una vida entera de distinciones y contribuciones notables.

**Powell-Tuck Associates**
14 Barley Mow Passage, Chiswick, Londres W4 4PH, Reino Unido

Powell-Tuck Associates es una empresa de diseño especializada en arquitectura e interiorismo, y diseño de mobiliario y arquitectura paisajística. Se ha especializado, además, en la restauración y a los ámbitos laborales. Su interés radica en lograr que los edificios existentes funcionen en la sociedad contemporánea. Julian Powel-Tuck se graduó del Royal College of Art de Londres, en 1976, y obtuvo un Master en Diseño Medioambiental. Fundó su propia empresa el mismo año, en colaboración con David CONNOR y Gunnar Orefelt; y continuó recibiendo diversos reconocimientos internacionales. Así mismo, abrió una oficina en Taiwán, para acomodar la creciente demanda de trabajo en el lejano Oriente. Powell-Tuck Associates se formó en 1990. Julian Powell-Tuck da conferencias en todo el Reino Unido y, en la actualidad, es profesor de Arquitectura y Diseño Interior, en el Royal College of Art. También es examinador externo, para Leeds University.

**Samyn and Partners**
Chée de/Stwg op Waterloo, 1537, Bruselas B-1180, Bélgica.

Samyn and Partners fue fundada en 1980, por Philippe Samyn, y reorganizada en 1991, para incluir a los nuevos socios, Richard Delaunoit, y Denis Melotte. La empresa trabaja en los campos de investigación y desarrollo, planificación, diseño de paisajes, diseño arquitectónico e interiorismo; y ha emprendido trabajos en los Países Bajos, Inglaterra, España, Francia, Grecia, Italia y Bélgica. Sus proyectos incluyen el Banco Nacional de Bélgica, en Bruselas (1981-84); Thompson Aircraft Tire Corporation Frameries (1991); la renovación del campus de la Universidad de Solboch, Bruselas; M & G Richerche SpA Vanafro, Italia (1990-91); así como, numerosos esquemas de planificación ciudadana y viviendas. Philippe Samyn nació en 1948 y estudió en el Massachussets Institute of Technology, y en la Ecole de Comerce, Solvay. Ha sido Profesor Director de la Facultad de Ciencias Aplicadas de la Universidad libre de Bruselasn, desde 1984; y de la Escuela Nacional de Arquitectura, La Cambre, desde 1978. En 1992, Samyn fue elegido miembro corresponsal de la junta de SECO (Oficina Nacional de Control Técnico de la Construcción).

**Sedley Place**
68 Venn Street, Londres SW4 0AX, Reino Unido

Sedley Place es una compañía internacional de diseño con delegaciones en Nueva York y Berlín. Se trata de un equipo multidisciplinar de diseñadores gráficos y de interiores, especializados en la comunicación corporativa, el desarrollo de marcas y empaquetado; así como, en diseño y arquitectura de interiores. Sus proyectos incluyen panfletos para el Gleneagles Hotel; remodelación de viviendas en Londres, entre las que se incluyen la del director de cine Ridley Scott; diseño y puesta en práctica de interiores para todas las sedes mundiales de la empresa publicitaria Lowe Group (en particular, su edifico emblemático de Londres); y la sede de EMI Records, también en Londres. Han diseñado identidades empresariales para Volkswagen AG, el Grand Metropolitan Plc, Alfred McAlpine y Trafalgar House; así como los diseños de marca para Smirnoff Vodka, Heineken Beer, y Accurist Watches.

**Shubin + Donaldson**
629 State Street, Santa Barbara. CA 93101, Estados Unidos
o 9520 Jefferson Boulevard, Culver City, CA 90232, Estados Unidos

Ronald Donaldosn y Russell Shubin iniciaron su colaboración en 1990; y, desde entonces, han trabajado en una serie de edificios para tiendas, estudios de entretenimiento, centros comunitarios y proyectos de residencia. Shubin estudió arquitectura en la Polytechnic University, en San Luis Obispo. Así mismo, estudió en la Ecole d´Art et d´Arquitecture, en Francia, y obtuvo un Master de Administración de Empresas, de la National University of San Diego. Inició su carrera profesional en 1985, con Blurock Partnership, en Newport Beach, California. Por su parte, Donaldson estudió en el Southern California Institute of Architecture, donde obtuvo un Master en Arquitectura. Antes de formar su propia empresa, trabajó para Morphosis Architects y, en 1996, fue nombrado uno de los cuarenta mejores arquitectos de América, menores de cuarenta años. Actualmente, enseña arquitectura y diseño medioambiental, en la Universidad de California, en Santa Bárbara. Entre sus proyectos actuales, se encuentran varias residencias privadas (incluyendo una para el actor Michael Keaton), tiendas, un salón de exposiciones para Toyota, y la rehabilitación de un edificio carcelario viejo, para convertirlo en un centro juvenil.

**Misha Stefan**
45 hereford Road, Londres W2 5AH, Reino Unido

Misha Stefan es un diseñador, cuyo trabajo emula las formas naturales, prestando especial atención a la relación entre la forma, el espacio y el color. Se graduó de la Architectural Association, en 1984. Posteriormente, trabajó para Zaha Hadid, y para empresas de varios arquitectos; antes de formar su propia empresa, en 1996. Los proyectos hasta la fecha, incluyen la tienda de moda Tokio, la galería de diseño Mission, oficinas para Courtney Communications y varios apartamentos en Bayswater, Bloomsbury, y Hampstead. Su gama de mobiliario se lanzó en noviembre de 1998.

**Studios Arquitecture**
99 Green Stree, San Francisco, CA 94111, Estados Unidos

Studios Arquitecture fue fundada, en 1985, por Darryl T. Roberson, Erik Sueberkrop, Gene Rae y Phillip Olson. En la actualidad, cuenta con oficinas en San Francisco, Washington, Nueva York, Londres y París. Sueberkrop, que lidera la empresa, nació en Hamburgo y se educó en la Universidad de Cincinnati, Ohio. Sus proyectos más importantes incluyen una fábrica en Dublín, un centro de visitas y residencia para antiguos alumnos, para la Universidad de California; los interiores del Centro de Comercio Asia and Pacific, de Osaka; y la sede de Petronas, en Kuala Lumpur. Studios diseña, también, interiores corporativos para importantes empresas estadounidenses, europeas y asiáticas de corte legal, financiero y de tecnología ; entre las que se incluyen Apple Computer, Silicon Graphics, Arnold & Porter, y Morgan Stanley & Company. La empresa ha recibido, en numerosas ocasiones, premios del American Institute of Architecture, y su obra ha sido publicada en revistas de diseño importantes en Europa y Estados Unidos.

**Studio BAAD**
Linden Mill, Linden Road, Veden Bridge, West Yorkshire HX7 7DN, Reino Unido

Studio BAAD fue fundado, en 1988, por Philip Bintliff, titulado en Arquitectura por la Universidad de Toronto. La empresa desarrolla una amplia gama de trabajos, entre los que se incluyen edificios industriales, comerciales, sanitarios, de entretenimiento, y culturales. En 1991, el estudio ganó un concurso para diseñar un hospital nuevo en Liverpool. Phillip Bintliff ha sido crítico y ha dado conferencias en todo el Reino Unido. Su trabajo se ha publicado en muchas revistas de arquitectura británicas y europeas, entre las que destaca Blueprint y The Architectural Review. También ha participado en varias exposiciones colectivas, como la muestra RIBA; en un conjunto de seminarios en el Instituto Arquitectónico de Japón, titulado «Sense of Place and Sense of Age-The Emerging Architecture in the UK» (1994); y en la Exposición del Architects´ Journal Centenary, de Londres (1995). Bintliff ha ganado, recientemente, concursos de arquitectura para diseñar un Centro para Performing Arts, en Warrington, y un gran cooperativa de viviendas en Manchester.

**Percy Thomas Partnership**
10 Cathedral Road, Cardiff CF1 9YF, Gales, Reino Unido

Percy Thomas Partnership fue fundada en 1912, y actualmente posee cinco oficinas en Reino Unido, y otras sedes en Hong Kong y Malasia. La empresa ha realizado numerosos proyectos importantes que han ganado premios en todo el mundo; muchos de los cuales fueron resultado de concursos internacionales de diseño. Sus obras abarcan desde edificios cívicos, catedrales, puentes, museos, y edificios destinados a artes escénicas; hasta importantes proyectos de instituciones educativas y sanitarias y complejos comerciales.

**Niels Torp**
Industrigante 59, PO Box 5387, Majorstua, Oslo 0304, Noruega

Niels Torp nació en Oslo en 1940, y se graduó en la Universidad de Trondheim, en 1964. Tras estudios de postgrado becados por distintas universidades de Helsinki y Roma, se unió a la empresa familiar de TorpTorp, entrando en la sociedad en 1970, y convirtiéndose en su propietario y director, en 1974. La empresa se expandió durante la década de los ochenta, momento en el que adquirió gran reputación como una de las empresas de arquitectura líderes de Noruega, debido a numerosos proyectos que sentaron las bases para las nuevas tendencias en el sector. En 1984, Niels Torp ganó el concurso para construir la sede del Skandinavian Air Service (SAS), en Estocolmo. También ha sido seleccionado para participar en varios concursos internacionales y ha impartido conferencias y seminarios por toda Escandinavia y Europa Occidental. En la actualidad, Niels Torp emplea a 55 diseñadores y sus proyectos comprenden, desde viviendas pequeñas, hasta grandes complejos urbanísticos. Diseñan oficinas, casas, aeropuertos, estaciones de ferrocarril, instalaciones deportivas, tiendas y hoteles. Entre los edificios más destacados se encuentran el Centro de Proceso de Datos de cada una de las sucursales de Norwegian Savings Banks de Oslo (1984); la sede de SAS (1987); la sucursal bancaria de Den Norske Bank, Aker Brugge (1992); la sede central de Hewlett Packard, en Oslo (1993); la de Inmarsat, en Londres (1993); y la de Landsforsakringar, en Uppsala (1994). Su proyecto más reciente es la delegación central de British Airways, en Londres.

**John McAslan & Partners**
202 Kensigton Church Street, Londres W8 7JH, Reino Unido.

En 1983, Jamie Troughton y John McAslan formaron John McAslan & Partners. Jamie Troughton estudió en la Universidad de Cambridge. Posteriormente trabajó para Foster Associates y Richard Rogers and Partners. John McAsland asistió a la Universidad de Edimburgo;y tras dos años con Cambridge Seven Associates, en Boston, regresó de Estados Unidos, para unirse a Richard Rogers and Partners, donde trabajó tres años. Sus principales proyectos incluyen Design House, de Londres; las Fases I y II de la sede en Reino Unido de Apple, Stockley Park.; y la premiada estación de British Rail, en Redhill. John McAslan & Partners ha incrementado su interés en el diseño de instituciones educativas y museos, como en el caso una universidad nueva en Kobe (Japón) ganadora, en 1983, del Anthology Prize del Instituto de Arquitectura de Japón. Actualmente, están trabajando en varios proyectos de planificación, remodelación y restauración en el Reino Unido, Europa, Bangkok y Estados Unidos. Finalizaron el Centro de Operaciones del Yapi Kredi Bank de Turquía en 1997, y ahora están trabajando en el Museo de Arte de Cincinnati.

**Valerio Dewalt Train Associates**
200 North Lasalle Street, Chicago, Illinois 60601, Estados Unidos

Valerio Dewalt Train fue fundada hace más de treinta años y se ocupa, tanto de construcciones, como de restauraciones, especializándose en diseño corporativo, edificios industriales de alta tecnología, instalaciones de laboratorio e investigación, centros comerciales y culturales; y casas multifamiliares. El Director, Joseph M. Valerio, se graduó como arquitecto en la Universidad de Michigan, y realizó un Master de UCLA. Ha recibido numerosos galardones de diseño, incluyendo Premios Nacionales de Honor, de la AIA. Más recientemente, la empresa ha recibido el «Premio a la empresa más destacada», de la AIA, de Illinois. Actualmente, Valerio es el presidente del Chicago Architectural Club y forma parte de la junta del Consejo de Artes Contemporáneas. Ha sido el responsable de los principales proyectos de la compañía, entre los que se incluyen los bloques de apartamentos de Arizona y California, y un restaurante con capacidad para 400 personas, en San Francisco. Recientemente, se ha encargado de la remodelación de varios espacios del Capitolio de Madison, Wisonsin; y ha supervisado la construcción de US Robotics, con un presupuesto de 200 millones de dólares.
Mark D. Dewalt estudió en la Universidad de Illinois y, actualmente, trabaja en una nueva sede para Automatic Data Processing y en la renovación de una residencia de Elmhurst College. El tercer socio, Jack de Train, es el presidente de Valerio Dewalt Train. Se formó en la Universidad de Tenessee, donde se especializó en ingeniería estructural. Trabajó para Skidmore Owings & Merrill, donde fue socio antes de pasarse a VDT. Es miembro del American Institute of Arquitects.

**Weedon Partnership**
Quadrant Court, 47-48 Calthorpe Road, Edgbaston, Birmingham B15 1TH, Reino Unido

Weedon Partnership fue fundada en 1932 y su nombre está inevitablemente ligado a las casas del Odeon Cinema; de las cuales, más de 300 se realizaron antes de 1947. La empresa se ubica en Midlands, Reino Unido; y, en la actualidad, trabaja en una serie de proyectos importantes para el Grupo Rover Ltd, Argent Developments y Opel. La empresa realizó la planificación arquitectónica de la Fábrica de Coches Toyota, en Brunaston; así como, proyectos importantes para Glaxo Research & Development Ltd.

## CRÉDITOS

**Innsbruck Alpine School**
Natters, Austria

Arquitectura e Interiorismo: Peter Lorenz Architekt & Partner.
Cliente: Hannes Gasser. Constructor General: Huter & Söhne. Planificación: Peter Lorenz. Dirección de Proyecto: Raimund Wulz. Consultor de estructuras: Christian Aste. Diseño de la iluminación: Concept Licht. Sistema de iluminación: Galo-Tech.

**Andersen Consulting, Praga: Edificio Rasin**
Praga, República Checa.

Arquitectura e Interiorismo: Eva Jiricna Architects Ltd, en asociación con Architectual Associates de Praga.
Cliente: Andersen Consulting. Constructor General: Techno sro Prague. Construcciones de carpintería: Chantiers Baudet, Francia. Iluminación: Concord Lighting, Reino Unido. Equipo audiovisual: Ave Media. Sillas de despacho: Herman Miller. Sillones: Vitra Ltd.

**Arthur Andersen**
Londres, Reino Unido.

Arquitectura e Interiorismo / Socios en el Proyecto: Arthur Andersen, BDG McColl Workplace.
Cliente: Arthur Andersen Business Consulting. Constructor General: Overburys. Proveedores de mobiliario: Coexistence, Conran Shop Contracts, SCP Contracts, Herman Miller, Ambience, Fantoni UK, Atrium, Viaduct. Proveedores de iluminación: Light Years, Kreon, Erco, Into Lighting Design. Textiles: Gabriel UK, Kvadrat. Proveedores de materiales para superficies: Karndean International Interface Europe. Azulejos: Domus Tiles Ltd. Laminados: Perstorp, Poleyrey, Abet Laminati. Artículos de ferretería: Allgoods, Handles and Fittings Ltd. Espejos y vidrio: Chelsea Artisans.

**Centro de Dirección de Boeing, en Carriage House**
(almacén de vagones).
St. Louis, Missouri, Estados Unidos

Arquitectura e Interiorismo: Hellmuth, Obata + Kassabaum Inc.
Equipo de proyecto: Clark Davis (director de proyecto), Tom Goulden (gestor de proyecto), Robert Blaha (diseñador de proyecto), Brad Blythe (arquitecto de proyecto), Michelle Ludwig (interiorista), Tomo Kaczkowski, Mari Jo Ward (diseño de luces); Bob Belden, Sue Wiest (paisajista), Jim Moler (ingeniero mecánico), Nada Kiblawi, Randy Hagemann (ingeniero eléctrico), Gus Zúñiga, Herm Roschen (fontanero/protección contra incendios), Art Benkieman, Steve Crang (ingeniero de estructuras). Cliente: Boeing Company. Constructor General: J.S. Alberici. Mobiliario: Taburete (Knoll), sillón (Brayton International), sistema de caballete y mesa (Steelcase), asientos (Herman Miller), carrito móvil (Haworth), diván (Metropolitan), atril (Round Oak). Iluminación: Leocus Lighting (luminarias suspendidas), Ardee Lighting (iluminación para los armarios), Holophane (iluminación halógena), LSI (iluminación continua), Litecontrol (luminarias fluorescentes). Moqueta: Bentley. Fabricación de tabiques móviles: Carnegie.

**British Airways en Waterside**
Harmondsworth, Reino Unido.

Arquitectura e Interiorismo: Niels Torp Architects. Equipo de proyecto: Kathy Tilney, Tilney Shane, Alexi Marmott, Adrian Leeman. Cliente: British Airways. Arquitecto colaborador: RHWL. Ingeniería civil y estructural: Büro Happold. Supervisor de planificación: Halcrow H&S Ltd. Consultores de costes: AYH Partnership. Consultores M y E: Cundall Johnston and Partners. Consultores paisajísticos: Land Use Consultants. Contratista de hormigón: O´Rourke.

**Bürohaus**
Gniebel, Alemania.

Arquitectura e Interiorismo: Kauffmann Theilig, Freie Architekten BDA.
Equipo de proyecto: Wolfgang Kergassner (socio), Ulof Ruckert (arquitecto), Tobias Wallisser. Cliente: Grundstucksgesellschaft Gniebel GbR, Pliezhausen. Ingeniero de estructuras: Igenieurbüro Pfefferkorn & Partner. Diseño de fuentes de energía: Ingenieurbüro Transsolar, Energietechnik GmbH. Planificación HSL: Schreiber Ingenieurbüro VDI.

**Sede de 3Com Corporation**
Santa Clara, California, Estados Unidos

Arquitectura e Interiorismo: Studios Architecture. Equipo de proyecto: Erik Sueberkrop (director jefe), Cliff Peterson (director de proyecto), Peter VanDine, Todd Verwers, Jean Pascal Crouzet, Jason Lee, Shirley Perez, Chris Michell, Bruce Bradsby, Jill Ingram, Todd Aranaz. Cliente: 3Com Corporation. Constructor General: Rudolph & Sletten. Ingeniero de estructuras: Structural Design Engineers. Ingeniería mecánica/fontanería/eléctrica: Ajmani & Pamidi Inc. Ingeniero civil: Kier & Wright. Paisajista: Peter Walker William Johnson & Partners. Ingeniero acústico: Paoletti Associates. Consultor de iluminación: Architecture & Light.

**Commerzbank**
Frankfurt am Main, Alemania.

Arquitectos: Sir Norman Foster and Partners. Equipo de proyecto: Sir Norman Foster, Spencer de Grey, Uwe Nienstedt, Sven Ollmann y otros. Cliente: Commerzbank AG. Dirección de proyecto y construcción: Nervus GMBH. Ingeniero de estructuras: Ove Arup and Partners con Krebs y Kiefer. Ingeniero mecánico: J, Roger Preston, con Petersono y Ahrens. Ingeniero eléctrico: Schad y Hölzel. Control de calidad: Davis Langdon y Everest. Planificación del espacio: Quickborner tem. Fachadas, radar, acústica y física de construcción: Ingenieur Büro Schalm (IBS). Iluminación: Lichtdesign; Claude Engle. Paisajismo: Sommerland and Partners. Diseño gráfico: Per Arnoldi. Construcción de acero: DSD Dillinger Stahlbau GmbH. Vidrio prefabricado: E-Glasbeton GmbH. Fachada: Josef Gartner and Co. Materiales de revestimiento de superficies: Hacker KG. Hormigón: Hebel Alzenau, GmbH and Co. Construcción de la torre y alicatado: Gebrüder H & H Hell KG. Trabajo en piedra natural: LSI Luso Sulca International. Mampostería: Opex.

**Sede de DEGW**
Londres, Reino Unido.

Arquitectura, interiorismo, planificación del espacio y dirección de proyecto: DEGW. Cliente: DEGW Directores de construcción: Interior Plc. Concepto para la ventilación mecánica: Roger Preston & Partners.

**Design Council**
Londres, Reino Unido

Arquitectura e Interiorismo: Ben Kelley Design. Equipo de proyecto: Ben Kelly (director de diseño), Patrick McKinney (diseñador/coordinador de proyecto), Richard Blurton, Kevin Brennan, Chris Cawte, Nick Toft.
Cliente: Desing Council. Constructor General: Billfinger and Berger UK Ltd. Contratista M/E: Platt and Davies Electrical Contractors Ltd. Control de calidad: M. Porter Associates. Ingeniero de estructuras: Dewhurst Macfarlane & Partners. Consultores M/E: Flucrum Consulting.

**Discovery Channel Latin America**
Miami, Estados Unidos

Arquitectura e Interiorismo: Studios Architecture. Equipo de proyecto: Phillip Olson (director jefe), Yves Springuel (jefe de proyecto), Linda Wallack (arquitecta), Christopher Budd (supervisor medioambiental del espacio laboral), Andrea Panico (diseñadora de gráficos aplicados al control medioambiental), William Deegan, Cassandra

Cullison, Pablo Quintana, Maria Pacheco. Cliente: Discovery Communications Inc. Constructor General: Skaft Construction. Constructor del centro de retransmisión: Clark Construction. Asesor de arrendamiento: The Hogan Group Inc. Equipamiento de retransmisión: Harris Corporation. Carpintería: Bo Childs Millwork. Consultor acústico: Russ Berger Design Group. Diseño de iluminación: Studios Architecture. Mampostería: Rover Terrazo. Azulejos: Kubik Weiss. Paneles acústicos: Decoustics Quadrillion Acoustical Panels. Paneles acústicos forrados de tela: Benton Brothers. Paneles de la cubierta: Tectum. Mobiliario de oficina: Haworth Crossings. Sillas: Herman Miller Aeron Chair. Mesas de conferencias: Vecta. Iluminación: Lighting Lightolier; Louis Poulsen.

**Ediciones 62**
Barcelona, España

Arquitectura e Interiorismo: Lluis Pau/Martorell-Bohigas-Mackay.
Equipo de proyecto: Mario Calavera, Alex Casas. Cliente: Grupo 62. Jefe de obra: Enric Ribadulla. Constructora: Arc 927, S.L. Ingeniería: Albert Alentorn. Instalaciones: Instal Ofi, SA. Carpintería: Creacions Capellades, SL; Tecnologías 2000 de la construcción SA. Aire Acondicionado: Ingeniería y Mantenimiento, SL. Pintores: Decopinsa.

**Fuel Design**
Santa Mónica, California, Estados Unidos

Arquitectura e Interiorismo: Shubin + Donaldson. Equipo de proyecto: Robin Donaldson, Russell Shubin (directores jefe), Jonathan Bloomer, Ryan Ihly. Cliente: Fuel Design. Constructor: LoPresti Construction.

**f/X Networks, Sede Corporativa**
Los Ángeles, Estados Unidos

Arquitectura e Interiorismo: Fernau & Hartman Associates.
Equipo de proyecto: Richard Fernau, Laura Hartman (socios directores), Mark Macy (arquitecto), Turk Kauffmann, David Kau, Susan Stotz (equipo de diseño), Tom Powers, Scott Donahue, Sunshine Chen, Geoff Holton, Alice Lin, Jane Lee, Tanya Davidge. Cliente: f/X Networks, Fox Inc. Constructor: Gordon & Williams. Ingeniero de estructuras: John A. Martin and Associates. Iluminación: Myer Illumination Design Collaborative.

**Godman**
Londres, Reino Unido.

Arquitectura e Interiorismo: CD Partnership.

Cliente: Godman. Constructor general: Morgan Lovell. Iluminación: Bowles Trading Co. Planchas de vidrio: Reglit. Carpintería: Morgan Lovell. Acero: FSB de Allgood.

**Hiratsuka bank**
Kanda, Japón

Arquitectura e Interiorismo: Kunihiko Hayakawa Architect & Associates.
Cliente: Hiratsuka Bank. Construcción general Shimizy Construction Company. Consultores: Momootao Structure (ingeniero de estructuras), Go Sekkei (ingeniero mecánico).

**IBM, Instalaciones**
Melbourne, Australia

Arquitectura e Interiorismo: Daryl Jackson Pty Architects and Interior Desingners.
Equipo de proyecto: Roman Bugryn (arquitecto), Jane Mackay, Hamish Guthrie, Cassandra Hill, Steven Whiting, Paul Hecker. Cliente: IBM Australia. Ingenieros mecánicos: EMF Consultants. Ingenieros eléctricos: Lincolne Scott Australia Pty Ltd. Iluminación especializada: Barry Webb and Associates. Control de calidad: Rawlinsons.

**IBM**
Melbourne, Australia

Arquitectura e Interiorismo: Daryl Jackson International.
Equipo de proyecto: Daryl jackson, Roman Bugryn, Steven Whiting, Cassandra Hill, Paul Hecker, Jane Mackay Hamish Guthrie. Cliente: IBM.

**IDEO San Francisco**
Estados Unidos

Arquitectura: IDEO - Directores de proyecto: Sam Hecht y Ian Coats MacColl. Arquitecto colaborador: Baum Thornley Architects.
Equipo de proyecto: Douglas Thornley, Robert Baum, David Gill, Cleve Brakefield, Joseph Marshall, Douglass Díaz. Cliente: IDEO, San Francisco. Constructor: Plant Architectural Construction. Ingeniero mecánico: Charles & Braun. Ingeniero de estructuras: Teyssier Engineering.
Ingeniero eléctrico: Toft.Wolff.Farrow. Iluminación: Webb Desingn/Build.

**IDEO Tokio**
Japón

Arquitectura: IDEO - Director del proyecto: Sam Hecht.
Equipo de proyecto: Bill Moggridge, Hideo Ottimo

Cliente: IDEO. Constructor principal: Sakamaki Constrarctors.

**Independiente**
Londres, Reino Unido

Arquitectura e Interiorismo: Jestico + Whiles. Cliente: Independiente. Constructor principal: Dawn Build. Ingeniero de estructuras: Paul Owen Associates. Ingenieros mecánicos y eléctricos: Peter Chittenden Associates. Mostrador de recepción y mesa de juntas: Michael Sanders. Proveedores: Nazeing Glass (bloques de vidrio); The Light Corporation; Interface (moquetas).

**Interpolis**
Tilburg, Países Bajos

Arquitectura: Bureau for Architecture and Environmental Planning BV.
Equipo de proyecto: Ir. A. Bonnema b.i. Interioristas: Kho Liang le Associates. Cliente: Interpolis. Constructor principal: Bouwcominatie BBF-Heijmans Bouw V.O.F. Consultores del diseño: Veldhoen Facility Consultants BV. Paisajistas: West 8. Consultores: Deerns Consulting Engineers BV/Technisch Adviesbureau Becks (Tecnología W y E ), Aviesbureau Peutz & Associes BV (Fisica de la construcción), Aronshon consulting Engineers BV (Construcción), Prof Dr. W.H. Crouwel (Arte). Artistas: Guido Geelen, Niek Kemps.

**Island Records**
Londres, Reino Unido

Arquitectura e Interiorismo: Powell-Tuck Associates Ltd.
Equipo de proyecto: Julian Powell-Tuck, Angus Shepherd, Suzanne Smeeth, Iona Foster, Adrian Lees. Cliente: Island Records Ltd. Constructor principal (Fase 1): Boyle Contracts. (Fase 2): Cramb & Dean. Control de calidad: Anthony J. Silver & Associates. Ingeniero mecánico y eléctrico: Pearce & Associates. Ingeniero de estructuras: Whitby & Bird. Control de la construcción: Graham Cardoe & Associates. Proveedores: Concord Lighting (iluminación), Allgood (acero), Shorrock Ltd (incendios y seguridad), Peachgate Floor Coverings (suelos), Hunter Douglas (persianas mallorquinas), NSB Casements Ltd. (ventanas), Cliford Devlin Transport Ltd (eliminación de amianto), Becher Joinery (carpintería). Obras de arte en la sala de juntas: Nick Rodgers.

**Simon Jersey**
Accrington, Reino Unido

Arquitectura e Interiorismo: Studio BAAD.
Equipo de proyecto: Philip Bintliff, Paul Lewis, Jim

Loftus, Andy Nicholls, Ray Philips. Cliente: Simon Jersey. Constructor principal (exterior): Eric Wright Construction. Control de cantidad: Warrington Martin. Ingeniero estructural (exterior): Booth King Partnership. Ingeniero de estructuras (suelos de cristal, mesa y escaleras): Dewurst Macfarlane and Partners. Acería: Killelea. Revestimiento: Range Roofing. Acristalamiento: Hayward Glass Systems. Estructura de vela: Cooper Rigg. Velas: Landrell Fabric Engineering. Instalaciones de cubiertas, señalización, carpintería, mobiliario especial, decoración y electricidad: Innerspace. Calefacción: R&D PC Rapid, MdKiernan Group. Suelo de vidrio, mesa y escalera: Hayward Galss Systems. Mesa y escalera: Structural Stairways. Mobiliario ejecutivo: Vitra.

### Lowe and Partners / SMS
Londres, Reino Unido.

Arquitectura e Interiorismo: Sedley Place.
Equipo de proyecto: David Bristow, Mick Nash (directores), Antonio Maduro, Matthias Felsch, Tim Hyman. Cliente: Sedley Place. Arquitectos colaboradores: Charles Patten Architects. Equipo de proyecto: Charles Patten, Bulend Madjid (arquitecto), Maureen Cornwell (diseñadora). Consultores de costos: Boyden & Company. Ingeniero de servicio arquitectónico: Edwards & Zuck. Constructores: AJ Contracting, Ostreicher; Corporate Interior Contracting. Piso de piedra caliza: Stone Source; Minos Ltd. Iluminación: Reggiani (luz intensiva), Windsor Workshop (lámparas Bestoke), Eddison Price (iluminación de la sala de juntas), Artemide (lámparas de escritorio), Ora (luces difusas y expositores). Systemas de cubierta: Steel Ceilings. Carpintería a medida: Rimi Woodcraft. Sofá y sillones de recepción: Munrod Upholstery. Mesa de recepción, mesa de sala de juntas, mesas de despacho y mostradores: Haford Furniture.Taburetes: Catalytico. Paredes de aluminio: Cego Aluminium. Mampara de marquetería: David Linely Co. Asientos de oficina: Vigtra (UK) Ltd. Estructura de escalera: Edelman Metalwork. Paneles de vidrio coloreado: Brian Clarke. Mampara luminosa de vidrio coloreado e iluminación de la escalera: Mark Kruger Designs Light. Sistema audiovisual: Audio Visual Designs. Moquetas: Brintons Carpets. Bloques de plaqueta: Amanda Sutton. Apliques de luz, en la cubierta de vidrio y bronce de la barra: Marshall Howard.

### LVA 2000
Lubeck, Alemania

Arquitectura e Interiorismo: Behnisch, Behnisch & Partner.
Equipo de proyecto: Gunnar Ramsfjell (director), Martin Arvidson, Birger Bhandary, David Cook, Jorn Genkel, Martin Gremmel, Horst Muller, Martina Schaab, Jorg Usinger (arquitectos); Elke Altenburger, Thomas Balke, Marc Benz, Iris Bulla, Kathrin Dennig, Jutta Fritsch, Stefan Forrer, Pietro Granaiola, Heiko Krampe, Cecilia Pérez, Matthias Schmidt, Timo Saller, Jan Soltau, Georg Taxhet, Karin Weigang. Arquitecto colaborador: Christian Kandzia. Cliente: State Insurance Agency. Dirección del proyecto: Behnisch, Behnisch & Partner; Cronauer Bertung und Planung. Paisajista: WES & Partner. Ingenieros de estructuras: Weischede und Partner GmbH. Ingenieros eléctricos: Planning Group KMO mbh. Ingenieros mecánicos: Rentschler & Riedesser. Física de la construcción: Engineering office Langkau.

### McDonald's Milán
Italia

Arquitectura e Interiorismo: Atelier Mendini.
Equipo de proyecto: A. Mendini, F. Mendini, A. Balzari, G. Bertoonlini, B. Gregory, F. Rotella. Cliente: McDonald's Italia Company. Constructores: Freudenberg (suelos); Crosara (tabique de vidrio); ICF (oficinas y mobiliario). Consultores: BMZ, Ing. Zambelli (instalación eléctrica).

### Sede de McDonald's, Helsinki
Finlandia

Arquitectura e Interiorismo: Heikkinen-Komonen Architects.
Equipo de proyecto: Mikko Heikkinen, Markku Komonen, Janne Kentala (arquitecta), Hanna Euro, Antti Kononen, Markku Puumala, Sarlotta Narjus. Cliente: McDonald's Oy, JP Terasto Oy. Constructor principal: Skanska Etela-Suomi Oy. Ingeniero paisajista: Gretel Hemgard. Ingenieros de construcción: Projectus Team Oy. Geotécnica: Vesi-Hydro Oy. Fachada: Teraselementti Oy. CEPAC: ABB Installatiot Oy. Mobiliario de oficina: R.O. Loimulahti Oy.

### Ministerio de Defensa
Abbey Wood, Bristol, Reino Unido

Arquitectura y plano de obra: Percy Thomas Partnership (Architects) Ltd.
Equipo de proyecto: John Rudge (arquitecto director), Clifford Martin, Ron Weeks, Robert Selley, Robert Mitchell, Richard Whitaker, Willie Harbinson, Russell Hones, Robert Firman, Andrew Nixon, Alaric Smith, Robert Parlane, Tim Burke, Richard Fisher, Steve Crosland-Mills, Tim Skudder, Mark Henerson, Christopher Warren, Neil Purkiss, Alsion Clifford-Smith, Heidi Harrison. Cliente: MOD. Planificación del espacio e interiorismo: PTP Seward Ltd. (equipo de proyecto: Julian Seward, Simon Jackson, Diana Monkhouse). Paisajismo: PTP Landscape & Urban Design Ltd. Equipo de proyecto: Jane Findlay, Phil Champion, Chris Evans, Richard Sumner. Ingeniero medioambiental: Ernest Green Partnership. Consultores de costes: Bucknall Austin Plc. Director de proyecto; Symonds Group. Diseño A-V: Acoustic Dimensions. Estudio de impacto medioambiental: Bristol Ecological Consultants. Señalización: Timothy Guy Associates.

### Mission
Londres, Reino Unido

Arquitectura e interiorismo: Misha Stefan.
Equipo de construcción: Sillas Eames.

### Monsanto
St Louis, Estados Unidos

Arquitectura e Interiorismo: Holey Associates.
Equipo de proyecto: John Holey, Julie Dwyer-Gower, Lori Pachelli, Edie Chaske, Greg Keffer, Paul Dent, Patrick Booth, Andra Martens, Bryant G. Rice, Jim Counts, Hal Tangen. Cliente: Monsanto Executive Committee. Consultor de desarrollo: UniDev LLC. Arquitecto oficial: Hellmuth Obata & Kassabaum Inc. Ingeniero MEO: Flack and Kurtz. Director de construcción: DM Jones Company. Consultor de energía: William McDonough & Partners; ENSAR Group Inc. Consultor de iluminación: Auerbach and Glasow. Fabricación de mobiliario: Herman Miller Inc. Gestión de mobiliario: Furniture Management Services Group. Moquetas: Bentley. Terrazo: American Terrazzo Company. Proveedores de mobiliario: Davis, Ted Boerner Furniture Design, Directions, R.A.G.E. Millenium Collection, Metro Furniture, Azcast Products, Ycami, Vitra, Vecta, Design American. Iluminación: Neo Ray, Steelcase Details, Columbia.

### Nokia House
Espoo, Finlandia

Arquitectura e Interiorismo: Helin & Siitonen Architects.
Equipo de proyecto: Pekka Helin (socio), Erkki Karonen (arquitecto), Harri Koski (arquitecto), Seija Ekholm, Jutta Haarti-Katajaien, Totti Helin, Mariíta Helineva, Tarja Hilden, Anne Jylha, Virpi Karonen, antti Laiho, Kaarina Livola, Titta Lumio, Pertti Ojamies, Kirsi Pajunen, Katariina Takala, Sanna-Maria Takala. Cliente: Oy Nokia ab.Construcción: Oy Matti Ollila & Co. Engineers. Ingenieros eléctricos: Oy Tauno Nissigen Engineers. Calefacción y ventilación: LVI-Niemi, Kari Helander Engineers. Interiorismo: Iris Ulin, Kari Uusi-Heimala, Yrjo Wegelius (arquitecto interiorista). Diseño de cocina: Amica´Aino Heikkila. Paisajista: M-L Rosenbrjpjer Landscaping. Acústica: Alpo Halme Archtects. Proveedores de iluminación: Erco, Bega, iGuzzini, Arteluce, Electro-Valo, Ensto, Idman. Proveedores de accesorios y carpintería: Raision Puusepat, Vatialan Pussepat, Haapaveden Puukaluste, Kurikan Interioori, Oy Littorina Ab.

Accesorios de cocina: Hackman Metos Oy. Mobiliario: Artek, Aptero, Avarte, Inno, Vivero, Mobel.

**Natuzzi Americas, Sede**
High Point, North Carolina, Estados Unidos

Arquitectura e Interiorismo: Mario Bellini Associati Srl.
Equipo de proyecto: Mario Bellini, Giovnna Bonfanti, Giovanni Cappelletti, Luigi Morellato. Cliente: Natuzzi. Constructor y director de obra: Weaver Construction. Arquitecto ejecutivo: J. Hyatt Hammond Associates Inc. Ingeniero de estructuras: Laureen and Rickher PC. Tabique de vidrio, pasarelas y ventanas interiores: Nordisa Srl. Muro curvo, estructuras metálicas, puertas de acceso y ventanas: Astec Srl.

**Office-Daiwa**
Tsuyama, Okayama Prefecture, Japón

Arquitectura e Interiorismo: Toru Murakami Arzhitect & Associates.
Cliente: Daiwa. Constructor general: Washida Construction. Ingenieros de estructuras: S.A.P. Architectural Structure. Ingenieros mecánicos: Mechanical Engineers AWAK; Moriki Mechanical Engineers.

**Owens Corning, Sede Mundial**
Toledo, Estados Unidos

Arquitectura: Cesar Pelli & Associates.
Equipo de proyecto: Cesar Pelli (director de diseño), Fred W. Clarke (director), Mark Shoemaker (jefe de proyecto), Phillip Bernstein (gestión de proyecto), Mihaly Turbucz, David Chen, Axel Zemborain, Julann Meyers, David Coon, Anne Haynes, Jane Twombly, Karen Koenig, William Traill. Cliente: Owens Corning. Arquitecto en registro: Kendall/Heaton Associates, Inc. Interiorismo: Harley Ellington Design, Steelcase, Inc. Organización de la construcción: Hines Interests Limited Partnership. Ingenieros: CMB Engineers Inc.Cosentini Associates (MEP), Avca Corporation (Civil). Paisajista: Balmori Associates. Acústica: Cerami & Associates Inc. Mamparas: Heitman & Associates. Artistas: Architectural and Sculptural Glass - Thomas Patti.

**Pomegranit**
San Francisco, Estados Unidos

Arquitectura e Interiorismo: Holley Associates.
Equipo de proyecto: John Holey, Carl Bridgers, Joan Diengorr, Edie Chaska, David Seidel, Greg Keffer. Cliente: Pomegranit. Constructor general: Plant Construction Company. Accesorios de iluminación: Juno Lighting Inc. Moquetas: Fortune Contract; Bigelow Carpets. Escayolas: Tony Olea. Pintura: ICI.

Acería: Howard Wire Cloth Company. Mobiliario: Ken Gwin (Mostrador de recepción), Herman Miller (Silla Aeron, en el área de recepción), Herman Miller (Diván Eames de chapa, en el área de recepción).

**Prospect Pictures**
Londres, Reino Unido

Arquitectura: Buschow Henley.
Cliente: Prospect Pictures. Constructor: Barlow Shopfitting. Ingeniero de estructuras: Dewhurst Mac Farland. Ingeniero acústico: Alan Saunders Associates. Proveedores: Filon (particiones-luces de fibra de vidrio), Pietro Lara (suelos de piedra caliza portuguesa), Vorwerk (moquetas), Encapsulite (lámparas fluorescentes coloreadas), Barrie Cassey (aislamiento acústico), Dryad (cierres metálicos), IKEA (armarios).

**Rover Design y Centro de Ingeniería**
Gaydon, Warwhickshire, Reino Unido

Arquitectura: Weedon Partnership.
Equipo de proyecto: Terry Lee (socio), John Carter (arquitecto asociado y de proyecto), Philip Coe, Andy Griffiths, Tim Bennett, Gill Hammond. Cliente: Rover Group. Interiorismo: Montith Scott Architectural Interiors, con Weedon Partnership. Control de calidad: Yeoman & Edwards. Ingeniero de estructuras David J. Rolton Consulting Engineers. Ingenieros de servicios: Rolton Services Consultants. Arquitectos paisajistas: Barry Chin Associates. Acústica: Applied Acoustic Design. Subcontratista eléctrico: IDS Electric. Subcontratista mecánico: Briggs and Forrester. Acería: Condor Structures. Fabricante y asesor de accesorios iluminación: Thorn Lighting. Carpintería especializada: Worral Joinery. Escalera de acero: Kingston Engineering. Bloques de interior pulido (en el exterior): Lignacite. Suelo de pizarra: Midland Marble. Mostrador de recepción: Gordon Russell.

**M&C Saatchi**
Londres, Reino Unido

Arquitectura e Interiorismo: Harper Mackay.
Cliente: Scottish Provident/ M&C Saatchi.
Constructor: Morgan Lovell London Ltd.
Director de proyecto: Cyril Leonard & Co. Ingenieros de servicios: Rybka Battle. Ingenieros de estructuras: Battle McCarthy. Mobiliario: Viaduct.

**Seghers Engineering**
Klein Willebroek, Bélgica

Arquitectura e Interiorismo: Samyn and Partners.
Equipo de proyecto: Ph. Samyn, J. Daels, K. De Mulder, N. Mulder, N. Milo, Ph van Caenegem, N. Vandendriessche, J. Van Rompaey. Cliente: Seghers Engineering. Constructor: Van Poppel. Diseño de estructuras, servicios eléctricos y fontanería: Seghers

Engineering "Water"; J. Meijersprl. Servicios mecánicos: VIB sprl. Acústica: Katholieke Universiteit Leuven. Estructura metálica y cubierta de vidrio: Alu-Decor sprl. Mamparas acristaladas: Boermans Glas; Glascentrale Bavikhove; Jos Heylen. Escalera de caracol: Laeremans sa. Calefacción: O.F.F. sa. Electricidad: Electro Indrustrieel.

**Visual Planning Studio (Área de planificación visual) para Coley Porter Bell**
Londres, Reino Unido

Arquitectura e Interiorismo: Apicella Associates.
Equipo de proyecto: Lorenzo Apicella, Hilary Clark, Matthew Foster. Cliente: Coley Porter Bell. Constructor: Barlow Retail Ltd. Proveedores de mobiliario: Atrium, Vitra, Wilkahn. Moqueta: Interface. Iluminación: Artemide.

**WMA Consulting Engineer**
Chicago, Estados Unidos

Arquitectura e Interiorismo: Valerio Dewalt Train.
Equipo de proyecto: Joseph M. Valerio (jefe de proyecto), Niel Sheehan (arquitecto), Kasia Gawlik, Erica Pagel, Jason Hall, Marius Ronnett, Andrew To. Cliente: WMA Consulting Engineer. Constructor: The Kaiser Loftrium. Ingeniería mecánica y eléctrica: WMA Mechanical Group. Metales ornamentales: Hill Mechanical Group. Acería: Mellow Millwork. Suelos: Desks, Inc.

**Yapi Kredi Bank**
Gebze, Turquía

Arquitectura: John McAslan & Partners.
Equipo de proyecto: John McAslan, Hiro Aso, Adrian Friend, Nick Eldridge, Andrew Potter, Judith Quartson, Piers Smerin, Jamie Troughton, Raj Rooperai, Roger Wu. Cliente: Yapi Kredi Bank. Arquitecto asociado: Metex Istambul. Gestión del proyecto: Ove Arup & Partners. Ingeniería de fachada: Arup Façade Engineering. Telas de tensión: Koch Hightex GmbH. Paisajismo: Peter Walker.

## ÍNDICE DE ARQUITECTOS, DISEÑADORES Y PROYECTOS

Andersen Consulting 106-9
Apicella Associates 66-7
Arthur Andersen 190-93
Atelier Mendini 154-55

Baum Thornley Architects 194-99
BDG McColl 190-93
Behnisch, Behnish & Partner 162-67
Mario Bellini Associati 92-5
BGW 38-41
Boeing, Centro de dirección 70-5
Abe Bonnema 24-9
Booz Allen & Hamilton 228-29
British Airways 156-61
Bürohaus 170-73
Buschow Henley 20-3

Matthew Calvert 228-29
CD Partnership 212-15
Ian Coats MacColl 194-201
Coley Porter Bell 66-7
3Com 138-43
Commerzbank 144-49

Daiwa 168-69
DEGW 222-25
Design Council 60-5
Discovery Channel 46-51

Ediciones 62  65-9

Fernau & Hartman 208-11
Sir Norman Foster and Partners 144-49
Fuel 14-19
f/X Networks 208-11

Godman 212-15

Harper Mackay 202
Kunihiko Hayakawa 88-91
Sam Hecht 194-201
Heikkinen-Komonen Architects 150-53
Helin & Siitonen Architects 76-81
Hellmuth, Obata + Kassabaum 70-5, 128-33
Hiratsuka Bank 88-91
Holey Associates 82-7, 184-89

IBM Australia 96-9
IDEO San Francisco 194-99
IDEO Tokio 200-01
Independiente 100-05
Innsbruck Alpine School 226-27
Interpolis 24-9
Island Records 42-5

Daryl Jackson International 96-9
Simon Jersey Co. 52-5

Jestico + Whiles 100-05
Eva Jiricna Architects 106-9

Kauffmann Theilig & Partner 170-73
Ben Kelly Design 60-5
Kho Liang le Associates 24-9

LOG ID 38-41
Peter Lorenz 226-27
Lowe and Partners/SMS 114-19
LVA 162-27

M & C Saatchi 202-7
John McAslan & Partners 174-79
McDonald's Helsinki 150-53
McDonald's Milán 154-55
Mahmoudieh Design 124-25
Martorell-Bohigas-Mackay 56-9
Ministerio de Defensa 134-37
Mission 34-7
Monsanto 184-89
Morphosis 180-1
Toru Murakami 168-69

Natuzzi Americas 92-5
Nokia 76-81
Nortel Brampton Centre 128-33

Owens Corning 216-21

Lluis Pau 56-9
Cesar Pelli & Associates 216-21
Pomegranit 82-7
Powell-Tuck Associates 42-5
Prospect Pictures 20-3

Philip Ross 228-29
Rover Design and Engineering Centre 120-23

Samyn and Partners 110-13
Sedley Place 114-19
Seghers Engineering 110-13
SHR 180-81
Shubin + Donaldson Atchitects 14-9
Misha Stefan 34-7
Studio BAAD 52-5
Studios Architecture 46-51; 138-43

Percy Thomas Partnership 134-37
Niels Torp 156-61

Valerio Dewalt Train Associates 30-3

Weedon Partnership 120-23
WMA 30-3

Yapi Kredi Bank 174-79